梵·高传

［法］文森特·威廉·梵·高（Vincent Willem van Gogh）　著

张汉彬　杨立群　编译

中华工商联合出版社

图书在版编目（CIP）数据

梵·高传/（法）文森特·梵·高著；张汉彬，杨
立群编译 . -- 2 版 . -- 北京：中华工商联合出版社，
2018.7（2021.7 重印）

ISBN 978-7-5158-2321-8

Ⅰ . ①梵… Ⅱ . ①文… ②张… ③杨… Ⅲ . ①凡高（
Van Gogh, Vincent 1853-1890）—自传 Ⅳ .
① K835.635.72

中国版本图书馆 CIP 数据核字（2018）第 099494 号

梵·高传

作　　者：［法］文森特·威廉·梵·高（Vincent Willem van Gogh）

编　　译：张汉彬　杨立群

责任编辑：林　立　崔红亮

装帧设计：北京东方视点数据技术有限公司

责任审读：魏鸿鸣

责任印制：迈致红

出版发行：中华工商联合出版社有限责任公司

印　　刷：唐山富达印务有限公司

版　　次：2018 年 8 月第 1 版

印　　次：2021 年 7 月第 2 次印刷

开　　本：710mm×1020mm　1/16

字　　数：250 千字

印　　张：18

书　　号：ISBN 978-7-5158-2321-8

定　　价：78.00 元

服务热线：010-58301130

销售热线：010-58302813

地址邮编：北京市西城区西环广场 A 座
　　　　　19-20 层，100044

http://www.chgslcbs.cn

E-mail: cicap1202@sina.com（营销中心）

E-mail: gslzbs@sina.com（总编室）

序

　　这套励志书由两部分内容组成，一是大师传记，二是名家文集。前者记述大师的人生事迹，评点他们的精彩瞬间；后者辑录名人的文章言论，展示他们的才华睿智。所选者，无不是成功的人生，无不是为后人所推崇和敬仰的人。对于我们每一个人来说，他们都是后人追求的榜样，励志的灯塔。其实，古往今来，所有的成功者，他们的人生和他们所激赏的人生，不外是："有志者，事竟成。"

　　励志是动宾结构的词，励是磨砺，志是志向，放在一起就是磨砺志向。所以说，励志不是简单的立志，是要像把刀放在石头上磨才能锋利一样，这个磨砺，也不是轻而易举地摩擦一下，而是要下力气的，对刀来说，不仅要把自身的锈磨掉，还要把多余的部分都要毫不留情地磨掉，这简直是一场磨难。所有绚丽的人生都是用艰难磨砺成的，砥砺生命放光华。可见，励志至少有三层意思：

　　一是立志。国人都崇拜的一本书叫《易经》，那里面有一句话说："天行健，君子以自强不息。"这是一种天人合一的理念，它揭示了自然界和人类发展演化的基本规律，所以一切圣贤伟人无不遵循此道。当然，这里还有一个立什么样的志的问题，孔子说："士不可以不弘毅，任重而道远。"古往今来，凡志士仁人立的都是天下家国之志。李白说：大丈夫必有四方之志，白居易有诗曰：丈夫贵兼济，岂独善一身，讲的都是这个道理。

二是励志。有了志向不一定就能成事，《礼记》里说："玉不琢，不成器。"因为从理想到现实还有很大的距离。志向须在现实的困境中反复历练，不断考验才能变得坚韧弘毅，才能一步一个脚印地逐步实现。所以拿破仑说：真正之才智乃刚毅之志向。孟子则把天将降大任于斯人描述得如此艰难困苦。我们看看历代圣贤，从三大宗的创始人耶稣、默哈穆德、释迦牟尼到孔夫子、司马迁、孙中山，直至各行各业的精英，哪一个不是历经磨难终成大业，哪一个不是砥砺生命放射出人生的光芒。

三是守志。无论立志还是励志都不是一朝一夕、一蹴而就的，它贯穿了人的一生，无论生命之火是绚丽还是暗淡，都将到它熄灭的最后一刻。所以真正的有志者，一方面存矢志不渝之德，另一方面有不为穷变节、不为贱易志之气。像孟子说的那样："富贵不能淫，贫贱不能移，威武不能屈。"明代有位首辅大臣叫刘吉，他说过："有志者立长志，无志者常立志。"这话是很有道理的。

话说回来，励志并非粘贴在生命上的标签，而是融汇于人生中一点一滴的气蕴，最后成长为人的格调和气质，成就人生的梦想。不管你做哪一行，有志不论年少，无志空活百年。

希望你能喜爱这套励志书，让它点燃你的生命之火，让人生变得更加绚烂。

徐　潜

走进梵·高苦难的艺术人生

　　文森特·威廉·梵·高生于 1853 年，荷兰后印象派画家，是表现主义的先驱。梵·高是家中的老大，有两个弟弟和三个妹妹。梵·高早期分别在古匹尔画行的海牙、伦敦、巴黎分店工作过，遭到公司解雇之后，梵·高就前往英国当了小学教师。后来，梵·高返回祖国，开始攻读神学。由于他在比利时的博里纳日煤矿区进行无证传教，就取消了其传教士职务。于是，他于 1880 年在布鲁塞尔下决心成为画家，大量画素描。他在海牙拜毛沃为师，举家迁往纽南之后，开始作插图画、水彩和油画。在法国又掌握了点彩技法，创办印象派协会。与高更交往时间不长，于 1888 年 12 月便发生了割耳风波。在精神医院待过一段时间，后来旧病复发，于 1890 年 7 月开枪自杀，终年 37 岁。

　　梵·高的绘画艺术吸收并改造了各种流派和画风，开创了印象主义画派，注重在绘画中表达真情实感。梵·高和高更是表现主义的先锋，强调人的主观意识，重新塑造事物，超越现实。梵·高赞美农民，赞美其忍受劳作的精神。梵·高也热爱日月星辰、草木鸟禽，认为自然风貌就是生命的元素。梵·高的一生，恰似他创作的《向日葵》，一直追逐着太阳，但是有些花瓣残缺，枝桠扭曲，行将颓败。梵·高的麦田系列画，其色彩刺目绚烂，显示了生命的倔强和野性的力量。《星夜》画中的弯曲长线和破碎短线共同织就了骚动的天空和平静的村落构成的眩目幻景，催人奋发向上。《麦田群鸦》中，金黄的麦穗，体现收获的喜悦；然而只见一群乌鸦在飞，阴霾蔽日，麦田之间的一条道路，显得迷茫阴森，又遽然偏离方向。这幅画也体现了梵·高矛盾的一生。

梵·高性情古怪，与人难以相处，但他绝非疯子。梵·高一生不断阅读名人著作，向其他画家学习，不断感知艺术、追求艺术。虽然身处逆境，却不屈不挠；虽然画作卖不出去，却坚持绘画。经常饥肠辘辘，生活中挫折不断，满含辛酸的泪水，却义无反顾地高歌艺术。梵·高绝不妥协的精神，让无数后人脱帽致敬。无论绚烂的《向日葵》，还是静谧的《星夜》，因为饱含苦涩，故而成为传世之作；无论《夜间咖啡馆》，还是《玫瑰》，因为味道浓烈，所以能够流芳千古。梵·高拥抱自由、独辟蹊径、不落陈套而又勇敢坚强，由此成就了梵·高。

梵·高的物质支柱和精神支柱都是弟弟提奥。可以说，梵·高为了追求艺术，一生流浪，受尽了白眼。在梵·高绝望之时，提奥便通过书信来往进行鼓励。梵·高生活窘迫，连温饱都不能满足，却继续绘画创作。梵·高的人生之路是艺术的天堂和生活的地狱。在生活琐事方面，出现了许多感人至深的动人情谊，兄弟互为支柱。梵·高贫病交加、精神倍受折磨时，得到提奥的及时支助，因此，没有提奥，就没有梵·高。梵·高为了帮助弟弟走出困境，专门为弟弟作画，可是命运悭吝不公，这位疯狂的天才画家，竟然未售出一幅画。梵·高精神失常而持枪自杀，但他拒绝治疗，只有弟弟陪伴着他。梵·高走后，弟弟痛苦万分，悲伤欲绝，不多时日，就追随哥哥溘然辞世。兄弟俩死后也不分离，坟墓并排，相伴永远。

纵观梵·高的一生，不难发现：他的一生到处充满着苦难。他在苦难中成长，在苦难中坚持，在苦难中纠结，也在苦难中进步，最终在苦难中成就了只属于他的传奇。这位印象画派的"一代宗师"的一生让所有人都感慨良多，也思绪良多。经历了一辈子痛苦的他，坚持了一辈子的他，临终之前一定对这个世界、对他的梦想，充满了不舍。历史没有让他失望，他一生的坚持让他成为 19 世纪最伟大的画家之一。如果苦难是一望无际的黑夜，那梦想就是划破天空的曙光，坚持就是飞向曙光的一双翅膀。苦难中的坚持总在让人不断接近梦想，在梦想中得到快乐、幸福和永恒。梵·高并不孤独，因为有千千万万个和他一样的人在逆境中坚持着自己的梦想，坚持着最初的愿望，那是无法抛弃的初心，是人生最完美的原点和终点。

坚持，成就一个人一生的传奇。

其实，每个人的人生，都是一本如此的书。

张汉彬

西北民族大学外国语学院

目　录

失意英伦

伦敦萌芽艺术

亲爱的提奥弟弟，我盼望着你来瞧瞧我现在的房子，这可是我朝思暮想的。虽然房子里没有高档的天花板和花花绿绿的墙纸，但是我在这里心情不错，因为房子的主人一家都很好。另外，他们办了一所学校，专收小男孩。

我很知足，能住到这儿，我感到非常走运。我经常在住的地方附近散步，也新结识了许多街坊邻居，他们都很安静、很友好。

以前在海牙时很忙，现在清闲一些，工作时间是早上9点到下午6点，而且每周星期六下午4点就下班了。有一天我和两个英国人到泰晤士河去划船，我发现泰晤士河真美呀！

相比之下海牙的住处更有趣，但我还是喜欢待在这儿，因为在这儿有一件很重要的事就是要卖画，我在这儿的用处就更大一些。还有，这儿的店里收集了好多画，还有素描，而我们也卖掉了不少，但还需更加努力。卖画需要耐心，要稳扎稳打。我想在英国要做的事还很多，收集上等的画作则是重中之重，可是，这也并非易事。

我干得很好，对我来说最大的乐趣就是逛伦敦，了解英国人的生活方式。因为自然在我心中，艺术在我心中，诗情在我心中，如此这般还不知足，那就永远不会满足。

我对英国的艺术一开始没有多大兴趣，不过我必须去培养，因为英国也有聪慧的画家和美丽的画。比如，密莱斯的画《胡格诺派教徒》就非常漂亮；有名的还有中年画家鲍顿和已故30多年名气很大的风景画家唐斯塔伯尔。这位老画家的作品使我想到法国从事风景创作的油画家、版画家迪亚兹和风景画家杜比尼。英国画家还有肖像画家和艺术画家雷诺兹，专画淑女肖像画的盖恩斯伯拉，浪漫主义风景画大师透纳。

我知道你痴迷艺术。弟弟，这是好事。你喜欢法国画家米勒、法国版画家雅凯、荷兰画家弗朗茨·哈尔斯，我感到十分欣慰。荷兰浪漫主义画家毛沃说过"那是一种素质"。米勒的画《晚祷》就体现出一种素质，一种美，一种诗情画意。许多人不能完全地欣赏它，你尽情地欣赏吧。

有一天，我和校长奥巴奇先生游玩了博克希尔山。山比较高，离伦敦有六个小时的车程。山一侧的白色泥土上长满了黄杨树，另一侧长满了参天的橡树。一路映入眼帘的是秀色可餐的公园，里面高耸入云的树木和低矮的灌木丛错落有致。但我仍然怀念荷兰，尤其是海牙和布拉班特。我们在海牙的日子太令人难忘了！我不时想起漫步在雷思维克路的小道上的情景，还有雨后在磨坊里品尝牛奶的经历。我会把荷兰风景画家韦森布吕赫的那幅磨坊写生寄给你。和快乐的韦森在雷斯维克小道上的漫步，至今还清晰地印在我的脑海里呢。

我非常喜欢凯撒·德·科克，因为他是我们所喜爱的布拉班特画家，他也是从心底理解我们的画家。去年我和他曾不期而遇。

你要尽可能地学习绘画方面的专业知识，常去博物馆，向老画家学习对你大有裨益。尽量找机会研读美术方面的书，特别是美术杂志——《美术报》。

尽量到户外散散步，坚持热爱大自然，这样，才能真正地深深领会美术的实质。画家领会大自然，热爱大自然，还要去洞察大自然。只有真心地爱上大自然，才会发觉美无处不在。

我忙着收拾花园，种各种花草，比如罂粟花、香豌豆和木樨草，我们的花园会大变样的。最近，我动笔作画，但现在又停了，或许日后我会再动笔。我正在加大阅读量，你读了法国历史学家米什莱的书，并理解得很透彻，为此我非常高兴。此类书告诉我们，爱的内涵很丰富。

爱情就像《福音书》，给我的启迪是："所有女人都会永远年轻。"此句之意并非无年老的女人，而是说只要一个女子拥有爱和被爱，她就会永葆青春。男人和女人全然不同，我毫不犹豫地说，我们对女人的了解是肤浅的；我也坚信，丈夫和妻子是一个不可分割的整体，而非两个部分。

我给你的钱你一定要买阿尔丰斯·卡尔的《环绕我的花园之行》。秋天马上到了，秋天的大自然会愈加庄重，愈发令人亲近。

我们的画廊已经筹划完毕，布局很精致。我们收集了许多名家的画作：有法国风景画家杜佩雷和杜比尼的画，有荷兰画家马里斯和伊斯拉埃尔的画。我们的画展安排在四月份。法国画家谢菲尔作的《喷泉边的玛格丽特》画中的少女玛格丽特是世界上最纯洁、最招人喜爱的姑娘。

别因为你没有过上不同凡响的日子而抱怨，我的日子也过得平平淡淡。漫长人生路，或许你会过上另一种生活，之后你却发现你并不喜欢那种生活。

最近，看到荷兰画家马里斯作的一幅画，我的脑海中出现这样一个场景：在一座古老的荷兰小镇上，有一排这样的房屋——台阶很高，灰红色屋顶，门呈白色或黄色，窗框美观，齿状屋檐；一艘驳船正从白色大吊桥之下穿过，掌舵的是一个男子；小镇上一番生机勃勃的景象：一个搬运工推着手推车；一个男子驻足桥边前胸贴着栏杆，凝视着流水；一个女子身着深色衣裙，头顶乳色女帽。

我把上周作的一幅画一并寄给你。那天清晨，女房东失去心爱的女儿。画面背景是斯特利特海姆公地，是一大片长有橡树和荆豆的草地。你知道，艾德蒙·洛奇的《诗集》的内封上有这幅画。我给你摘抄了几首诗集中的好诗，其意境庄重肃穆而又悲惨凄凉。

弟弟，我还要说的是，我们的叔叔科尔和特斯蒂格先生来伦敦了，但他们上周六就离开了。我认为，他们去看的这些宫殿和他们的生活毫无关系，还不如来我住的地方来瞧瞧。我相信，我已经不是别人心中以前的我了，因为光阴和阅历改变了我的世界。

拉姆斯盖特当小学教师

耶稣受难日我外出休假，那天的情景历历在目。我们到教堂拜受圣餐，神父在诵读经文。我们下午开始出发，车窗外边，神父和那位小兄弟驻足路边，目送我们离开。灰色小教堂顶上的尖塔，是在荷兰教堂留给我的印象。

翌日凌晨，列车奔驰在哈维奇往伦敦方向的路上，我远眺破晓的灰蒙蒙的田野和绿意十足的牧场，多美的景色呀！成群的绵羊和羔羊点缀着草地，荆棘无处不在，而参天的橡树却显得稀稀松松，因此可以看到黑色的橡树枝条与长满灰色苔藓的树干。天色微明，蔚蓝的天空中闪着几颗星星，远处地平线托起一团灰色的云朵。阳光还未出现，但云雀的鸣叫已经传到我的耳边。

列车在伦敦停了两个小时，之后驶向拉姆斯盖特，有四个半小时的行程。一路上我欣赏着诱人的美景，山脚的草地有点稀疏，而山顶的橡树茂密成林，此景恰似我们当地的沙丘景色。我们途经坎特伯雷，这座城市有不少中世纪的建筑物，尤其是在一些绘画作品中看到过的一座大教堂就在这里，教堂很漂亮，古榆树环绕四周。

在列车驶往拉姆斯盖特的途中，我坐在车窗旁边一直朝拉姆斯盖特方向远眺。

下午1点钟来到了斯多科斯先生所在的学校。他的住所旁边有一个广场。一块大草坪位于广场中心，草坪周围有栏杆，栏杆边全是丁香花。课外活动时，孩子们在草坪上嬉耍，我住的那家旅店也位于这个广场旁边。

这所学校不大，10～14 岁的孩子只有 24 个。从旅店餐厅的窗口可以看到大海。我们在饭后到海边去散步，岸边的房屋都是用黄色石板建成的哥特风格建筑。每家房屋都有花园，里面长满雪松和常绿植物。港湾里停满了船只。

昨晚黄昏时分，我和孩子们去教堂。孩子们晚上八点睡觉，早上六点起床。有个房间给人的感觉很特别：霉烂的地板上放着 6 个供孩子们洗脸的脸盆，窗口的玻璃被打破，一缕暗光穿过窗口照在脸盆架上。此情此景无法令人心情愉悦。4 个孩子和一位 17 岁的助理教师，还有我睡在不远处的一间房里，我占了里屋，房间的墙壁还没有贴画。

我们时不时地到海滩去。今天早上我教孩子们用沙子做城堡，就像我们小时候在曾德特的花园里玩耍一样。我给他们教基础法语，有两个孩子也学德语。另外，我还给他们教算术之类的其他东西。我督促他们读课文，也给他们做听写。当然，我还得照看他们。星期六的晚上，我给六个孩子洗澡，想方设法让他们多读书。我有许多书，很适合孩子们阅读，比如，《辽阔宽广的世界》。

我在此地的时光的确令我心情愉悦。然而，我对这种愉悦而宁静的生活却没有依附感。人是永远不会满足的，当一个人发觉很容易得到一切之后，不满足之感油然而生。

今天是你的生日，衷心地祝福你。希望我们彼此相依相伴。令我十分欣慰的是，我们的共同点很多，不仅拥有对童真的共同怀念，而且你如今还在我当年工作过的那间屋子里工作。你认识的人我也认识，你知道的地方我也知道。另外，你也这般倾慕自然和艺术让我欣慰。

我也许给你提起过我最近经历的一场暴风雨。大海上是黄色的波涛，汹涌的波涛也在岸边荡漾着。一条光带画出地平线，光带托起厚重的乌云，乌云倾泻着瓢泼大雨，倾斜的雨帘连接着天和地。远方的小镇使我联想到法国画家丢勒以蚀刻技术创作的画面，画中的镇上有炮塔、磨坊、石板屋顶房，还有哥特式建筑。

那天晚上，我在房间向窗外望去，看到的是暮色下黑黝黝的房顶和榆树树冠，一颗孤星照耀着屋顶——一颗漂亮的星星也显得有情有爱。任何一个人都会铭记这般夜景。

我画了一幅素描，描述了在教室向窗外所看到的情景。孩子们把上身都探出窗外，挥手告别来探望他们的父母。这是多么令人伤感的场面！每天，孩子们望眼欲穿的只有几顿饭，几乎再没有什么可以让孩子们打发时时了。斯多科斯先生不再给我付工资了，因为他说很容易请到只管食宿的教师。他说的没错，但我不能这样混下去，我必须马上做出决定另找出路。

怀着忧伤的情感去回忆"花天酒地的场合"及此类的奢华场面，我会实现这种生活的，我会腰缠万贯、让人敬仰的。但是，弟弟，暂不说日后会如何，但我可以明确地告诉你一件事，近几个月来，我总是干着由老师到牧师范围内的工作。这两种工作既有乐趣，又有痛处。我想我不能继续从事这两种职业了。在古皮尔先生的公司的一个下属商店里干的六年时间里，我本应为我日后做准备，但我却荒废了时光。我想在商店里干肯定影响了我日后的发展。

都市里的人怀着对宗教的憧憬，工厂或商店里的许多人在童年就忠实地信仰着宗教。但有时候，城市繁忙的生活也使人们忘却了"往昔的美好"，因此人们仍然渴望听别人讲述"非常遥远的故事"。童年时代的种种过往，至今仍历历在目。我很喜欢那句话："请为我讲述那个遥远的故事。"

英国小说家乔治·艾略特在他的一部小说里描述了这样的情景：工人组成社团去拉丁区的一个小教堂做祷告，几个工人一起倾听着传教士传播福音。这样的场景让人感动。

我认为，伦敦的传教士是一种不寻常的职业。他得去给劳动者和穷人传诵《圣经》。若他经历过什么有启迪意义的事情，就会为他们讲自己的经历；若发现有人遇到难处，他就要想办法帮助他们。我曾几次出门找机会，看能否和牧师们聊聊。我能够说好几个国家的语言，尤其在巴黎和伦敦，我经常和下层人还有外国人待在一起。因为我是一名外国人，所以我更适合做牧师。可惜，只有满24岁才能当牧师，我不得不再等一年。

上周一，我动身去了伦敦。这是一次远足。刚开始天气很炎热，傍晚我到坎特布雷时天气才有所改变。那晚，我还往前走了一段。后来，我看到一个小池塘，边上长满了山毛榉树和榆树，我在那儿休息了一会。到了次日凌晨，小鸟开始唱歌时，我又重新向前走，这是赶路的好时机。

我在下午到了查塔姆。从查塔姆远眺，可以看到低洼的草地，部分已被水淹没。草地上遍布着榆树。还能够看到泰晤士河。我认为这里的天气也许不太好。我在这里搭了一辆马车，往前走了几英里。后来，马车夫和我在一家客栈分别了，我只好继续步行。快到傍晚的时候，我终于到了我所熟悉的地方——伦敦郊区，然后我顺着公路向市里走去。

我总共在伦敦待了两天，我穿行在市区中，看到许多形形色色的人，我甚至还看到了一个牧师，并给他写了一封信：

> 我是牧师的儿子，由于生活所迫，必须去打工挣钱，如今既无时间也无金钱到皇家学院去读书。此外，我年龄也大了，超出皇家学院的正常入学年龄。尽管如此，若可以找到一份与教会有关的工作，我就十分欣慰了。我父亲是一个乡村牧师。从十一岁到十六岁我在上学，之后，我必须选择一个职业，可是我不知道该选什么。我的一个叔叔是古匹尔公司的股东，该公司专销和出版版画美术作品。叔叔把我安排到海牙分店工作，在那里，一干就是三年。后来，我来到伦敦学了两年英语，之后便去了巴黎。

由于生活所迫，我辞掉了古匹尔公司的工作，到拉姆斯盖特斯多科斯先生的学校里当了两个月的教师。然而，我想找一个与教会有关的工作。因此，我得另谋出路。遗憾的是我没有神职教育的经历，但是我到过许多国家，有着体验多国的经历：我和形形色色的人相处过——有钱人和没钱人，信教的和不信教的；我干过多种这样的工作——体力的和脑力的；此外，我还会多国语言；因此，我的种种经历在某种程度上弥补了我没有接受过神职教育的缺憾。然而，我毛遂自荐的理由是，我真心热爱传教及其相关的工作。我经常把这种情感压在心底，但还是不止一次地被激发出来。若让我表达这种爱的内涵，虽然无法准确地表达，但我认为，这种爱是对上帝和对全人类的爱。

上周我去汉普顿王宫参观了那里漂亮的花园、宫殿和藏画。肖像画大部分是法国画家贺尔拜因的作品，他的画真的美不胜收。

又一次欣赏到这些名画，我感到十分欣慰。

艾尔沃斯当助理牧师

我在课间写信。教室里可以看到跳跃的煤气火苗，也可以听到孩子们课堂上朗朗的读书声。不时有学生哼起某首赞美诗的曲调，不禁令我想到"古老的信仰"方面的东西。上周六，我又一次长途跋涉到伦敦。我清晨四点出发，公园非常漂亮，公园里面，榆树形成黑暗的阴荫大道，小路有些潮湿。公园上空，只见灰暗的天空，厚重的乌云，远处有雷声传来。

在伦敦，我拜访了几位朋友，又去了古匹尔公司的美术馆。在那儿，我看到了凡·伊特森带来的画，又一次看到了画中的小镇和草地，令我非常欣慰。我认为阿尔兹的画作《运河上的磨坊》是一幅上乘之作。

我希望你能够看到夜幕降临的伦敦街道，此时灯火通明，所有人都往家里赶，这景象说明，此时是周六的晚上。喧闹的景象反映的却是祥和的气氛，人们期盼礼拜天，他们为礼拜天的来临而兴奋不已。有多少事是礼拜天完成的！对于常人来说，到了礼拜天他们会感到非常舒适。

我听说在伦敦有一种工作，或许这是我以后谋生的方向。在利物浦和赫尔等海港工作的牧师们，正在找会说几种语言的助手，要能够与水手和外国人打交道，并可能去探视病员，这份工作有一些报酬。

我又进行了一次远足，并感到十分愉悦。在当地学校工作的人，几乎不到户外去活动。我想起去年在巴黎为生活而到处奔波的情景，而在此地全天待在学校，偶尔我会想，何时我能回到过去呢？若时光能够倒流的话，去年的我会是另一种生活，但是，我想我更愿意给孩子们教《圣经》而不愿到处奔波了。教《圣经》没有什么风险，人们每天都会祈求上帝。提起上帝，现在我对于上帝谈的比较少，但如果上帝祝福我、帮助我，我的日子会好过些。

你说你想知道，我是否仍在教孩子们。大致上，我早上上课到下午一点结束。之后我就去琼斯先生家，有时给琼斯先生的孩子和城里其他孩子上上课。晚上和工作之余，我就在布道书上作批注。

琼斯先生要我今后别教那么多课，让我在他的教区也做一些工作，比如拜访并和教区居民交谈之类的工作。

明天，我要领这份工作的第二次薪水，尽管很少，但我要用这钱买双靴子和一顶帽子。琼斯先生承诺给我在他的教区找份工作，所以我要把我需要的东西置办妥当，我无法用言语来表达我的兴奋。

冬季马上就要来临了。我感到相当愉悦，因为圣诞节在冬季。但愿上帝赐予我们相聚的机会，我非常想见父母，想和他们说说话。即使我们不经常见面，也不经常见到双亲，而思念之情和我们之间的手足之情却与日俱增，致使我不由得仰望上帝，祈求说："主啊，让我这个浪子离家近点吧。"

弟弟，上个礼拜天，我首次到教堂布道。那天秋高气爽，我步行去利奇蒙德，一路欣赏着自然美景：挂满金黄树叶的高大栗树和碧蓝的天空倒映在泰晤士河水面上，掠过树顶望去只见山顶上的一部分利奇蒙德。

我站到讲道台上，感觉似乎从阴暗的地洞爬出来，到了友善的阳光下。我想，今后无论在哪里，我将永远传播福音。喜悦之情无以言表，一个人要更好地传播福音，在心中必须有一部心的福音，但愿上帝赐我一部心之福音。

有一部好书《效仿基督》能给人以许多启迪。一个人的责任感非常神圣，非常有意义，他要做到为人宽厚仁慈，尽职尽责，以此可获得无穷乐趣。

的确，每天都会出现罪恶，每天都会产生善行。若生活中没有了信仰，生活则充满痛苦，也变得无比艰难，尤其当每天的罪恶伴随世俗现象愈演愈烈的时候，更是如此。

弟弟，若不传播福音，灾难会出现在我的身边；若我不专心致志地传播福音，信仰上帝并对上帝抱有希望，那么我的境况会糟糕透顶。目前的我颇具勇气。

上周日我去了特恩海姆草地。我到礼拜天学校去教书，那天很平常，天下着雨，我必须激发自己对礼拜天学校的热爱。学校里学生很多，所以让学生全部到校不容易。那天下午，琼斯先生和孩子们，还有我和教堂司事一起去取茶叶。

明天，我得去伦敦的两个边远地区走走，其中一个是怀特彻帕尔区，狄更斯在他的书里描绘过这个贫困区。然后，我必须坐小汽艇横穿泰晤士河到刘易斯海姆去。

上周四，琼斯先生让我顶替他上班。我去了艾克顿草地，从教堂司事的窗口能够看见这块非常泥泞的草地。傍晚时分，薄雾弥漫在草地上，真是美极了。草地中央的小教堂透出的灯光更增添了几分美。

我在一个礼拜天的晚上去了彼得斯海姆，一个卫理公会教堂。我当着教堂会众说，我的英语不标准，你们得认真听。我张嘴演讲时，想到一则寓言故事中的人物及说过的一句话："请对我耐心些，我会给你们做出巨大的贡献。"

我在小房间里给你写信，房间里寂静无声。我瞅着你的照片和墙上的画:《基督的安慰者》、《耶稣受难日》、《访问坟墓的女人》、《老胡格诺派教徒》、谢菲尔画的《浪子》、《暴风雨大海中的小船》——当你们大家出现在我的脑海中时，当这儿的所有事物出现在我的脑海中时，当特恩海姆草地、利奇蒙德和彼得斯海姆出现在我的脑海中时，我就祈祷:"神啊，让我成为父亲的兄弟吧，让我完成父亲未完成的心愿吧。"

我们应该找个机会一起去教堂。我们虽感忧伤，但又感幸福，我们心底藏有永久的喜悦，是因为我们是天堂中的穷人。

不久前，布拉特先生从多尔德特专程看望文森特叔叔。叔叔问布拉特先生，能否在他的公司里给我找份工作。布拉特先生答应了，并说让我亲自去和他谈谈。因此，昨天一早上我去了他那里，我们定为新年后一周内我去他那里上班。这件事对我来说好处多多，我可以返回荷兰，距离父母、弟弟你和其他亲朋好友近了，也比现在工作的薪水多。我必须考虑工资问题，因为钱是维持生活的保证。

我们祈盼着相聚，特别是生病和忧伤时，我觉得我们相隔天涯，恐惧就占据了心房;日子艰难的时候，我发觉囊中羞涩，可能就是阻碍我们相聚的原因。

我还在坚持宗教工作。父亲心胸豁达、才艺双全，在任何情况下，我希望我有父亲的这种品质。如果我的工作在未来有所改变，那就是我不再当老师了，最有可能的是去书店工作。

荷兰追求神职

多雷德赫特任职书店

我在书店里的工作很好，但很忙。早晨八点上班，一直工作到深夜一点才下班。虽然工作时间长，但我还是很高兴，因为工作总归是一件令人愉快的事。

有时候我觉得无比喜悦，我们又生活在同一国度，说同一语言。我房间的窗子朝向一个花园，花园里面有松树和白杨，墙角的常春藤爬满在屋子的厚墙上，正如狄更斯所说，"既古怪又古老的植物就是常青藤"。窗外的景色十分萧条，有点凄凉之感。只有当朝霞映红花园的时候，会是另一番景象。

上周日我去当地的一个法国教堂，教堂非常庄严而又醒目，且魅力十足。礼拜之后，我到一排磨坊旁边的堤坝上去散步，草地上的水渠里水面倒映着美丽的天空。异国的景致会令人叹为观止，法国迪耶普海岸边的岩石上爬满绿草，还有大海、天空、港湾、渔网、旧帆船——就像一幅杜比尼的画作。下雨天伦敦的街灯会亮起来，我还在古灰色的教堂台阶上过了夜——这就是我今年夏天到拉姆斯盖特的远足经历。在别的国家，令人诧异的事情比比皆是。然而，上周日我一个人在大坝上漫步时，我觉得在祖国国土上迈步真是令人心旷神怡。我认为今日的生活是"在我心里与上帝签订圣约"的结果。童年的往事历历在目，在二月下旬我们经常和父亲步行去里斯伯根，云雀在玉米田里唱歌，那里还有灿烂的阳光，蔚蓝的天空，零星的云朵，两旁是山毛榉的石头小道。

今天，我非常忙碌，有一大堆琐事要处理，但都是我的职责所在。没有责任感的人就不可能全神贯注地工作。责任感神圣化一切事物，使得事物密切相关，多件小事汇成大义务。

昨晚1点钟我从书店下班后，绕经教堂沿运河行走，途经教堂的旧大门，然后回家。满天飘雪，万籁俱寂。偶尔，不知哪儿的气窗射出一束光线。大雪背景下穿黑衣服的值夜更夫特别显眼。恰好满潮时分，雪景下的运河和船舶都是黑色的。

无论何时何地都能想到耶稣，就是好事。布拉班特农民过着多么艰辛的生活，他们的力量源泉从何而来？那些贫困妇女维系生活的物质何在？有位画家的一幅画《世界之光》反应的就是这一问题。

你是否知道，我非常热衷于《圣经》？满怀深情，悉心洞察其中美好的故事，尤其研究人们对基督的了解情况。

人生有时候会出现暂时的厌烦感，认为自己的所作所为无一正确。这种感觉或许有合理之处。你认为人们不应有这种感觉吗？或许可以理解为"对上帝的思念"促使我们选择了自己真心热爱的人生道路。

我要鼓起勇气，保持耐心，显得温和，不必在乎自己与众不同，只要分清是非善恶即可。

早晨，我和科尔大叔去斯特里克大叔家聊了很长时间。我在家书里告诉父母我们在阿姆斯特丹所做的事情。今天，我收到父亲的回信，父亲说上周他的身体不适。我知道，父亲为我要从事他的职业而激动不已，父亲一直期待我这样做，父亲的愿望会实现的，上帝会为父亲祝福的。

在我们这个纯粹的基督徒家庭中，好几代都有人传播福音。作为基督家庭的一员，我觉得自己更应该宣传福音。我迫切地希望能够继承祖父和父亲的精神；愿他们的精神造就一名基督徒；愿我的生活类似于祖父和父亲的生活。正如人们所说，发现陈酒好喝，谁还喝新酒。

亲爱的提奥弟弟，我对传播福音梦寐以求，但何时会如愿以偿呢？我愿意为上帝服务去传播福音，或许有人会给我指出正确的道路。因此我不断地祈祷，十分谦恭地祷告。我想上帝会知道我的祈祷的。

兄弟，我多么希望我能够如愿以偿！我从事的工作失败之后会有压抑，会有源源不断的责备，但我会忘却这一切。只愿上帝赐我机遇和勇气，以此来发挥自己的才能，走向父亲所希望的道路，父亲和我都会衷心感谢上帝的。

今天我给你寄一幅仿多雷和一幅仿布里恩的木版画，它们可以收集到你的藏画集里去。要收集一部好的画集贵在坚持，也算我为你藏画集做一点微薄的贡献。希望这个小礼物是我们保持联系的纽带。这感觉就像妇女找到自己心爱的小物件一样，正如你给我说过在春季大扫除时，古斯大婶的写字台找到了之后她非常高兴。我也十分高兴，因为我在阿姆斯特丹生活时，这张写字台是我的必需品。这件事对我来说是个好兆头，暗示近来还有一些类似的事——说明今后我将万事顺利，能够成功追求自己喜欢的事业。当然，我的精神面貌会焕然一新的——我以往所坚持的信念更加坚定了。我的人生将面临新的选择。

布拉特先生已经找到合适的人来替换我，也许从五月开始我会从事新的工作。

对我这个"宣传福音"的人来说，我希望自己就是真正的宣传福音的人。但是，我和在地里播撒种子的劳动者一样，他们需要每天铲除地里长出的很多荆棘，而我则要消除每天产生的许多邪念。让我们互帮互助吧，毕竟我们拥有手足之情。或许我们在未来会拥有很多美好的东西，我们要记着父亲反复说的话，"永不气馁"；也要记住叔叔简说过的话，"魔鬼本来就凶恶，但你要蔑视它"。

光阴荏苒，岁月如梭。无论在意识，品质，还是灵魂上，我们会愈加富足，对上帝的信念会愈加坚定，我们之间的情感友谊会愈加浓厚。

工作之余，我全面研究了一部关于基督故事的书，这些故事使我联想到荷兰画家伦勃朗的许多画作。

我深信我不会后悔我所选择的基督教工作，这是自己过去的所有经历发展的自然选择。一些著名的法国、荷兰等国画家热爱工作和人生，他们会刷新我的思想。父亲和那些画家的工作和生活如出一辙，但我认为父亲的工作和生活更加高尚。

阿姆斯特丹攻考神学院

我每天都与文字和画稿打交道，写写画画。我认为成功的秘诀就是锲而不舍。

我要做的工作还有很多，我坚信这样一定会成功的。不经时日不能成功，许多人都这样认为："经过四十年的辛勤工作、思考和专心研究才能成功。"要从事父亲的工作就得不断地学习，当然学习绘画也需要坚持。

有时我自忖道：如何才能成功呢？晚上经常疲惫不堪，早上就无法早起，否则就会头昏脑涨，思维凌乱。出现冲动的感情很容易，但恢复有规律的学习则不易。

想到未来可能困难重重，想到我不愿克服艰难时，邪恶的我成了知难而退的人。周围的人会因我的失败而指责我，因为他们经历过生活的严峻考验，他们一定会说：我们给你力量，而你不思进取。我一想到这样的事，就感到伤心，感到失望，而且令我感到恐惧，感到耻辱，我就想着要逃避这一切。

但是，我还得深思熟虑，继续我的生活。但愿我有力量对抗别人对我的指责。虽然我不可能事事顺心，但是我的理想会实现的，日后会有人青睐我，追随我的。

有人说过："举起你下垂的手，伸直你无力的双膝。"这就是要我们在关键时刻要坚持。

人活着就要拼搏，如果一个人感到疲倦和头昏脑涨，说明他一直在奋斗。若我过去拼搏工作，现在就不会是这个样子了。然而，我们只要秉承"谋事在人，成事在天"的原则，这或许对我们的将来有些好处。

今天早上，我在教堂见到了一个提供脚炉的又瘦又小的妇人，酷似伦勃朗的一幅蚀刻画的人物，画中一位妇女读着《圣经》睡着了，也类似有位诗人在诗中所描写的那样："她在生命之路的尽头孤苦伶仃。"

我选购了一些犹太书商的版画，物美价廉，用这些画装饰了我的小房间，房间的装饰体现了我新的构思和理念。

昨天在斯特里克家，我和他们提到了伦敦和巴黎，我喜欢那里的好多事物，感觉似乎又回到了伦敦和巴黎。我对去过的地方总是有这种情感。我对海牙的街道和居住过的曾德特印象非常深刻！以前的经历肯定有益于目前的工作。我在荷兰新教徒教堂布道时讲的东西大多是自己过去的经历。

夜幕降临时的布滕坎特和铁路旁的沙滩简直美极了。正如许多画家的画中风景一样：暮色笼罩着大地，夕阳的余晖映红苍穹，洒到层层屋顶和教堂塔尖，各家各户灯火通明，整个美景倒映在水上面，身影模糊的行人和车辆来来往往。现在，我在工作之余学习《圣经》，及其他文艺类作品。

当我们为了美好的东西在干一件困难的工作时，我们就是同邪恶做斗争，为了正义而战。当前进中的生活愈加艰难时，就可以发挥内心的力量，为了生活而斗争。为了更好地生活，我们要善于保护自己，要乐观、勇敢、深思熟虑。

我们要清醒地认识到，30岁之前必须努力奋斗，要走正道。我们是普通人，我们一定要奋发图强，一定要成才，因为我们谁都还未成功。我感觉到，我们将来要干出一番事业。

伊尔森的遗体显得安详、庄严和肃穆，与我们的生活形成鲜明的对比，正如他的女儿所言，其中所含的道理是："他卸掉了生活的重负，而我们还需肩负。"我们怀念过去，因为心情抑郁时过去的日子能够带给我们愉悦，就像清晨云雀情不自禁地歌唱一样。特别是在暮年，我们所津津乐道的就是对往日的回忆。

今天凌晨五点差一刻，一场暴风雨光顾这里。旁边的造船场里，大风吹弯了树木，大雨倾泻在船舶上面，然而不久云破日出，地面很快就干了，金光灿灿的天空倒映在池塘水面上。不一会儿，一长队 3000 人的黑色身影穿过洒满阳光的狭窄街道上，迈着响亮的步伐进入船场。

我到狄克岛上的造船场，全神贯注地观察工人们。若对工场了解不多，就必须仔细观察工人，这样，画家才能把码头主题的画画好。

今天早上我画了一幅小画《沙漠中的以利亚》，画面上风雨交加，地面上有几簇荆棘。画很平常，但也很生动，能够激发人的情感。

如今我正忙着总结宗教改革史。宗教的历史令人兴奋，颇具吸引力。若一个人认真读过莫特利、狄更斯、格鲁逊及有关十字军的书，那么他就自然而然地能够正确了解整个宗教历史。

一位教授为我们安排了学习计划，三个月之后学习会顺利结束，但希腊语除外。闷热的夏日下午就像学识渊博的教授安排的考试一样，让人觉得非常压抑。所以，那些教授还不如玉米地，因为在闷热的天气里，到玉米地里还是凉爽的。

我知道你收到一张为数不小的账单，要是我能帮你就好了。但是，我手头也很紧。我想尽一切办法来挣一些钱，为教堂填置藏书藏画。

我需要的东西很多，有了钱，我可能马上去买书，也可能买其他会影响我学习的非必需品。如果我有了钱，也许对我的学习影响会更大。将来花钱不只是买好书，还有更具价值的事情，比如，成家之后要照顾自己的妻子、孩子。

这座城市最迷人的地方是火车站附近的郊区。那儿有许多磨坊、锯木厂、工人棚屋，以及旧房子。这片郊区人口密度大，穿过居民区的河上船只来来往往，还有风格各异的小桥。在这里当牧师可真令人兴奋。

这里的犹太区有伐木工、工匠、杂货店、铁匠作坊、药铺。这一切都是可以入画的素材。

简大叔要去其他地方待一个礼拜，而我就可以在起居室写作了。不过，我写到深夜之后，床对我的诱惑力太大了。

我正在抄写法文版的《效仿基督》全书，这本书美妙绝伦，书的作者一定能了解上帝的心思。

这个星期我看了伦勃朗的陈列蚀刻画。有一个很像父亲的人，他经常走很远的路，为的是去看望病人或一个生命垂危的人。只要对病人说起上帝，病人的痛苦就会减轻不少。此人会如何理解伦勃朗的《深夜逃往埃及》这幅蚀刻画呢？

我费尽心思找到了伦勃朗的旧居。整个星期我都在思考伦勃朗的那幅蚀刻画和别人的仿作蚀刻画《V年的年轻公民》，这幅画挂在我的居所，其极具艺术特色，将具有深远的影响。

法国历史画家德拉洛什的《吉伦特党人》、《恐怖的最后一名受害者》、《玛丽·安杜瓦涅特》等法国革命时期的画和英国作家卡莱尔的书，以及狄更斯的《双城记》都表现了同一主题，即复活与再生——有一种精神虽死犹生。

一个人要做到广泛阅读也非易事，依据上帝的教诲，我也不必强求，不过尽可能多跑跑教堂和书店，对我还是有所裨益的。

圣诞节之前的一段日子犹如岩石的背面，有点阴暗，而圣诞节就是屋子里透出的迷人的灯光，既照亮了岩石的背面，又和岩石的反光一道照亮了夜空。

为了能通过考试，我会集中时间来学习。当然，我的学习都由我的老师蒙德斯来安排。虽然拉丁语和希腊语很难，但因对我的发展有益，我还是很乐意去学。大叔不让我熬夜学习，这使我不由得想起伦勃朗蚀刻画的一行文字"深更半夜，灯光四射"。我就是这样，经常躺在床上，借着灯光筹划次日的日程。

我去看了斯特里克大叔，和大叔大婶聊了好久。之前蒙德斯老师也去看过他们。我很高兴老师没有说我的不是。大叔问我课程难不难，我说确实很难，但是我在尽力学，并要继续坚持。大叔也鼓励我要有足够的勇气。但愿父亲对我取得的成绩也感到满意。

圣诞节过后，我就要学习代数等数学课程了。我让蒙德斯老师的表兄弟马托斯当我的代数老师。马托斯说代数考试在明年10月左右就进行，这样，我的学习进程就会快一些。

现在的学习将影响我的一生，这次学习的确是一次彻头彻尾的人生搏斗。一个人经历并能持之以恒地完成这样的学业，将是受益终身、铭刻在心的事情。一个人要在社会立住脚，就要明白"艰难磨炼意志，苦练铸就辉煌"的道理。细节决定成败，考试写错一个字也会导致失败。但愿上帝赐我智慧，这样我就能尽快完成学业，获得圣职，真正去当牧师为人类祈福。

当一个人经过一段时期的受挫，并付出了巨大努力之后，自己所追求的目标马上就要实现的时刻将是美妙绝伦的。你来听听我在教堂的布道吧，昨天早上我听了有关"我们共同来奋斗"的布道。

岁月如梭，在过去一年里发生的事情，我比较满意，特别是在布拉特家度过的日子和近几个月的学习，的确是两次不同凡响的经历。

黄昏蒙蒙，狄更斯说"黄昏是令人愉快的"，特别是几位绘画爱好者情趣相投，聚在一起，展示各自的得意之作之时的黄昏更是令人愉快。伦勃朗用乌贼墨、炭笔和墨水创作了许多画。体现薄暮的景象，感情真挚、丰富。

从我的房间窗口望去，工地的景色真是美如图画：薄暮下，两行白杨树之间画出一条小道，婀娜多姿的杨树枝条似淑女的舞蹈手势，水面十分平静，倒映着旁边的旧仓库，好似一片古老的池塘水，仓库墙上爬满绿苔，在水里更显风雨剥蚀的沧桑。水边的花园被一簇簇玫瑰花包围着。工地上黑色的身影到处蠕动，那是工人们忙碌的景象。

让我觉得心情愉快的事就是我还有一个兄弟与我同在。我要做的事情还很多，当我感到迷茫时——自己身在何处？自己在做什么？自己如何发展？——一回忆起你那熟悉的声音和字迹就使我回到实际，脚踏实地地行动起来。

父亲的来访令我非常愉悦，令我印象尤其深刻的一件事就是父亲帮我修改了一些练习，并谈及工地事情。与父亲相聚苦短，父亲离开那天，我目送父亲坐上火车，直到火车飞出视线。回到房间，凝视父亲用过的椅子、桌子、书、字帖等，我不禁流下了眼泪。

蒙德斯老师给了我一部好书，让我了解圣诞老人，我回赠了康庇斯的《效仿基督》，并在扉页留言：他认为不管是犹太人还是希腊人，仆人还是主人，男人还是女人，他们都一样，因为基督就是一切。

本周我和蒙德斯老师讨论了"要痛恨自己才可成为我的信徒"的观点，蒙德斯对此观点持否定态度，而我认为还是有些道理，康庇斯也持相同的观点。当我们看到别人胜过自己时，就开始痛恨自己了。因此，康庇斯以最少的笔墨创作出了富含哲理的作品。

科尔大叔今天问我是否喜欢美女画《弗莱恩》，我说我更欣赏相貌丑陋的女人或老夫人的画作。美丽的躯体动物也有，而美需要人的灵魂来体现。虽然生活使我们的外貌显得痛苦，但同时生活又丰富了我们的精神。像《弗莱恩》这样的美女画体现不出什么精神，一双劳动者的手比画中美女的手不知要美多少倍。

一个美女和像康庇斯这样的男人相比，那差距不是一般的大。两件差异很大的东西，我不能同时喜欢，正如一个仆人不能同时伺服二主一样。科尔大叔问我是否喜欢美女，我说我是喜欢美女，但我更愿意同也许丑陋、年迈、贫穷但历经沧桑而得到思想和灵魂的女人交往。

上周日早上我去法国教堂听了一位里昂牧师的布道，他专程为一次宣传福音的活动募集资金。他讲述了里昂工厂工人的真实生活，其肺腑之言足以打动我的心。

父亲希望我多认识一些人。这两天我早起画了一张保罗传教行程图，打算登门拜访加格涅宾牧师时交给他，因为他是个有学问的人。如果他看出我做事是专心致志的，也许他会愿意指点我。我打算经常登门求教，这样就能顺利通过考试。我学习开始得有点迟，困难也就更大一些，不过我现在都能聚精会神地学习，对其他的事漠不关心。不过，不管学习成绩如何，作画是生活不可或缺的一部分。

从前有个人做礼拜时问道："我的热情真挚吗？我的路走得对吗？我的计划完美吗？但愿我的犹豫是多余的，我肯定会成功的。"这时有人回答道："你的犹豫告诉你，你已成竹在胸，做你应该做的事，这样，你就不会困惑。"于是，那人信心十足，坚定地迈上自己的人生之道。

因此，我不能就此罢手而回到过去，那样，我面临的艰难困苦将会更加巨大。

一个人要学的东西太多，因此，我要克服焦虑。不管耗费多大的精力，我只有努力学习，别无选择。

关于我们的责任，我们的人生目标，我已谈了很多。要成功，前提就是要有一份固定的收入和自己愿意为之奉献的事业。当你掌握了那些知识，你就具有理解多方面知识的能力，这样我们的目标就容易实现。

我们要把目标铭刻于心。努力奋斗而获得的胜利要比轻而易举得到的胜利更具有意义。经受艰难挫折而认真生活的人比事事顺心而生活过得好的人，活得更有价值。

当牧师就要当一个好牧师，要宣扬正能量，这样，才不枉来人世。我学习的时间越长，对布道的内容就更加坚信不疑。不管生活中经历多大的忧伤和失望，我们一定要认真地生活，即使生活中犯了什么错误，依然要心胸开阔，生活中要有所热爱，有爱才有力量。爱心和成就总是成正比的。

如果一个人一心一意地去热爱那些很善良、有价值、有意义的东西，那么他的前途会越来越光明，性格也会越来越坚强。也许一个人深入社会，与大众交流可以更成功，甚至经常不得不如此。但相反，喜欢安静，独自工作，甚至不需要什么伙伴的人却能安逸地度过自己的一生，如芸芸大众一样。就算是那些身份不同寻常的人，在某些方面也要和隐士一样。否则他将失去自己的本心。让自己灵魂中的那火苗烧得恰到好处——不必熄灭又不燎原。为了自我的灵魂选择了贫困，再贫困也是富有的。而且，他们总可以听到发自内心的呼喊，听从那种呼喊吧。那是神赐予你最好的事物！然后，你便从那呼喊中找到乐趣，并远离孤独。

对巴黎的第一印象让我有些困惑。第一印象总会改变的，不是吗？虽然每一天都有带来光辉与活力的黎明，但之后也同样会有灼热、慵懒的正午和漆黑孤寂的夜晚。不过，正如清晨总是一天中最神圣的时光一般，第一印象也总是神圣的。即使它们已成为过去，但它们却是沉淀在时间的长河中，当你发现它们曾经是对的时候，你又会轻松地捞起它们。

在你早上穿过街道走向蒙特马特时，路上总能看到不少作坊和小屋，也总会想起《一名修桶匠》这幅画。经常看这种简单的画没什么坏处。你会看到许多人为了生活的琐事而放弃了自然，如此，他们就失去了灵魂中火焰。你还能看到许多人在恐惧和痛苦之间徘徊。夜里，他们不断地毫无目的地行走，男人有，女人也有。他们看不清黑夜笼罩下的路，因为他们的火已经熄灭了。他们的痛苦，无法用语言描绘，也没人可以描绘。

今天当我走进科尔大叔家的门槛时，他告诉我杜比尼已经离开人世了。我听后真的很难过，那种感觉就像我听说布里翁死去时一样（布里翁的画我依旧保存完好）。他们的作品却无人可以看懂。但倘若有一天能被人所理解，那种感人的意境将会是前所未有的。如果一个人在死之前想到自己曾做过什么好事，也能知道自己因为某些成就留在人们的记忆中，还可以为身后的人们做一个好榜样，那他就死而无憾了。一项对别人有益的事，即使这件事本身不一定永恒，但它的精神会长存于世。如果之后还有人向这个方向努力，他们也会去追随这种精神，用同样的精神做同样的事情。

比利时踏入艺术门槛，爱情受挫

速写埃顿

我正在一盏小灯笼的微弱烛光下写信，烛光快燃尽了。上周我和父亲去了布鲁塞尔，我们见了德荣牧师和勃克马先生，他是佛兰德语培训学校的校长。在荷兰要学六年才能获得神职，而在这所学校只学三年即可，因为他们认为成为牧师没有必要修完全部课程，只要能够以通俗易懂、引人入胜的方式演讲即可，传教演讲不必那么文气十足、那么冗长。他们注重的是现实工作能力和发自内心的信仰。只有克服许多困难，经过一次又一次地实践，一个人才能获得既严肃又富有情感、既流利又自如的演讲才能。要讲就讲有意义、有明确目的的话来感染听众，这样，听众的信仰才会更加坚定。

在布鲁塞尔住上一段时间得花不少钱，因此，我现在就待在埃顿写写文章，这些文章或许对我以后有些用处。昨天，我写了一篇寓言故事，是关于芥末种子的，长达27页。现在，我在写一篇论文，是关于伦勃朗的《木匠的屋子》。

有天晚上，我和父亲去散步。金色的夕阳逐渐消失在松林深处，夕阳映红的天空在池塘水面微微闪烁；石南荒原和彩色的沙滩交相辉映——你是否领悟到人生也如此，有色彩，有宁静，有情趣，恰似通过石南荒原小径时的情景。

田野美极了。玉米成熟了，马铃薯成熟了，叶子却蔫了；荞麦上挂满美丽的白花，还有各种形状的作坊。薄暮下这一切似乎就在画卷中。农民们白天干活，晚上休息，我们也一样，因为我们也是普通的劳动者。

清洁工开始下班回家了，老白马拉着垃圾车，赶车的清洁工身上又脏又臭，甚至比《穷人的长凳》那幅画中的穷人更穷，他们确实穷困潦倒。我们看到的这一切无法形容，他们的孤独、贫穷和苦难无法用任何方式来表达。这时，我们的心为之震动，于是，我们不由自主地想到了上帝。

一天，我仿作了布雷东的画《星期天早晨》，他的画我十分喜欢。同时，我为你以他的画为精神食粮而颇感欣慰。布雷东是在用心、用思想和用灵魂来创作，因此，这样的艺术作品总是那么伟大，也充满生命力，给人们提供了丰富的精神食粮。我们要记住目睹的这一切，这样，我们就会远离懒惰和孤独。

我打算就路上的所见所闻做些速写，但这样会影响我的工作，于是，我匆匆画了一幅素描《去矿井》，但没有画好。此画是依据这样的背景而作的：我看到许多煤矿工人，他们中午来一间小屋吃饭，喝啤酒，这间小屋离大路不远，是煤矿工棚的一部分。此画体现的是煤矿工人的辛酸生活。

我在英国时，会到煤矿工人中去传教，当时我不到 25 岁（传教年限），他们对我不理不睬。《圣经》的精髓就是引导人们从黑暗走向光明。哪一类人最需要光明？就是这些煤矿工人，他们工作在地球深处的黑暗中，他们需要光明。

博里纳日位于比利时南部与法国交界处，那里的煤矿工人特别多。我想去那里为贫困的矿工们传播福音，因为这是他们最需要的。我可以在礼拜日传教，其他时间教书。我若能在这样的地方默默工作 3 年时间，那么，我可以积累大量的素材，所宣传的内容更具价值。我是认真的，也有信心，因为我马上就到了而立之年，经过多年的专门训练和实践经验，我会更加得心应手地工作。

我在布鲁塞尔的3个月试用期很快就结束了，要继续待在这儿，那花费可就大了。我无法承受，因为我现在身无分文。所以，我可能会到博里纳日去工作。

生活是不易的，但对上帝的信仰给了我信心，给了我力量和勇气。

遭遇博里纳日

在博里纳日人们不作画，但是，乡间都是一幅幅美丽的图画，一切都具有画的特性。前几天，这里下了雪，雪后的风景正如以红、绿、黑、白为表现特殊效果的画作一样。这里一条坑坑洼洼的路，路上长满各种树丛，盘根错节，酷似法国画家丢勒《死亡和骑士》蚀刻画的内容。前几天，目睹矿工们在薄暮下踏雪下班的情景。矿工们从黑暗的矿井出来，其外表简直就是扫烟囱的工人。他们住的小棚屋星星点点地散落在坑坑洼洼的路边、树林里和山坡上。屋顶布满了青苔，晚间，小窗里闪着微弱的灯光。

这里除了大烟囱，最显眼就是井口的煤堆。此番景象正如博斯布姆的巨幅画《温泉》所表现的特色那样，不同的是，《温泉》画中堆的全是铁。各地有其特有的树种，有的地方有矮橡树丛，有的有柳树林，而这里的篱笆全是黑刺李。在雪景的衬托下，黑刺李犹如白纸上的点点黑字，正如《福音》书的页面一样。

我租了一间小屋作为我的画室，房间墙上挂了一些版画。

矿工们的语言很难听懂，但他们能听懂语速很快的法语，因为，他们已经习惯了法语。这和他们说自己的方言一样，语速再快都能听懂。

我做过几次演讲，演讲的地点包括宗教集会专用房、晚上在矿工村里、工棚里等。在本周的一次演讲会上，我讲了《使徒行传》中的情节：

一天晚上，保罗的面前出现了这一幻景：一个马其顿人站在他面前乞求道："到马其顿来拯救我们吧。"我分析说，这个马其顿人渴望福音，渴望真正的关于上帝的知识。我还说，这个马其顿人是一名劳工，他的脸上布满了忧愁、苦楚的皱纹，他没有任何魅力，但他有永恒的灵魂，需要上帝的教诲。即，上帝教诲人们要过简朴的生活，适应卑微的生活，要温和、谦虚、单纯。

这里的人没受过什么教育，大多数人不识字，但他们很聪明，干活很利索，尽管身材不高，但很能吃苦。他们很敏感，谁要骑在他们头上欺负他们，他们就会在骨子里仇视作威作福的人。要取得他们的信任，就要实实在在、谦虚谨慎，要与他们性格脾气相投。

我看望了一位弱小的老太太，她的病很严重，她忍受着痛苦，但她内心充满信念。我给她讲福音，为她祈福。这里的人天真纯朴、性情和善，因此，我感觉这里就是自己的家。漂泊在外的人会思念家乡，但也应该学会入乡随俗。但愿上帝保佑我在此谋得一个长期的职位，我将倍感欣慰。

这里的人疾病缠身，一个家庭里病人照顾病人的情况司空见惯。许多矿工因得热病而精神疲惫，面色憔悴，显然苍老了许多；而妇女几乎都是骨瘦如柴，极度虚弱。矿井周围是贫困矿工们的寒舍，屋子旁边有几棵煤烟熏死的枯树，还有篱笆、粪堆、垃圾堆及煤渣堆。我准备据此画一幅速写。

最近，我进行了一次非常有意义的体验。我在一口最古老、最危险的井下待了6个小时。在这口井里丧命的人为数不少，有的死于上、下井过程中，有的死于毒气，有的死于瓦斯爆炸，有的死于透水或塌方。因此，这里的一切都充满凄凉。我找了一位在这口井里干了3年的矿工当向导，他耐心地给我讲解这里发生的一切。

我探查了井下700米深处被矿工们称为丧身之地的角落。这里的景象可以用这样一幅画面来展现：原木支撑的狭窄低矮的通道里有一排排的地下井，每个井里都有一名又臭又黑的矿工借着小油灯的微光在忙碌地挖煤，一些矿工直着腰挖，而另一些矿工却趴着挖；有些井渗水，矿灯灯光产生反射光束；成人矿工在挖煤，而男女童工则把煤扔进推车；井里还有一个马厩，拴着 4 匹马。

海员上岸后留恋大海，同样，矿工们也留恋矿井，尽管危险重重，他们也宁愿待在矿井里。因此，这里的村庄显得荒凉，没有生机。要了解这里的一切情况，就必须来到井下。

我现在专心工作，没有时间考虑其他事情。时间飞逝，积雪开始融化，黑色田野又显现出来。这里的村庄像迷宫，狭窄的街道与矿工的棚屋纵横交错，使人不由自主地和一些画中的村庄进行一番比较。

我们的住所附近还可以俯瞰大部分博里纳日：烟囱林立，煤山绵延，矿工的小棚屋，蚂蚁般移动的黑影，白色小屋，深色松林，古老磨坊，教堂尖塔。这一切经常会被雾所笼罩。许多画家的画作也体现了这一景象。

有天晚上一场暴风雨光顾这里，闪电划破漆黑的夜空，忽明忽暗。附近矿场建筑孤零零地迎着暴风雨，恰似洪水大劫期间的诺亚方舟。受到暴风雨的启发，我在《圣经》课上讲述了一次海滩沉船事件。

最近我待在皮特森牧师的画室里。皮特森对艺术颇有见地。他要了我的一幅矿工素描。为了加深对自己经历的记忆，我经常一直画到深夜，给自己多留些纪念品。

春天即将来临，这将会出现新的创作素材。艺术就是人与自然之和，艺术家以不同艺术形式来表现自然，显示一种观念、特点。比如，白马拉车将一名受伤矿工送回家的自然情形，一位画家的画作《受难者》就体现了这一震撼人心的事情。

书也是艺术，比如《汤姆叔叔的小屋》，书中艺术家高度关注受压迫者的福利事业，读后能给人以现实的启迪。

过去我轻视生活，认为生活不重要、乏味。但是，你来看我之后，特别当我们一起散步时，我感觉生命那么美好，那么宝贵。有你在，我觉得比过去更加高兴，生活比过去更有生气。

所有人都需要亲情、友情、爱情。我也一样，我的生命不能没有这一切。所有人在孤独、内心空虚之时，尤其需要友情的帮助。所以，你的到来对我那么有意义。

我对这个地方了解得不是十分全面，因此，我暂时要留在这里。不过我可能要去埃顿几天，但去埃顿的路确实不好走。

我很感激你的来访，我们讨论时的声音时常萦绕在我的耳边。比如，我们讨论如何改变计划，如何才能振奋精神等。但是，我们讨论的好多结果却在实际中都行不通。

记得我们讨论的有关阿姆斯特丹的计划，我们满怀信心地完全按照所讨论的计划去实施，结果整个活动显得十分糟糕，十分荒谬，太惨了！相比之下，在这样一个贫困的地方，人们的教育程度很低，生活十分艰难，过着充满忧虑的日子。如果我在此地按照别人事先所提出的建议行事，结果肯定事与愿违。

以昂贵的代价所取得的经验使我们能更加聪明。这样，在以后的行事中可以减少伤害、悲哀、痛苦，这正是我们应该学习的东西。以前我总想着要达到既定的目标，但现在我不再这样想了。我对既定目标的抱负有所减弱，因为事实与想象经常完全不同。因此，就我而言，我宁愿选择自然死亡，而不会依据柏拉图的哲学安排我的死亡。现实与安排经常不一致。比如，在课堂里所安排的知识远不及从农民那里直接学到的东西。

要过上好生活，这是我梦寐以求的。的确，我渴望今后生活过得更好，但是，我担心改善生活时产生邪念。你以前建议我，要我做一名支票和名片的刻工、账房先生、木匠学徒、面包师等。你认为我若听从你的建议就会混得不错，但是，你大错特错了。或许你当时建议我做这些事情的原因是担心我无所事事，终日游手好闲。但是，我的这种"游手好闲"不是一般的"游手好闲",我的这种"游手好闲"很难得。因此，你要以新的视角来看待这个问题。对于有些问题，我们可以马上回答，但这样快的回答或许是很愚蠢的。比如，一个人骑着驴，有人指责太残忍，于是马上从背上跳下来，然后就扛着驴赶路。难道这个人仓促的决定不够愚蠢吗？

玩笑归玩笑，要是我们俩的关系更好一些就好了。你和家里的亲人都讨厌我，其他人都认为我一无是处，只会打扰别人，同时又是一个无家可归的人。这让我感到非常痛苦，难以忍受，生不如死。尤其是我们俩之间这样的关系在家中造成了不和，这使我感到无比压抑。有时，我会这样想：这只是一场梦，今后我们会学会相互理解，学会如何恰当地处理问题。

在现实中，许多事情会变得更糟还是会变得更好呢？大部分人认为不可能向好的方面发展。但是，冬天寒冷刺骨，有人说太冷了。但如果过两天就是夏天了，那人们就不担心了，因为令人不爽的事马上就要结束了。天气的情况和我们的处境相似，也是不断变化的，我认为事物向好的方面发展的情况还是居多的。

现在，家人的偏见依然存在，对名誉的追求仍然坚持，因此，我很难获得家人对我的信任。但是，我相信，我们之间将逐渐恢复真诚的理解。

鸟儿的困难时期便是换毛时节，换上新羽毛之后就度过了困难；一个身处逆境的人也一样，摆脱逆境便成为一个新人。我要摆脱目前这个困难，就得离开你们，与你们保持距离，但随时保持联系，这是最好的办法。

我喜欢感情用事，因此经常会做出一些蠢事来，并为之感到后悔。对待有些事，我们最好耐心一些，不要太鲁莽地决断。我认为我并非是个危险人物，并非一无所有。我对热情的投入就恰如其分。比如，我对书籍的热情投入不假思索，行动很快，因为我要不断充实自己。当我面对绘画和艺术作品时，我会以最强烈的激情投身其中。对此，我并不后悔。因此，我时常思念故乡和故乡的绘画。

以前我对许多画家及其画作都很熟悉，但目前的环境使我对以前熟悉的东西陌生了。尽管如此，我还拥有永恒的东西，即灵魂。有了灵魂，就有了永无止境的探索。因此，我没有绝望，我主动选择了忧郁，因为有忧郁就有希望、有追求。我的事业发展受到了阻碍，于是，我就认真阅读了几位作家的大作，也看了几位作家的小名作，这算是一种不断求索的忧郁。

这样的做法确实会令人吃惊，因为这有违常规。对于一件事，我们要从正面去理解。比如，我经常不注意仪表，这事确实让人吃惊。但是，成就事业的过程中免不了受穷和悲观，那么，这时候应当专注于学习而置其他一切于不顾，包括仪表，这才是成功之道。

我已经有五年多没有工作了，四处漂泊。你说过，我不知在什么时候开始堕落了，成天无所事事。事实也并非完全如此。

的确，我吃的东西有我挣的也有朋友施舍的。我尽力在谋生，但很多人不信任我，因为我身无分文，前途无望，我本可以生活得好些。我的学习也遇到了麻烦，因为我要学的东西太多了。这就是所谓的无所事事吗？有人可能会说，家人要我上大学，我为何不上？我只能回答："我没钱。"再者，上大学的前途也好不到哪儿去。我要告诉你，要做牧师和当艺术家的境况一样。比如，有家艺术学院的做法令人痛恨：手握大权的人给他们喜欢的人安排工作，而且他人则得不到机会。这所学校的专制令人可憎，弥漫着恐怖气氛。他们心中的上帝与莎士比亚笔下的醉鬼心中的上帝一样，他们不知道人还有灵魂，他们没有人的感情。如果他们偶然发现人还有灵魂和感情，他们会惊讶不已的。

对我来说，除了那些院士们，值得我尊重的人就为数不多了。我也失业好几年了，失业的原因很简单，我的思想和手握大权随心安排工作的那些人的观点不一致。他们都虚伪地找借口说，我对穿着不讲究，不适合干他们的工作。

你说我对宗教的看法不现实，不应该去谴责自己的良心。但是，我认为，凡是好和美的事物，比如，人和作品中的道德的美、心灵的美、崇高的美，都来自上帝。凡是坏的东西都与上帝无关，上帝也反对错误的事物。我认为，信仰上帝的最佳途径就是爱朋友、爱妻子、爱你所喜欢的一切。一个人的爱必须是严肃的、认真的、发自内心的、始终不渝的，并且要有力量。这样，就可以获得坚定不移的对上帝的信仰。如果一个人严肃认真地热爱伦勃朗，那么他对上帝就有真诚的信仰。如果一个人认真地研究了法国大革命，那么他就会明白，伟大的事业是在伟大的力量的推动下实现的。

也许有人暂时会受苦受难，但在此过程中，他关注自己的所见所闻并认真思考，这样，他就能从中悟出许多，也许他不能全部讲出来。因此，要认真去理会伟大的艺术大师们在其作品里所揭示的真理。作家在书中描写真理，画家则在画中描绘真理。要不断思考这些真理，这样，我们的思维能力就能比别人强很多。那么，我们就会明白如何去读书。

去年夏天，我们一起到一口被废弃的矿井边散步，当时你说我们曾经在古运河边散步时，对很多事情的看法一致。可你又说从此以后我变了。可事实并非如此。如果说我有变化，那就是当时我的生活还算可以，前途还算光明，我的思维方式也没有变化。如果说有变化，那就是我的思维更加严肃认真。

你认为我应该对某几位画家冷淡些，而我做不到，因为这些画家都是我所相信和热爱的。比如，伦勃朗的作品中的一些内容与福音书中的基本一致，你说我能不相信伦勃朗吗？

希望你能因我对绘画的深入研究而原谅我，也希望你把对书的热爱和对伦勃朗的热爱等同起来，因为这两者本来就同样神圣。我对自己喜欢的画会驻足良久去欣赏，不管在什么地方。同样，我喜欢狄更斯的《双城记》，也喜欢莎士比亚的作品。莎士比亚的作品需要认真理解，他的语言和风格就是画家的笔，充满热情和激情。因此，我们除了学会观察和生活之外，还要学会读书。

我喜欢艺术并非否定现实，我虽然有些变化，但我还是我。令我感到忧郁的几个问题是：我如何成为有用之才？我是否可以为某个目标去奋斗？我如何能够博学？可现状是，自己穷困潦倒，没有工作，连一些急用的事物都无法弄到。我感到我的生活中有友情，有真挚的爱，但实际上这些东西都不存在；失望使我精疲力竭，命运扼杀了我的爱；周围的一切压得我喘不过气来。于是，我大喊道："让我尽快渡过难关吧，上帝！"

别人看不见我的内心活动。在我的内心深处有一团火，没人靠近过它。但如果有人走近它，肯定能得到温暖。许多人只顾走自己的路，根本不会关心别人。恐怕我还要坚持自己的信仰，耐心地等待他人对我的理解。

我的情况糟糕透顶已经很久了，也许还会持续下去。不过，事与愿违之后就会时来运转，但这一刻也许永远不会对我出现了。如果转机来了，我就会说："过去的就让它过去吧！"

你认为我是一个游手好闲的人，如果你在我身上还看到其他品质，我会十分高兴。因为懒惰可以分为两种，一种是好吃懒做，品性顽劣。你可以认为我属于这一类。另一种并不是主观偷懒，而是由于被限制了行动的自由，遭到不公、贫穷，只能渴望有所作为，这种境况下人们被迫偷懒。身处逆境会招致别人的偏见、误解，别人对身处逆境者的不了解会导致彼此不信任及虚情假意。当我们身处逆境时，我们的行为会受到限制，为什么会这样，人们都说不出原因，反正人们可以感到生活中有某种障碍。我虽然不知道自己究竟有什么能力，但可以感到的是，我会有出息，我也有生活的目标，我会成为一个特别出众的人，我有潜能。

什么东西可以有足够的力量清除人们的这种障碍？当然是各种爱，朋友之爱，兄弟之情。人与人之间的爱的力量是无限的。一个人若得到同情心，其生活就能够有所起色。我选择的路我一定要继续走下去。如果我放弃学习，放弃追求，无所事事，那人生就会放弃我。到那时，我会无比痛苦。因此，我不能放弃，要勇敢前进，我必须这样做。但是，你可能想知道我的目标是否明确。我的目标肯定会越来越明确，就好像你先把草图做成素描，再把素描做成画一样，这是一个逐渐变化的过程，此过程需要付出劳动，抓住灵感，推敲构思，逐渐完善。

目前，我俩的情况恰好相反：我每况愈下，而你蒸蒸日上；我丢掉同情，而你得到同情。但我会发自内心地说，这样的情况使我十分高兴。

如果我能为你做些什么，对你有点用处，那么，你就吩咐我。虽然我们相距遥远，但是我们有一天会互帮互助的。

我正在临摹米勒的系列画作，已完成的两幅是《白昼的时刻》和《播种者》。我想你会欣赏我的临摹。我想全面研究绘画大师米勒，他的画我已经收集了20幅，你再给我一些他的画，我会马上临摹的。他的那幅巨作《挖地的人》蚀刻画很难找。将来我要用我画的矿工的绘画挣的钱买下这幅巨作。

我正在激情高昂地临摹《农活》，画了10页纸。我也在学《炭笔画练习》这本书。半个月以来，我每天从早晨画到深夜，因此，我觉得手中的铅笔越来越充满活力。

我要向米勒、布雷东、布里翁、鲍顿等这些大师们学习画人体画。比如，布雷东的作品中有一个黑色的人体侧影与夕阳西下时的天空相互衬托，表现的是《拾穗者》的主题。我画过一幅描绘矿工的素描：画面中，在破晓篱笆边的小路上，男人和女人匆匆走向矿井；黎明的微光下矿工的身影显得朦朦胧胧；画面的背景是煤矿的高大建筑和煤堆在曙光下灰蒙蒙的轮廓。我想重画这幅画，加强表现力。有位画家画了一幅表现矿工收工回家的情景的画作，但是我认为没有画好，因为在夕阳的照射下，阳光与棕黄色的侧影接触的地方的效果不能明显地表现出来。

我正在学习《绘画教程》这本书，我要抓紧学完。我的手因学绘画而变得更灵活，更有力，所以学习效果很好。我也读了一些关于解剖学和透视画法方面的书。学习确实很枯燥，常常令人厌烦，但是，我还是在认真学。

我用乌贼墨两次临摹了法国画家卢梭的水彩风景画《旷野里的窑》，然后用乌贼墨成功地画了一幅巨作。另外，我还想临摹风格、情调相似的另一名画家的《荆棘丛》。

我画了这些画的很多草图，最近才有所进步。我希望我的进步越来越大，因为我临摹的是一些好画。有了一定的绘画基础之后就应当临摹好画。我情不自禁地画大幅的素描，画矿工走向矿井的情形，不过将人物的位置改动了一下。我想我临摹完两本绘画练习册之后能够将男女矿工画得好一些，遇上有特点的矿工模特我会抓住机会。

我想再多看看蚀刻风景画，因为我现在欣赏画的水平比以前高了许多。

我现在是个工作狂。请放心，如果我继续坚持，我肯定会掌握绘画的艺术。目前还没有引人注目的杰作，但我坚信，我的付出一定会有回报。苦学与生孩子是一样的，先苦后甜。你也想看到我有所作为，而不想看到我无所事事。我的做法也许能够增强我们之间的感情。

我徒步去看了布雷东的画室。画室外表显得冷漠、呆板，是新建的砖木结构，令人非常失望。很可惜没有看到画室的内部。我在周边寻找布雷东或其他画家的踪迹。一家照相馆里挂着布雷东的照片，在一个老教堂的角落里找到一幅临摹意大利画家提香的《耶稣葬礼》的画。我没能分辨出它是否是布雷东的临摹作品。

布雷东画室的附近有一家艺术咖啡馆，也是新建的砖木结构，我看了也不喜欢。其内部的壁画是关于骑士堂吉诃德的生平，壁画的质量低下，我认为这只不过是不上档次的装饰而已。

但是，这儿的田野风光倒是不错。那儿有许多干草堆，大地是咖啡色的，其间有一块块白色的泥灰岩地。这对我们来说并不常见，因为我们经常见到的是黑土地。在那里的一座煤矿上，我看到矿工在黄昏下班时的情景。但在这里看不到穿男人衣服的女矿工。矿工们的脸上全是煤灰，一副疲倦痛苦的表情。还看到一位头顶旧军帽的矿工。这次徒步旅行让我有点吃不消，身心疲倦，脚心肿胀，内心郁闷。但是，我的收获就是看到了许多趣事，学会了以不同视角来看待痛苦。

旅途中我用自己的一些画来换食品，但最后几个晚上我被迫露宿。一次睡在废弃的马车上，次日早晨身上竟然结了一层白霜，太糟糕了。我在柴堆里睡过，还在草堆里睡过，我在草堆里铺草做床，很舒适，天下着毛毛雨，可雨水淋不到我。

当我的处境非常糟糕时，我反而有了新的活力。我进行自我激励，不管怎么样，我都要重振精神，重新拿起搁置一旁的笔继续作画。勇气使我发生了改变，我作画时，手中的笔就听话了，而且越来越听话。我因长期穷困而悲观，导致我还没什么成就。

我这次远足还看到纺织工人的生活。矿工和纺织工组成的阶层不同于其他劳工、手艺人的阶层。我同情他们，因此想着将来要画纺织工人，把他们的生活展现给世人，让世人很好地了解这类人的生活。矿工生活在深渊底部，而纺织工则心神不定，与梦游者一样。与他们两年的生活使我了解了他们的品质。这些纺织工穷困卑微，他们的生活很感人又很悲惨。他们生活在社会的最底层，受人轻视。人们在思想意识上不公平地看待他们，把他们想象为邪恶的代表。

法国画家梅里翁的蚀刻画真有其奇妙之处。挑一幅梅里翁的得意之作与一些建筑师的设计图放在一起，我们就会看出他的作品确实充满活力。与其他的蚀刻画对比就更能显示梅里翁的画所具有的突出特征。同样是画砖、石头、桥上栏杆，梅里翁的蚀刻画中的这些事物能够感染人的灵魂，揭示人内心的悲哀。

米勒、布雷东等画家的笔下也能体现出这种感染力，他们以福音式的崇高的语言来展现人的灵魂。将来有一天我会成为一名画家，虽然我不知道自己的画会表现什么主题，但是我想我的画要反映人性。所以，首先要认真学习，艺术的道路一点都不宽广，艺术之门也很狭窄，只有经历困难才能进入绘画之门。

去巴黎是我朝思暮想的夙愿。但我身无分文，怎么能去呢？经过一段时间的辛苦工作，我才能考虑此事。在巴黎我每月至少需要100法郎。因此，我微薄的收入只能维持生活，肯定要吃苦。

这儿的生活费不高，但我不会继续住这个房间了。因为这个房间很小，而供我和孩子们睡的两张床就占了大部分房间。我作的有些画画幅很大，这么小的房间实在不方便。但我不能向安排住房的人诉说，因为他们早就说过，房子的另一间女人要在里面洗衣物。

如果我有机会接触一些杰出的画家并和他们建立友谊，那对我是很有好处的。但我马上去巴黎或许找不到一些画家的传世之作。所以，目前我需要做的事就是好好学作画，把手中的铅笔、蜡笔、毛笔练到出神入化的境界。这样，无论我走到哪里我都能画出好画。博里纳日和古老的威尼斯等地的风景都很美，都可以入画。

我的生活处处都有困难，而且新的困难随时就会出现。但是，我告诉你，我很高兴我又开始作画。长期以来，我无时无刻不想这事。但之前我想重操画笔似乎没有可能，因为它超出了我的能力所及。可是目前，虽然我感觉不得劲、痛苦，但是我有了精神的力量，我的体力也日渐增强。

倘若你偶尔发现有与绘画大师接触的机会，一定要告诉我。现在，我会待在矿工的小棚屋里安安心心地努力工作。

布鲁塞尔学习美术

我是在布鲁塞尔给你写的信，你是知道的。我想我现在应该先换一个住的地方，原因不止一个。首先，我现在住的这个房间很狭小，光线又差，很不利于作画。况且，我在这里再多住一个月，我想我会痛苦地病倒。你难以想象，我在这里的生活有多糟糕。我的主食是干面包、马铃薯或者栗果。假如我可以住在条件更好的房间里，并且在我付完账之后，能够到饭馆里吃点好饭好菜，我想我的身体就能够恢复得更快。我在比利时条件很差的房间里度过了几乎两年的时间，导致近来我的身体每况愈下，但只要什么时候我可以画好我想要画的事物，我会把这些都忘了。凡事只要往好的方面去想，并不断追求，结果总会好起来的。我还需要努力来恢复我的全部体力。

父亲告诉我，他会通过其他人每个月给我带 60 法郎。这里的消费 60 法郎肯定是不够的，但我也毫无办法。要作临摹就得买绘画材料，比如临摹人体解剖图，买材料得花不少钱，并且所需的材料一样都不能少。所以，只有买齐了材料，我的付出才有可能获得回报，否则，我无法获得成功。

不要以为我这是奢侈，相反，由于我过去太节俭，没舍得花钱去买绘画材料，所以导致我今天的进步不大，否则，我取得的成绩会更好。

不管在哪儿，生活费每月也要 100 法郎以上，假如低于 100 法郎，那就什么都干不了，物质生活水平低下，没有钱买必要的绘画材料和画具。如果手头比较宽裕，一个人在事业上的进步就有了保障；如果手头总是拮据，那他的事业发展肯定会受到极大的影响。法国作家帕利西说："贫困阻碍发展"，这是很有道理的，如果你知道它的真正含义和深刻内涵，你就会知道这句话说得多么正确。对于这句话，我有这样的想法：我们家庭里有两位梵·高先生——科尔大叔和海因伯伯都很有钱，并且他们都是画商，而家中年青一代的你和我都选择了画画这个行业，我们家庭不贫困，但我们的发展总是受限。那么，这句话还有道理吗？我可以找到当个画匠的正式工作，但之前这个阶段我得靠每个月 100 法郎来维持生活，那么，这句话又说得如何呢？我和科尔大叔三年前就因为这些问题吵过架，但是这是不是就成了我和大叔之间永远不和的原因呢？我认为我和他从未敌对过。我想这是一种误会，产生这个误会的过错怪我，但现在我不去考虑我的过错的大小，因为我不想浪费时间想这些事。

我很清楚，就算生活得再怎样节俭，布鲁塞尔的生活都是难以避免的奢侈。但我不能闭门造车，我想，只要我努力学习（正如我做到的那样），科尔大叔和海因伯伯不会不理我们的，要么帮助我，要么帮助父亲。

有几个同样处于窘困状况的年轻人开始学画。这种情况下，能够给人力量的事情绝非是孤立的，而是将相同境遇的人联系在一起。我愿意和某个画家建立友谊，这样我就能够在一个更好的画室里学画。我认为，观察其他的画家的绘画技法及其佳作是非常有必要的。这样，我就能发现自己的不足，快捷有效地提高自己的绘画水平。

即使从水平相对较差的画家那儿，一个人也能取长补短。比如，毛沃掌握的马厩和大车的透视法和马的解剖图就是向弗斯丘尔学的，但毛沃的技艺远超弗斯丘尔。

我上次见到很多好画的时候距离现在已经很久了。在布鲁塞尔看到的那些画赋予我新的灵感，也促使自己着手进行创作的想法更加强烈了。

关于那些荷兰画家，你到底能否从他们那里得到关于透视法难点的明确解答我心存疑虑。我正在努力克服这方面的困难。像是海尔达尔这样的画家（他似乎是一个全能者），可能比好多无法明确说明自己画法的人要高明得多，因为他对画法的讲解很到位。你说起他时总会将之形容成一个孜孜不倦探索构图比例的画家，而我也渴求掌握这个技法。许多画家都没有什么构图比例的意识，也不追求线条美，不去思考有特色的构架，更别提有诗意了。

要学好画，画家必须要学会一些作画要求，比如，比例、明暗度、透视等。如果不懂这些，将会无功而返，永无寸进。今年下半年，我要积攒一些钱去买解剖学方面的书籍，绝不能拖延，不然将付出丢失时间的极大代价。

我曾探望过罗伊洛夫斯先生。他告诉我，他觉得我从现在开始必须以写生为主，就是说既画造型也画模特，但也需要一些精于此技法的画家的指点。他和其他人都给我提建议，要我到正规学校去学习，即使在那些学校让人感到不舒心。在布鲁塞尔，教育是免费的。人们能在温暖明亮的屋子里学习绘画，这样的环境真好，特别是在冬季。

我相信，我们交往的时间越久，你就越能发现我对绘画氛围的需要真是迫不及待，若无人指导，我就不能学会画画。若不去向高水平的画家学习，一个人再怎么志向远大也不会成功的。一个人空怀其志远远不够，必须要找机会发展自身的才能。至于那些你认为我不当与之为伍的平庸画家，我该怎么说呢？我会努力使自己不致沦落至此，但如果平庸就是简单，那我一点也不小看它。人们要成功当然不能忽略简单的东西。依我之见，作画必须要先画好简单的事物，因为简单的技法是画复杂事物的基础。把简单的技法掌握好也绝非易事。

我根据米勒的《砍柴人》作了一幅钢笔画。我觉得钢笔画是为蚀刻画打基础的一种练习方法。钢笔画有利于提高铅笔画，但钢笔画也并非一朝一夕就能学好的。如今，我作画就是为了能够卖些钱，这样，我就能够依靠自己的画作来养活自己。我要认真学好铅笔画、水彩画和蚀刻画，这样，我就可以画出质量更好的关于矿工或纺织工的写生。但我首要的任务就是掌握更多的技法。

这些日子我忙于作画，很充实。我在 5 张安格尔纸上画了一幅人体骨骼图的钢笔画，这是我读完约翰编写的《画家实用解剖图》之后画的。书中的图很值得我临摹。我认为，这些图里画得最好的就是手和脚，画得很清晰。我还需要补充的就是躯干和大腿的肌肉——这些加上和其他部分就构成一幅人体骨骼图。然后我要完成人体的背部和侧面。你要相信我，我有干下去的决心。我用铅笔、钢笔和墨水至少画了 12 幅速写——我觉得这些画比以前的好多了。乍一看，它们与南松作的英国木版画很相似，但这些画却显得很笨拙。这些画描绘的是搬运工、矿工、铲雪者、雪中行者、老妇人、一位老翁。我知道，这些画画得一般，但我开始有点感觉了。

几乎每天都有模特儿来这里摆姿势让我作画——有时是老搬运工，有时是工人，有时是孩子。下周日，可能会有一两个人摆坐姿让我画。我得慢慢收集一些工作服给我的模特儿穿：比如，蓝色外套，矿工的灰色亚麻布套装、皮帽子、草帽、木鞋，渔民的油布外套、防水帽，还有黑色或褐色的灯芯绒套装，红色法兰绒衬衣和背心，妇女服装，布拉班特女帽等。模特儿穿上这些服装之后我所作的画就比较成功。

我对自己亲眼看见的事物必须真实地进行描绘。认真地掌握了各种绘画技法之后——花钱是肯定的——我才能达到以绘画谋生的目的。如果我在这儿得到一份固定工作——当然希望这样——只有工作对我而言远远是不够的，因为我还要在艺术方面好好发展，那就是争取在绘画方面学有所成，努力提高自己的画技，这样，我将来的发展就会顺利的。请模特儿要花很多钱，如果我能有很多钱我就可以经常请模特儿了。但同时，我还需要一个满意的画室。

我又作了一幅是石南荒原的风景画，我好久没画它了。我很喜欢画自然风景画，但我更喜欢写生，而且是现实主义的写生。加瓦尔尼、亨利·莫尼埃、杜米埃、亨利·皮尔、德·格罗的写生技巧都是十分高超的，现在我与他们的水平根本不在一个档次，但如果我继续坚持画劳工模特，也许我的画能够作为报刊和书籍画的插图。我也知道，若我有钱请到很多的模特（包括女模特），我会取得更大的进步。这样，我也就能够画一些人物肖像画。

科尔大叔时常资助别的画家。我想，将来有一天我若是需要他的援手，他还能否帮助我呢？我所说的帮助并非金钱方面，他可以在其他方面帮助我，比如：他帮助我安排几位我能接触到的名画家，让我从他们那儿学到更多东西；再比如，替我找一份杂志社的正式工作。

我以前和父亲讨论过这些。我听到人们有这样的疑问：我的家庭很富有，可我却为何如此贫困？我回答他们：我认为困难是暂时的，将来就好了。有件事我还是觉得最好能与父亲和你谈谈，我之前问过特斯蒂格先生科尔大叔是否可以帮助我，他好像误会了我，以为我是想要靠大叔的施舍过日子。他带着这种想法给我写了一封信，说我无权要求大叔。这封信令我十分扫兴。

不知罗伊罗夫斯会怎么想我如今莫名其妙的处境，他的想法肯定是要么我有问题，要么大叔有问题。因此，他十分谨慎，如果在这类事情上我需要他的建议时，他肯定不会发表任何意见的。

这种经历让我很尴尬。但是，我想我必须要坚持在绘画方面的继续发展。

要省钱的话我今年夏天就得去埃顿。在埃顿找模特儿比较便宜，我情愿将适合他们穿的衣服等东西都赠给他们。在那儿，我想也许我会见到科尔大叔。不管是家人还是外人，他们评判我的观点各不相同。我不会为这些去指责他人，因为能够完全理解一个画家的人是很少的。然而，人们通常认为，如果有人为了找到风景秀美的地方而到别人没有去过的地区、角落、洞穴，他就会被人认为是图谋不轨，是恶棍，而事实并非如此。

有个农夫看见我坐在那里画了一个小时的老树干，就以为我疯了，笑话我。若一个年轻女郎对一个穿着满是补丁又脏又臭的衣服的劳工视若无睹，那她自然不会理解我为何去考察博里纳日矿区，去井下，她肯定觉得我疯了。

当然我不在乎别人怎么评论我。但愿你、特斯蒂格先生、科尔大叔和父亲以及其他我所熟悉的人能够理解我，不对我的行为说三道四，因为这是我的工作要求。

我同时也和拉帕德一起作画。他画了很多好的习作，其中有些作品画的是画院里的模特，画得很棒。他用钢笔和墨水画的风景画很精巧，魅力十足，只是缺少一点点的激情、自信和勇气。

你对我的资助在不知不觉中已经过了很长时间。由于你帮了我很大的忙，让我得以继续下去。请接受我对你衷心的感谢。我坚信你不会为之后悔的。因为你的帮助，我学会了一门手艺。虽然这门手艺不能让我成为百万富翁，但不论怎样，我一个月能挣到100法郎了。

要成为一名好画家就必须与艰难困苦做斗争。

埃顿学人物画

我到这儿已经几天了，外面阳光明媚天气晴好。我很高兴可以在这儿清静地作画。现在的练习是将来出产画作的种子，我可要多多播种。

若不下雨，我就每天外出到田野里作画。石南荒原是我经常去的地方。我作画的题材很广，画了各种景色的画，包括荒原上的小茅屋，路边的茅草顶的谷仓。此外，我还画了草地上的磨坊以及庭院里的榆树。还有一幅画，画的是伐木工人，他们正在忙着砍伐树木，那片原野上一大片松树林已经被砍伐殆尽。我学着画的事物还有农具、马车、犁、耙、手推车等。这些和那幅伐木工人是所有的画里画得最好的。我猜你会喜欢的。

我正在学习加萨涅写的《水彩画专论》，这本书是借来的。不管画不画水彩画，我也可以从里面学到不少知识，特别是关于乌贼墨画和墨水画方面的知识。偶尔我用芦苇管制作画笔，这种笔画起来很粗，很适合描粗。我最近画的一些画就用这种笔描粗，用透视画法。我画了村子里的作坊、铁匠铺、木工工场和木底鞋匠等。

拉帕德曾经给我说过，他会买下所有加萨涅的书。他在透视画法上有些问题还没有解决，对此我也无能为力。但是，如果我在透视画法上的问题得到了解决，那么我将对加萨涅感激涕零。我会将书里的理论与实践结合起来。

安格尔白纸是作画必不可少的东西，但是灰白色的那种不能用，只能用那种未经漂白的亚麻布色的，并且放久了的也不能用。我从布鲁塞尔带了点儿回来。在这上面作画感觉很好。这种纸非常适合作钢笔画，特别是芦苇管制的那种笔。

维莱明妹妹走了，我很难受。她为我作画摆的姿势真是太好了，我画了一幅画，画中有她和一位这里的姑娘，还有一架缝纫机。现在纺车不怎么能见到了，这对画家来说损失很大。但有能够取代的东西，比如缝纫机，多少可以弥补一些遗憾。

我觉得我在这里找到了一位好模特，他是一位园艺劳动者。我打算不让他在画室内摆姿势，而是拿着铁锹或者犁在花园里摆姿势，在他自己的家或是田野里也行。可是，让新找的模特知道该怎么摆姿势实在很困难。他们往往很难接受你的请求，非常固执。他们喜欢穿好衣服来摆姿势，结果膝盖、肘部、肩胛部和身体任何一个部分凹凸变化的特征都变得很不明显。

我在里斯博奇也画了一幅画。现在白天天气太热，坐在田野上实在吃不消，于是我就在画室里作画。突然想起你曾经说过的话，我尝试着参照照片画了几幅人物肖像画，这不失为一个好的练习办法。

你上次到我这儿，我们无所不谈，聊了好长时间，感觉特别愉快。我的身体也感觉好了许多。你走之后的第二天，我躺在床上和梵·更特大夫长谈了一次。他聪明而讲求实际。不是我这次小毛病值得我这样和他谈，而是我本身就很喜欢和医生聊聊，以了解我能否正常工作。如果一个人对自己的健康状况时常能有正确的了解，那么他能够更好地认识自己。

除了这些以外，我还学习《炭笔画练习》，在安格尔纸上练习画。与临摹巴格斯的画相比，我更喜欢写生。但我必须要把这些画作重新临摹一遍。我写生的时候想着不能过于重视细枝末节而忽视有意义的事物。我认为最近的习作里，这样的问题频频出现。所以，我想要再学学巴格斯的技法（他画图时用粗线条勾勒，所以其轮廓显得简单而精致）。当我临摹完巴格斯的练习册时，天气该入秋了，正好秋天是作画的黄金时节。

我希望我能很好地掌握我要学习的东西：在很短的时间内轻而易举

地学好一本书，而且对之印象深刻。不管是学画还是读书，学习的态度和方式应当是相同的，那就是要坚决果断地、满怀信心地去欣赏那些美的东西。

我刚刚从海牙旅行回来，星期二出发的，而现在都已经周五了。在海牙，我见到了特斯蒂格先生、毛沃和德·博克。特斯蒂格先生对我很好，而且他觉得我取得了很大的进步。

我和毛沃在一起待了一个下午和傍晚的时间。我去看了他的画室，有幸欣赏了好多很美不胜收的画。毛沃似乎对我的画也颇感兴趣。我非常高兴，他给我提了很多有建设性的建议，我很乐意地接受了。我决定在短时间内有新的习作后就再去拜访他。我欣赏了他所有的绘画习作，他也对我进行了讲解。虽然这些都是真正的习作而非草稿，但是他似乎不是非常满意它们。他建议我去进行真正的绘画创作，因为他认为我有这个能力了。

我很高兴见到了德·博克。我到他的画室时，他正在画一幅巨幅画，画的是海边的沙丘，其意境真的很美。他真该练习画人物画，这样会使得他的画更好些。这是我的看法。他很有艺术天赋，不过我们并不知道他后来怎样了。他很喜欢米勒和法国风景画家柯罗，他们都很善于画人物。柯罗的人物画虽不比他的风景画有名，但数量却也不少。此外，柯罗也聚精会神地、兴致勃勃地画过和临摹过各种各样的树干，他画树干就好像是画人体一般。虽然柯罗和德·博克两个人画的树的风格不同，但是我认为德·博克画得最好的树画，是他对柯罗画作的一幅临摹。

我在绘画上有些新进展要跟你说，我的绘画技巧和效果都发生了变化。按照毛沃给我提的建议，我又开始画模特了。对《炭笔画练习》的仔细研究和反复临摹，让我对人物画法的了解更深刻了。我学会了认真考虑、仔细观察、找到重要线条的位置。因此，谢天谢地，我现在正在逐渐把以前不可能的事变为可能。

我画了五次手握铁锹的男人，画命名为《挖地者》。挖地者摆出各种姿势让我画。我还画了两幅画《播种的人》和《手拿扫帚的姑娘》。然后，我又画了戴着白色帽子削土豆的妇女，靠着竿子站立的牧羊人。最后一幅画是火炉边椅子上坐着的一位老农，他把胳膊肘支在膝盖上，双手托着下巴。我当然不可能就此停笔。还有很多事物值得去画：几只羊后面跟着一群羊走过桥的情景；挖地的农夫；播种的农夫；犁地的农夫——无论是男是女——所有这一切我都要完成。我要认真观察乡村生活，并把乡村的一切在画中描绘出来，很多画家都这样做。

我过去对于写生不知从何着手，所有的画家最开始都对写生做不到游刃有余。所以，写生就必须要认真，这样，画家就绝不会让自己在写生时由于不知所措而随心所欲地画。反而写生会使一个人为了目标而不断努力。从其实质来看，自然和绘画艺术是相通的，虽然自然实际上是"无法触摸"的。然而，人们仍需要理解它，借艺术之手来描绘它。可惜的是，我还没有达到这个程度。任何一个画家都会和我做一样的考虑，但不知为何，我收效甚微。

我愈发觉得人物画好处甚多，因为它能够间接地促进风景画的技法。画家可以将柳树按照活物来画，若他集中精力来画同一棵树，一直坚持，直到将这棵树画活，那么，接下来画树周围的事物就更容易了。我和德·博克聊天时说到，若我们集中一年的时间来画人物，那么一年之后，我们的水平和现在就会全然不同。然而，如果我们不能专心这样做，任其自然地发展下去，那么，我们的水平甚至有退步的可能。只有我们努力画好人物画，也把树当活物来画，这样就说明我们有志气或者有坚强的性格。他十分同意我的观点。

我请的模特得给他们付报酬，虽然花钱不多，但每天都得花一点，万一我还卖不出去我的画，那么，这项开支也会积少成多。幸好我画的人体画大多会成功。因此，我觉得请模特的钱能够很快会收回来的。如今，对于任何一个画家来说，只要他画的人物画是成功的，他就可以卖掉画来收回一些成本。

有一次，我偶然遇到了博斯布姆，他看了我的习作并给我提了一些宝贵的建议。我真希望有更多这样的机会。博斯布姆就是那种能够将知识传授出来，并且能讲得明白的天才之一。

我从海牙回来时带了一些木壳蜡笔（和铅笔类似），现在我经常用这种笔。我润饰习作时也用毛笔和锥形擦笔，用的颜料有斯比亚褐色颜料、印度墨或其他颜料。事实上我最近的画与之前大不相同了。

正如毛沃之言："工场已全面启动。"于是我就去了海牙，这样，我和毛沃以及其他画家之间就出现了一种非同一般的关系。

向凯求婚

我爱上了一个人。

今年夏天，我真心爱上了表姐凯。我向她表白之时，她却说，不管是过去、现在，还是将来，她恐怕永远不会接受我的感情。

我内心思绪翻滚，不知该怎么做，十分难受。我该接受她的"还是死了这份心吧"的答复呢，还是怀着希望继续追求呢？我选择了后者并且永不后悔。当然，自那时开始我就尝到了爱情的痛苦。但爱情带来的这种苦痛也有价值。有些时候，当我处于绝望之中时，偶尔感觉自己仿佛入了地狱，即使这样，一想到曾经有过这样的美好时刻便宽慰多了。

我就纳闷，长辈为啥不理解我。他们认为我俩之间已经把话说开了，已经没有可能了，因此他们千方百计让我放弃这爱情。我暂且相信他们是为我着想的。在舅舅和舅妈十二月举行银婚纪念之前，他们难免会用好话来敷衍我，我想，随后他们肯定会想办法阻止我和凯交往。

凯本人也觉得她的主意已经定了。长辈们总试图让我相信她拿定了主意，可是他们又担心情况有变。现在看来，他们转变态度的可能不是取决于凯的想法，而是我能否成为一个年收入 1000 法郎的人物。请原谅我不客气的描述。你也许会听到人们说我试图强求之类的议论。但谁都会明白，在恋爱中强求是多么荒唐的事。我绝没有强求的想法。但我希望能和凯见见面，一起聊聊天，互相通通信。这样，彼此之间就会了解更深，进而看看我们在一起是否合适，这种做法肯定合乎道理，这种要求也不过分。

森特伯伯是个好管闲事的人，他悄悄告诉我，若我努力学习直至成功，也许仍然有机会。他会这么说真是出乎我的意料。他倒是欣赏我对于凯的"还是死了这份心吧"的接受方式——不是严重地看待它，而是以幽默的方式来处理。我遇到凯以来，我在绘画方面的进步很大。

只要能够见到她，无论什么事我都会去做。我的想法是：只要我一直追求，最终她会接受我的。

我认识的好多人都反对我们的爱情，这让我很难受。但我绝不会为此郁郁寡欢，丧失勇气。我不会死心！

如果我的事使得你对我有什么偏见或看法，我不会吃惊的。但是我希望你能够了解整个事件的过程，或者至少是一部分。就犹如这样一个过程：我用炭笔画了几条直的线条，想借此说明比例和平面。当画出必要的辅助线之后，我们就用手帕擦掉炭笔粉，开始描绘内心所想的草图。你看到的是草图，而画草图的过程你没有看到。

我有一个问题：如果有人对爱情真挚并迷恋到无数次的"还是死了这份心吧"都无法令他放手，这会让你感到一丝惊讶吗？我想你肯定不会感到吃惊的，因为这是多么自然与合理的事情。爱是一个人自然的行为，它是如此炽热，如此真挚，以至于让一个投入爱情的人立即放弃感情这就等于要他的命。

事实上，我认为自己不是这样的人。生命对每一个人都是那么的宝贵，我有爱的那份心，所以我很高兴。目前，我会把"还是死了这份心吧"当成一块冰，我情愿把它放在我的心里，慢慢温暖它让它融化。冰冷的冰块和炽热的心放在一起，最后的赢家会是哪个呢？这个问题十分微妙。希望别人不要对此说三道四——"自然，我们都是好心好意，都是为你好"——如果人们的说辞还只是"冰不会化的"、"榆木脑袋"等之类的话。他们是从哪门子的物理学上学到冰不会化的呢？这真是莫名其妙。

凯很爱已故的丈夫，她可能一想到现在又要去爱别人，就会让她在良心上过不去。我知道，她一直在追忆过去，忠于此而无法正视现实。对于她的这种感情，我既尊重又深受感动，不过，我还是觉得她的这种感情其实是一种悲哀，其中带有宿命论的色彩。由此她的这种悲哀会使我更加坚定，我要努力唤起她的"新的感情"，即使它无法取代以前的，在她心里也能够获得一席之地。

接着，我就开始向她求爱了——虽然比较鲁莽、死板，但也很坚定。我对凯说："凯，我对你的爱如同对待自己的生命。"但她仍然说："还是死了这份心吧！"

这种情况在今年夏天发生之时，刚开始我遭受的打击就如同要上刑场一般，她的态度当时就让我瘫倒在地，犹如晴天霹雳。那时，我感觉伤痛进入我的心灵深处，这种痛苦无以名状，但就在同时，我想：我不会放弃，因为我有信仰，我笃信不疑。于是，我下定决心，哪怕她不高兴，我也绝不会离开她，因为我的心里面只想到"她，不是别人"。于是，我心安了不少，忽然看待一切也没有厌烦感，精神又好起来。

当一个人不知道说"她，不是别人"这样的话时，他就不明白什么是爱。当人们说我的事情的时候，我整个心里面、整个灵魂、整个意识感应到的只有"她，不是别人"。也许别人也会说，"你说'她，不是别人'就意味着你是一个懦夫，不谙世事。你赶紧再找一个，把她忘了吧！"这事我绝对做不到。我的弱点恰好就是我奋斗的源泉。我想把自己交付给"她，不是别人"，我会想尽一切办法和她在一起。

所以，我对此事的态度一贯比较沉着冷静且有信心。这对我的作画有很大的促进作用。绘画对我的吸引力比过去更强，而且我认为自己将要取得成功。我成功了并不是说我会高人一等，而是我会成为一个"普通"的人。所谓普通，我是说我的画作无懈可击，为世人所接受，并且在社会中能发挥一定的作用。我认为，爱情使得我能够清醒地面对现实。既然我已经真正接触到现实的生活，我就能够在正确的人生道路上走下去。我把我的爱情比作什么呢？如果你发现别人能够心想事成，而你自己面对的并非心想事成，而是"还是死了这份心吧"这样的拒绝的回答，难道你不会惊诧无比吗？

家人暗示我，要我做好心理准备，因为我听说她已经接受了一个富人的求婚；如果我的反应超出了"兄弟姐妹"的界限，那么她肯定会厌恶我；而同时我将会失去更好的机遇，这岂不是太可惜了？你认为他们的暗示考虑过我的感受吗？

就像是今年夏天你对我说的，我们不要对别人说生活有多艰难，而要将之藏于心中。即使我和你的观点不同，我对这话的印象也是非常深刻的。但我也明白，有时我想获得别人的同情，我就不由自主地去向那些不支持我，反而会打击我的人寻求同情。父母一直都和善慈祥，他们尽管不理解我们的内心却还是竭尽全力地爱着我们。我们一样都很爱他们。可是，在我们需要的时候，他们却没有给我们提一些有建设性的建议。这不是我们或是他们的错，而是年纪、看法以及环境方面的差异造成的。不管怎么样，不管什么时候，家永远是我们的栖身之地，我们必须理解父母，也要信赖我们的家。这就是我的观点，但也许你会说，我说得太直白了。但我还要说，有一个容身之地比待在父母家里更适合，我们更需要、也是不可或缺的，那就是我们自己的家。

提奥，你也有自己的爱情，那么你觉得你的爱情故事很无聊吗？它会使你有所感触而悲伤吗？

自我产生了真正的爱以来，我画中所体现的真实事物也随之增多了。我在画室里给你写信，旁边放着一堆的临摹海克的人物画画稿，既有大人又有小孩。我现在觉得自己已经成了一名画师，对此我兴奋不已，尽管我对人物画技法的掌握还没有达到炉火纯青的地步，但我确实已经掌握了这种方法。

我非常希望你能够劝劝父母，让他们别这么悲观地看待我，多给我些鼓励和同情。我是一直抱怨父母，可是，他们确实对我很好，更是慈爱有加。遗憾的是，他们对我的爱情怎么都理解不了，并说，今年夏天我做的事情"有违世俗，无脸见人"（我告诉他们千万别再这样说了好不好）。因此，我非常希望他们能理解我对爱情的看法和意见，但是，我只能听从他们的意见，而实际上我却无法顺从他们。今年夏天，如果母亲同意，我就会找机会在公开场合向凯诉说我的真实想法，遗憾的是，母亲态度十分坚决，绝不给我一丝机会。看起来她很同情我，还一直安慰我。我相信她一直在为我做祈祷，祈祷上帝让我言听计从。可是她的观点我无法接受，我的做法恰恰违背了她的意志。

对有些事，有人告诫你应该这么做，而你却那么做。在现实中经常会发生这样的情况，并且，你做了之后也感到很得意。一般来说，征求别人的意见是十分有意义的。然而，有些适合自己的意见就顺理成章地被采纳，不用正话反听或者反话正听。反话正听的情况不多，却是很难得的。其实，这正是事物特殊的一方面。正话反听的情况则俯拾皆是。

有了这样的爱情以来，我发现，我必须要把自己的一切无拘无束地、全身心地奉献给爱情，不然我根本就没有什么机会。即便如此，我的机会也仍然渺茫。话又说回来，机会的多少对我又有什么用呢？当我去爱的时候，一定要考虑这些吗？回答无疑是否定的，因为爱情就是爱情。我们的头脑要清醒，我们的心灵不能受伤，我们的感情要表露，我们心中的火光不可熄灭，不能只说：感谢上帝，我有爱情。

如果有人能够自信到在没有产生爱情之前、在选择生死之前、在踏上波浪滔天的大海之前、在进入风暴雷雨之前，他就能够草率地说"我能够征服一切，包括她"，那他就没有真正理解一个女人的心。不通过一种特殊的了解方式，一个人是无法真正明白一个女人的。我年幼时常幻想自己的爱情，同时也在尝试爱情，结果自己跌了很多跟头。但这跟头跌得很值！我可以以一个有亲身经历的人的身份给别人讲。

假如你的爱情经历和我的相似——可是，兄弟呀，事实上，你的爱情和我的截然不同——那么，你就会发现爱情在你身上会催生一种新的东西。我们都是这样的人：我们和别人交往的过程中，在处理一件事情时，你从大局着眼而我从小处着手，但我们都是用脑子在思考，考虑如何与别人打交道，考虑问题很全面也十分周密。但是，我们一旦落入情网，也许你也注意到，我们会为那种爱情鞭策我们行动的力量而感到吃惊。

我正处在热恋中，我思考自己责任的器官不是大脑而是心，我们肯定会嘲笑自己的做法，但这种做法却是真实的。尤其是目前的情况，父母既没有公开地赞成，也没有公开地反对。我不明白他们为什么采取了这种模棱两可的态度，这实在让人难受。

今年夏天我和父亲说起自己的事的时候，他就给我讲别人的故事来打断、转移我的话题，说某某家谁饭量大，某某家谁吃不下饭，故意东拉西扯地乱说一通。所以，我当时有点纳闷，父亲怎么这样说话。是不是我的这件事情太出乎父亲的意料，以致他神经受到极大的刺激？但我和凯有好几天、甚至好几个星期在一起散步、聊天，这些父亲都是知道的呀。父亲以为这样的态度就能解决问题吗？我觉得这样不行。如果我优柔寡断、猜疑心重、心猿意马，我可能会支持父母的想法。但事实并非如此，爱的力量让我的意志变得更加坚强。于是，我感到自己拥有了一种崭新的积极向上的力量，而每一个投入真正的爱的人都能够感受到这种力量。所以我要说的是：我相信，无论是谁，只要他遇到了一个能让他说出只爱"她，而不是别人"的女子，这时他会如梦方醒，发现自己身上竟然潜藏着一种特殊的力量，而这种力量随时会爆发出来。

我二十岁时产生的爱情怎么说呢？很难说。当时我几乎没有什么肉体上的欲望，这也许是我多年艰难的生活和艰苦的工作环境所导致的。但我的情感非常真挚，我的爱情是无私的，我只想投入，没想着从中得到什么。这种做法也许是愚昧无知的，并且是大错特错的，是说大话，夜郎自大。因为但凡恋爱者不仅是想要给予而且想要索取，反言之他们不仅想要得到而且想要付出。有句名言叫："爱你的邻居如同爱你自己。"一个人的想法有时有点过，有时却又不及，这都不好。只想着索取而不进行奉献，这样的人犹如社会上的流氓、小偷或放高利贷者；而只奉献不求回报，那就犹如是耶稣会会员和法利赛派的人，有男有女，也有地痞无赖。如果一个人的想法太过或不及，他肯定会摔跟头，而且会留下伤疤。我摔了跟头，但是随后我又爬起来抚平了伤疤，这简直就是一个奇迹。使我能够恢复心态的原因就是由于我读了治疗生理学和道德医学方面的书籍。我重新审视了自己和他人的内心想法，渐渐地我又觉得我们人类还是挺可爱的。我过去遭遇了种种生活磨难并一度萎靡不振，使自己备受打击，但现在我的精神慢慢地恢复了。我随着走进现实并和别人正常交往，我觉得自己重新获得了人生。

若一个人爱金钱胜于爱情，那么，我觉得这个人就不地道。如果一个人的心中贪欲和爱情并存的话，贪欲会仇视爱情，扼杀爱情的。一个人生来就有着这两种事物的种子。在后来的人生之路上，它们渐渐生根发芽，在不同的身体土壤上它们的发展各不相同。有的人发展的是爱情，而有的人发展的则是贪欲。我认为，一个爱情发展成熟的人，其人品比贪欲发展成熟的人好很多。

若我知道了凯另有所爱，那我会走得远远的。如果我知道了她和另一个男人接触不是因为爱情而是因为钱，那么我会自我反省，说明自己目光短浅。就好比：是不是我的近视如此严重，以至于我错将布洛查特的画看成是古匹尔的画，或者错将时装模特的照片当做鲍顿、密莱斯或者提索特的画了。事实上我的眼睛很犀利，这一点我有信心。

凯说的"还是死了这份心吧"让我理解了一些以前不理解的道理。第一，我是那样的愚钝；第二，女人有其特别的想法；第三，谋生的手段五花八门。若有人这样考虑（正如宪法中的规定，人在被证明有罪前都是无辜的）：一个人是不是坏人不要紧，重要的是看他是不是有一定的谋生手段。我完全赞同这种态度。人们可能有这样的说法："某个人存在是因为他被别人撞见，也和别人说过话；或者说他存在的证据是他对某种事物感兴趣。他的存在显而易见，因为他为获得某种谋生手段而工作。我们应该把判断他存在的依据看作是一个公理。这样，我们就深信不疑他存在于这个世界。"但是，人们却不这样想，他们想要了解别人的谋生手段只是因为想证明他的存在。

我上次给你寄了几幅画，你也许从中能发现关于布拉班特的影子。你认为我卖不出去这些画的原因是什么？我通过什么办法才能把它们卖掉？我想用卖掉画的钱买火车票，去凯那里弄清楚为什么她说"还是死了这份心吧"。

我去凯那儿的意图你绝不能让舅舅知道。若我突然出现在他面前，他肯定不会理我。但如果他知道我爱上了他女儿，这会让这位主教舅舅异常积极。他马上就会以长者的口吻，问我的谋生手段是什么。或许他根本什么也不问，因为在他看来，我压根儿就没有什么谋生手段。既然他有这样的想法，我目前只能让他领教一下"画家的拳头"，我的意思并不是用真正的拳头揍他，也不是威胁他，而是趁这个机会展示一下我的绘画技艺。

但现实情况是，只要爱上他女儿的人，去见他并不令人感到害怕，而没去见他才是令人担心的事。能够让天下有女儿的父亲们答应女儿婚事的法宝就是要有谋生的手段。这个法宝就如同保罗和彼得打开天堂之门的武器一样。这个法宝是否也能够打开所有的女儿的心扉呢？我不这样觉得。我认为只有上帝和爱情才能叩开女人的心门。

有爱情的人，他就活着；活着的人，他就得工作；只有工作的人才有面包。凯有一双淑女细腻的手，我有"画家的拳头"，只要我们愿意工作，一定会有面包吃。

兄弟，我必须还要和她见见，我还有话对她说。我需要去阿姆斯特丹的路费，即使刚刚够，我也会去。父母答应不会阻止我，只要我不要求他们也去。兄弟，如果你给我寄点路费钱，作为回报，我给你临摹一些海克的画，或者你要别的也都没有问题。如果凯心中的"还是死了这份心吧"能够慢慢地被融化，我的画的质量会越来越好。

如果我无法经常释放自己的情感，那么，我想我会被逼疯的。

你也知道这个情况：关于凯说的"还是死了这份心吧"的话，我应该怎么办？对于这个问题，我和父母的意见并不相同。在我听了"有违世俗，无脸见人"这样非常严重的指责后（你也换位思考一下，如果你正在谈恋爱，别人都说你的爱情无脸见人，你心里是什么感受），另一种指责我的流言又出现了。他们指责我"这样就断绝了和家人的联系"。但事实上，我给家人写了许多信，这就有力地证明了我并没有隔断同家人的联系。我每天都在别人对我的抱怨声里度过，我默默忍受着这些抱怨。但他们却一直不负责任地、毫无顾忌地指责我"断绝了和家人的联系"，我感到非常痛苦，因此有好几天我对他们没说过一句话，也对他们视而不见。

我的这一反抗行为立即让他们对我感到惊讶。他们问我为什么这样时，我回答说："你们明明知道，难道我和你们之间没有亲情吗？但实际上，我很高兴和家人的亲情一直都在，它不会那么容易就破裂的。因此我恳求你们，想一想'断绝和家人的联系'这种说法多么让人伤心难过，请不要再这么说了。"事情发展到后来，父亲十分生气，还骂了我，让我滚出房间。至少，我听起来父亲说的就是那个意思。父亲生气的时候，习惯别人先向他投降，哪怕我也要先向他投降。但是这次，我下定决心随他发脾气好了，不管闹到什么程度。既然"断绝了和家人的联系"这句话是在气头上说的，我就没有必要把它放在心上。

我在这个地方有自己的模特儿和画室，但到了其他地方，想要生活下去，那就困难了。并且我想要学好作画就会更艰难，雇用模特的花费也会更多。但是，假如父母认真地告诉我，让我走，我肯定会走。因为有些事情的确超出了我的承受范围。

　　就在昨天，我完成了一幅画。这幅画显示的是一个悠闲恬静的场景：清晨的时候，一个农民人家的孩子点燃了炉子里的火，火炉的上方挂着一个水壶正在烧水。我还画了另一幅画，画面上是一个慈祥的老人往火炉里添柴火。但是，我很抱歉地对你说，我的画还是不够成熟。我觉得凯的存在能慢慢让我的画成熟起来。我向画室四周看去，只见墙上满满地挂着的都是和一个主题相关的画稿："布拉班特式"。假如我马上脱离了这样的环境，那我就必须开始创作另一种主题的画了，而现在的汗水就会付之东流。但这是不可能的！从五月到现在，我都是在这个地方作画，我已经了解了我的模特儿，而我的画作也有所起色。到现在为止，为了更好地进行创作，我在画上已花费了太多时间和精力。

　　难道因为"断绝和家人的联系"这种说法我就要放弃已经开始、并且有点起色的工作吗？这样做的话真的糟透了！真的很搞笑！我肯定不会那么做！那么做真的太说不过去了！

　　父亲和母亲都老了，他们的思想很守旧。父亲看到我在看米什莱或雨果的作品，他认为这些作家就是盗匪、囚犯，甚至是不入流的。这种想法很不切合实际。我经常对父亲说："只要你把他们的作品读一读，哪怕只读上几页，你自己不知不觉地就会被感染的。"可惜的是，父亲坚决不看他们的作品。我向他坦白，假如真的要让我做出一个选择，非要在他们谁的建议中选择的话，我会选择米什莱的建议，而放弃父亲的建议。

　　米什莱的每部作品我都会看。《圣经》是每个人心中不容置疑的圣书，而米什莱的看法是符合现代生活实际情况的，在目前看来也是十分正确的，与现在的生活节奏是合拍的。在现代化的生活中，我们经常会发现，米什莱的观点能够正确指引我们行事和前行。米什莱和哈丽特·比彻·斯托并没有说福音早就没有现实价值了，相反，他们告诉人们福音怎样在现代社会造福于民。米什莱向人们清楚明了地解释每一个事物，但福音只向我们含糊地透露事物的源头是怎样发展来的。

　　这几天父亲对我说："平心而论，我肯定不愿意干扰要步入婚姻殿堂的两个人的事情。"然而，我自己在内心所感受到的是相反的情况。米什莱是一个幸运儿，他在内心上从来没有什么忧虑，否则，他就不可能创作出那么好的作品。我对米什莱心存感激，我在心里暗暗地思量，如果将来我有机会和那些说话"拐弯抹角"的画家们交流的话，我一定会竭尽全力地告诫他们：他们想要创作就必须结婚。而如果和那些担心"养家糊口"比"不养家糊口"花费多的画商们在一起，我也会告诉他们：一个画家如果结了婚，有自己的妻子，他的花费肯定比一个没有结婚却供养着情妇的画家少很多，而且，他在绘画方面更有创造力。妻子花的钱比情妇多吗？那些画家给情妇无偿地提供钱财，先不听画商们他们怎么解释。在他们身后，他们永远不会知道那些太太是怎样嘲笑他们的。

事实上，他们会给我说起一位被法国人的思想影响的大叔的故事。由于他有一个令人厌恶的癖好就是十分喜欢酗酒，所以，他们觉得我也会同他一样。

一些站在现代文明最前端的人们，就像米什莱、哈丽特·比彻·斯托、卡莱尔和乔治·艾略特等人，他们一直在提醒别人："无论你是谁，只要你有一颗真诚的心，就来和我们一起创建真正有意义的事业吧。让自己的心安定下来，献身于一种职业，一生只爱一个女人。让你的职业具有现代化的特点，把你的妻子打造成一个有思想的人，让她成为真正自由的女人。"

我们都不是小孩子了，每个人都是社会中的一分子，每一个个普通人组成了这个社会。但我们和父母、舅舅那一代人不同，我们的心属于现代人。如果我们遵循老一辈的生活方式，那肯定不行。若长辈们理解不了我们，我们也不必担忧。不管长辈怎么说，我们要坚持自己的思想，在未来的某个日子里他们会知道我们做得没错。

父母努力赚钱供养我，他们把我照顾得无微不至。我很感谢他们。还有一点需要说明，我并不满足吃饱喝足睡好这些物质上的东西，我更希望得到精神方面的满足。每个人都应该满足精神需求。

　　我对凯的爱是我一生中最美好的感情。我愿意放弃学习绘画的热情和父母给我的美好生活，但我一定要让凯和舅舅舅妈知道我的情感。你给了我那么多钱，还帮助我走向成功，我的作品一定会得到你的肯定。如今，我的情况还好，我的画也有进步，我感受到有了希望。但我要告诉你，我的处境并不怎么好。我只希望能好好画画，但父亲好像要把我赶出家门，他今天早上就说过这样的话。

　　一个人只有经历了爱情才能成为一名真正的画家。如果一个画家想要在自己的画作中体现真实的情感，他自己就必须先要有真实的情感经历，用心感受过生活。我觉得凯应该看到了我不是一个坏人，事实上，我是一个安静又敏感的人。

　　父母对于如何在社会上生存这个问题上，固执己见，任何人也说不动。现在如果他们要我另找对象马上就结婚的话，我肯定得服从他们的意愿。可这样的话，我心里一百个不愿意。所以，我和她一定要见一见，一定要写写信，一定要谈一谈，这是很容易做到的事，也是合情合理的事。

　　就看在老天爷的面子上，希望他们能够让步。假如一个青年人因为一个老人的己见而浪费了自己的时间，这就太愚笨了。从这件事可以得出，父母的确带有片面的看法。

　　大家都知道，我不是那种故意做一些让父母不高兴的事的人。可当我不得不做那些事，又经常让他们伤心难过的时候，我的内心也在深深地自责。另一方面，你也不能那样想，最近这段时间发生的不愉快，是因为父亲的坏脾气导致的。从前，我对家人说我不想继续待在阿姆斯特丹；之后又说不想在博里纳日学习，因为我和那里的牧师关系弄僵了，当时，父亲也像现在那样训斥。因此，父亲和我的误会已经很久了，短期内不可能全部消除。如果我俩能换位思考，做到相互尊重，就太好了。

　　如果父亲能理解我的真实想法，我对于他或许会有一点用处，偶尔也能帮他布道，因为我有时能从《圣经》中领悟出一些新的见解。但是，父亲却不看好我的见解，他认为我的想法大错而特错，从不接受。我和父亲都读《圣经》，但我们从中悟出的道理各不相同。我也读过其他的一些书，实际上，就不多几个作家的作品。我选择读他们的作品，是因为这些作家观察事物的视野比我更开阔，他们对生活的了解和理解比我深刻，所以我应该以他们为榜样。不过，他们在书中所提到的好与坏、有德和无德之类的话，我却不与理会。因为，这现实中，人们常常分辨不出好与坏、有德和无德。说到有德和无德我就自然而然地想起了凯。

一天傍晚，我去凯家做客，在大门口我按响了门铃。到她家之后，发现其他人都在，就是不见凯的影子。舅舅以牧师和父亲的身份对我说："我刚准备给你寄一封信，现在既然你来了，我就念给你听吧。"我问："凯去哪儿了（因为我知道她在城里）？"舅舅说："她知道你要来这儿之后，就出门了。"虽然我对她有所了解，但我还是要说明一下，我始终没有弄清她的冷漠和无礼对我来说是好事还是坏事。我知道，她只有对我才这么肆无忌惮地冷漠和无礼。

我听舅舅念了那封信。这封信写得很严肃，也很有水平。但是，信的内容无非就是要求我不要再给凯写信了，让我不要再胡思乱想了。除此而外，信中就没有其他内容了。我听舅舅读那封信的感觉就好像在教堂里听牧师来回走动布道一样。这封信的内容简直就是牧师简单的说教和冰冷的布道。当时我尽量克制着自己，于是很客气地说："这样的意见，以前别人已经给我提过，但如果我现在还想继续交往，你们有什么意见呢？"这时，舅舅吃惊地抬起头看着我，他完全不相信，我会这样说。根据他的意思，我已经没有继续交往的可能性了。我当时太激动，大声反驳了舅舅，舅舅也大发雷霆。舅舅以牧师的身份发了足够大的火，足以烧掉一切。

你也了解我，我以自己特有的方式爱着父亲和舅舅，所以我就做了让步。当天晚上我们的谈话结束之后，他们请我留下来过夜。我说："感谢你们的邀请，如果我在家里过夜，凯就露宿街头了，看来我在这儿过夜确实不合适。"他们便问我："那你去哪儿住？"我回答："我还没有确定。"舅舅和舅妈非要带着我去找一个又实惠又舒适的地方去住。晚上天气寒冷，大雾弥漫，道路泥泞。两位老人陪着我，给我找了一家理想的客栈。不过，舅舅和舅妈帮我找住处这件事情上，却是人情味儿十足，我激动的心情便慢慢平和下来。我和舅舅还见过几次面，但就是没见到凯。我告诉他们，我不会就这么放弃。舅舅态度十分坚决地告诉我说："你要弄清事实情况！"

我们想尽一切办法来谋生，为什么我和凯就不能在一起生活呢？我在阿姆斯特丹待了三天，那时我虽然心境平和，可又觉得孤苦伶仃，过得很难受。舅舅和舅妈的"好意"，以及与他们的谈话，都让我的心凉冰冰的，我压抑的心情不由自主地涌上心头。我心想：难道自己开始郁郁寡欢了？于是在一个星期天的早上，我最后一次去找舅舅，说："舅舅，凯如果是天仙下凡，那我便配不上她，而且我也不配再继续爱一位仙女。她如果是个妖魔，我也不想和她有什么联系。可实际情况是，她是一个人间的有血有肉、有情有义的真正的女子。我对我深爱着她感到愉快。"舅舅再也说不出话来，只见他含糊地说了几句关于女人情感的话。我也没搞清楚他说的是什么意思。接着，他以要做礼拜为借口就脱身了。

舅舅走后，我感觉浑身就跟泼了凉水似的，那感觉就好像成天站在冰冷、苍白的教堂墙壁旁边一样。我不希望自己被这种情感牵着走，我要做一个现实主义者。兄弟，请与我一起进入现实世界吧。你也知道，我的一些秘密已被某些人知晓。"我要做一个现实主义者"这句话我说了我就不收回，不管你怎么看我，不管你同不同意我的做法，我都无所谓了……

我打算去认识别的女子。我的生活中不能没有爱情，也不能没有女人。假如我的生活中注定没有刻骨铭心的、真正的爱情，我也不会为了生活而付出我的全部。可我又告诉自己：你曾经说过爱的是"她，而不是别人"，可如今你又要爱上另一个女人，这既不合常理，也不合逻辑。

我又心想：谁才是最重要的，是逻辑还是我？是逻辑为我服务，还是我为逻辑服务？我变得一意孤行，我变得焦躁不安，这难道就合常理也合逻辑吗？

我都快到而立之年了。难道你觉得我就想一个人，不需要爱？凯比我大，可她有自己爱的哲学。正是这样，我才更爱她。假如她只想回忆过去，不接受我的热情，那是她自己的选择。如果她继续这样回避我，我也不能为了她而束缚自己爱的冲动，我必须释放自己的爱情。虽然我爱她而她不理我，可是我不会因此让自己变得冰冷而丧失向别人投放爱情的勇气。我们在生活当中所需要的激励与火花正是爱情，可我也不会赞同一个人只有精神上的爱。我首先是一个男人，也一个有激情的男人，因此，我身边需要女人，否则，我的思想便会僵化，也会感到不安与困惑。可是，那该死的世俗之墙对我太冷酷了，使我内心很痛苦。

一个男人需要一个女人才能持久安心地生活。我相信，那些制造宇宙万物的"上帝"肯定会讲道理的，也有同情心的。

我没有刻意地去寻找，但我遇见了一个女人，她年龄比我大，长得也一般。但她又高又大，身体健康。她的手没有凯那样的纤细漂亮，只是一双常干活的粗糙的手。她还算礼貌，女人味十足。她就像夏尔丹、弗雷尔或斯蒂恩画中的那种长得有特色的人，也就是法国人所说的女工一类的人。人们从她的脸上也可以看得出来艰难的岁月带给她的忧愁；她也没有什么特别的地方，和普通人一样的平常。

可对我来说，她那经过岁月磨炼而未老先衰的容貌仍吸引着我。同样，我经常无法控制自己不去同情那些被布道坛上的牧师们咒责、污蔑的妇女。

那个女子对我是诚实的，对我很好。如果有人将那些妇女全都看成是骗子，那就错得离谱了。只能说他们不理解别人罢了。

她住的房子很小、很简陋，墙上的墙纸是灰色的，显得十分安静，不过却和夏尔丹画中的温暖色调一致。铺有地席和一块红地毯的木地板上，放着一个厨房做饭用的炉子，一个衣柜，还有一张床，一切都很简单。可见，这间房子的主人是一个劳动者。第二天，她边洗衣服，我们边聊天。聊了她的生计、担忧、苦闷和身体状况。我们的交谈要比和我那位表姐的交谈有意思多了，虽然表姐很有学识，谈吐像个教授，但是，说话的语气很生硬。

牧师们说人都是有罪的，不仅是在娘胎里而且生下来之后都是有罪的。这纯粹是无稽之谈，每个人都应去爱他人，也需要他人的爱，人不能活在没有爱的世界里，这怎么可以说是罪过呢？如果我们的生活中缺乏爱，这种生活是充满犯罪感的、不道德的。要说我有什么要后悔的话，那就是有那么一段时间我因为被神学观念束缚，因而只能过着一种孤家寡人般的日子。我慢慢认真地思考了这个问题。当你睁开眼睛发现自己并不孤单，在黎明的曙光下看见自己的朋友，你就会感觉到这种景象让世界看起来也变得更加美好了。

我走在街上时，经常会有一种孤独和被人抛弃的感觉，一种几乎要倒下和难受的状态。我的口袋里一分钱都没有。我的目光从没在女人身上离开过，对于能和女人走在一起的男子我十分羡慕。那些和我经历同样事情的可怜女子我都觉得像我的姐妹。你应该知道我对这样的女子生来就有一种特殊的感情。即使我很小的时候，我对她们就有菩萨心肠的同情心，我甚至有一种敬佩之情来面对那些年轻的妇女，在她们的脸上似乎传达着生活中所经历的一切。

牧师口中的上帝对我来说早已消失。我是不是因为这个原因就是一个无神论者呢？牧师们或许会这样想。但我有感情，我活在这个世界，所以我真实地感受着爱情的力量。我们活着，所以我们的生活一直是奇特无穷的。如果非要把这种奇特称为上帝、人性或其他名称，都随便吧，但我对这些东西无法做出合理的解释，尽管它们真实存在着。你也许该知道，这就是上帝，或者说上帝无非就是这样。对我而言，对上帝的敬仰就是在思想意识中有个上帝存在，这个上帝不是死了的，也不是谁自己随便编造出来的，他用坚定的声音告诉我们"重新去爱"，这样的上帝在我心里才算是真正的上帝。

为了获得爱情，我不在乎别人的想法。

拜访毛沃

没有努力，没有经历过千辛万苦的人怎么能够作为一位画家呢？假如一个人要自立，他只有努力并不辞辛劳，除此而外，没有别的路可以走了。一个画家只要开始努力，他就不会失败。

我又画了一幅新画，画面中那个人正在挖土豆。经过思考，我在画上加了一些东西，有几丛灌木，还有一片蓝蓝的天空。那美丽的画面真是难以形容！我若能再多赚一些钱，我会多请一些模特儿，这也是一项艰巨的任务。因为我雇的不是专业的模特儿，所以，他们没有艺术方面的专业知识。不过，正因为他们不懂专业知识，他们就更加接近自然。

你可能会挑一些好听的词语来赞美我的画，对此我真是惭愧。你可以如实评论，不用害怕伤害到我的自尊心。因为对于评论和恭维，我更珍惜别人对我的评论。你为我说了一些符合实际的东西，我一定会虚心向你学习，努力向现实发展——很多人也对我这么说过——我是乐意改变自己的，并且十分有必要。

假如你能让别人爱上我的画，我觉得你可以趁此机会宣传一下我。不过为了创作出更好的作品，我必须把更多的钱花在模特儿上。我每天在模特儿身上要花20、30分钱，可是现实生活不允许我这么做。因为我的钱并没有那么多。假如我的钱足够多的话，或许我的画就能更好些。

从前，你也会给我寄钱，但这一次真的太感谢你了，正是你给我寄来的10盾，让我有钱去买车票，让我去了凯那儿。我通过一封信，想提醒舅舅关注一些他会遗忘的问题。事实上，再也不会有哪个人比牧师，特别是牧师的妻子更难让人相信，更心如铁石，更世俗了（但这个有时也有例外）。无论是谁，在他的坚强外表之下也会有一颗柔软的心。

"贪婪"是一个十分令人厌恶的字眼，但这个恐怖的魔鬼不会放过任何人。假如你和我有幸躲过了，我反而会感到无比惊讶。即使这样，我们目前还是相信："金钱能使鬼推磨。"我们并不一定要崇拜财神爷玛门，忠实于他，事实上他反而让你我感到无比烦恼；许多年我都一贫如洗，但你却手头宽裕。这些东西都能蛊惑人的心灵，让人向金钱的力量屈服。如今，金钱的魔鬼还不会诱惑人，让你觉得挣很多钱是一种罪，让我觉得贫困也有它的好处。不！说实话，像我这样没有收入的人，什么好处都不存在。我必须做点什么来挽救局面，我希望你能给我一些切实可行的意见。

我已从很多地方努力改变自己，这一点你可以相信。现在努力学画也是能让我的经济状况逆转的最有效的办法。但仅仅这么做是不够的，我还有更多重要的事情必须要做。我好像是在"地下"生活很久的人，我已不再像从前那般，或许这并不是坏事。至少我现在不必重回那个深渊，我能够积极乐观地面对生活，不会再有那么多消极的情绪，毕竟人的生活应该是平静祥和的。我还觉得，要尽可能地与别人交流沟通，尽可能地与老朋友联系，交些新朋友，这对我是有益处的。否则我可能会到处遇到不顺——现实如此——但我必须坚持住，努力积极生活。

我给毛沃寄了一幅画，是那幅在田野里挖土豆的人的画。我想在这幅画里给他带去一丝生活的味道。

我常常想，如果去海牙住一段时间是否对我有益，我一直在思考这里的活动范围，我认为布拉班特式的画才是自己最真实的作品。暂且不想这些，我不得不紧紧把握这里的生活，我此时已逐渐熟悉这里的生活了，我能够一年又一年地在这里找到新的绘画主题。但坚持布拉班特风格也不会影响我去其他地方寻找新的绘画思想，即使在某个地方待很久。大多数作画的人都是这么做过。

在海牙时我给你写了一封信。我住在一个小客栈里，小客栈离毛沃并不远。

　　我对毛沃说："你马上要去埃顿了，并且在那里你可以教我调色的技巧。但学习调色并不是一朝一夕就能学好的，因此我提前来找你了。如果你同意，我会在这里待上一段时间，你根据自己的情况定时间。学习一段时间以后，我相信我能消除以前绘画中的那种微妙的哀伤情调。我再去临摹海克的画，我想效果会更好一些。我鼓足勇气来我向你学习画画。你应该看得出，我是迫不得已，也是急不可耐的。"于是，毛沃对我说："你随身有没有带画，我看看。"我说："我带了几幅。"他对我的画十分看好，但也作了一些批评，不过批评得不是很多。

　　毛沃说："以前我一直觉得你很笨，现在看来我错了。"你要知道，与满满一箩筐耶稣修道士的奉承话相比，毛沃的这几句再简单不过的话则更让我开心。他让我马上画一双旧木鞋及其他东西的静物写生，刚开始他就告诉我如何调色。我也经常在晚上去他那儿画画。

　　毛沃和杰特表姐最近温馨的日子我无法用言语向你形容。毛沃手把手教我如何画好画，虽然我不能马上掌握，但我会渐渐地将学到的东西在习作中加以应用。我一定会抓住机会努力学习。

　　在这段时间里，我还去了一趟阿姆斯特丹。舅舅非常生气，但是他在发火的时候说话还算客气，没有说出"去死吧"这样的话来。现在，我该怎么办呢？你是知道的，无论我去的时候还是回来的时候，我都满怀爱心。这种爱心并非受到凯的鼓舞，而是在最近一段时间里，甚至每天从早到晚，她使我在内心深处产生的痛苦。

　　我去看特斯蒂格先生的同时，也见到了韦森布吕赫、朱尔·巴克休森和德·博克三位画家。

　　目前，我已经完成了五幅油画习作，全部都是静物写生；两幅水彩画，画的是一位模特儿，是来自于斯海弗宁恩的姑娘；还有几幅素描。

　　我在这里近一个月的时间花了不少钱。除了毛沃送给我几件东西之外，例如颜料等，我自己还买了好多东西，也给模特儿付了几天的工资，但原计划要买的鞋还没有买。所以，我的花费超过了200法郎。加之我去各地的全部路费为90盾（近270法郎）之多，父亲认为我花钱太多了些。但是这样的花销也有它的道理，因为每样东西都不便宜。我花的每一笔钱都得向父亲报账，对此，我很不情愿。甚至，他还把我花钱的情况经过夸大之后告诉给大家听，于是，我就更不情愿向他报账了。

我打算在这里多待些日子——也想着单独租个房间——可能的话，在斯海弗宁恩租个房子再待几个月。但实际情况告诉我，我还是选择回到埃顿。

而且经过毛沃的指点，我对调色以及水彩画的技巧已经有所收获。可以说，90盾的路费钱从这方面已经得到了回报。

毛沃对我说，你的光明马上就要出现，但目前还有薄云遮挡。毛沃的这句话，我真的爱听。对于自己来说，能很快画出一些赚钱的画，我很有信心。我更觉得，我最近画的这两幅就能够卖出去，特别是毛沃给我润色的那幅。但我更想保留这幅画，因为我可以不时回味有关这两幅画的技法。

水彩画可以绝妙地表达氛围和距离，比如，可以让画面上的人物以及周围的空气都显现活力，人正在呼吸流动的空气。我想，我学会了一些有关调色和如何用笔的实用性知识和技巧，所以，我前进的步伐也将会变得更快。

我马上要去海牙，如今想起来，还是会不自觉地激动上一阵子。当我去拜访毛沃的时候，我的内心，始终无法平静。我心想：他会不会还用一些好听的言语搪塞我？又或者，我将会在海牙受到特别的优待？比如，我后来发现，毛沃不仅全方位地并善意地帮助我，而且还经常鼓励我。但是，他对我的画并非全部赞美之词，实际上他对我说："你的画面这儿或者那儿不好。"之后又会补充，"应该用这种画法或那种画法"。这完全是善意的指点并非批评之词。

在我离开毛沃的时候，已经完成了几幅油画和水彩。虽然它们远不是上乘之作，但我还是很满意，因为画中的事物既真实又细致，而我过去的画正好缺少这些东西。所以，我认为，从现在开始，我的画就能够体现严肃性这一特征。现在，因为我已经掌握了油画和水彩画的技法，所以对我来说，作画就有了新鲜感。

但是，在实践中应用这些技法对我来说便是当务之急。毛沃一边看着我作画，一边说："你坐的位置离模特太近了，离模特太近就不能准确计算比例。"可见，以后我必须要注意这个问题。所以，我要想办法在哪儿租一个大点的房间，或仓库也行。另外，我必须要买好一点的颜料和画纸。在习作和素描中，安格尔纸是最好的。用安格尔纸自己做素描本比买的要实惠得多。

兄弟，画作中的色调与颜色非常重要。倘若一个人忽略画作中的色调与颜色，那说明他在现实生活中是一个糊涂者。毛沃教我如何认真观察事物。你很难去想象，我一想起毛沃说的如何卖画赚钱，我就有一种没钱花的解脱感。

想想也是，多少年以来，我一直自己摸索，走了不少弯路。而现在，星光大道就会出现在我眼前。我非常希望你能看看我最近的那两幅水彩画。当然，你也许会看出，它们只是水彩画而已，画中也许还存在着很多缺点。是的，我也不是很满意。但是，与我以前的水彩画相比较，这两幅显得非常靓丽。这也说明我的画作发展的一种趋势，那就是将来的画色彩会更加鲜艳。但是，这不可能马上就能实现，必须一步一个脚印地来实现。

毛沃告诉我，要我再练习一段时间，到三月份的时候去见他。到那时我的画就能赚钱了。但是，现在我还是身无分文。我的开支明显增加了，比如，请模特、租画室、买画纸和颜料。但我的画还没有换来一分钱。

父亲向我保证，让我别担心钱的问题。因为他听毛沃说的有关我的情况后很高兴，也十分欣赏我带回来的习作，这都是真的。可是，父亲花钱供我学画，我感觉实在过意不去。这次我回家里住，我没有给父亲带来什么好处，反而让父亲去我买东西，比如外衣、裤子等物品。我当然需要这些东西，但让父亲给我买，我实在很难受。由于父亲手头也不是很宽裕，所以，他给我买的衣物等经常不合身，或者根本穿不出。这也算人生中小小的悲剧吧！

另外，父亲对我的约束令我感到厌烦。我对你和毛沃的感情是真挚的，但我对父亲不能产生这样的感情，因为他既不理解我，也不同情我。我很难适应他的做法，父亲对我采取高压态势，令我喘不过气来。

我给你说了好些事，只是让你明白：虽然我经常愁眉苦脸，但我不会像个傻瓜般坐着乱想；为了画出更好的作品，我要有一颗热情的心，让自己的头脑时刻清醒，让自己拥有健康的体魄。

我给你啰唆了这么多，你就不要再以为我烦闷苦恼，忧心忡忡，胡思乱想。事实上，我的心思在我的画上，我经常想的事情就是画油画和水彩画，并想办法找一间画室。

有时候我渴望三个月的时间赶快过去，我现在就可以马上去找毛沃。在这三个月的时间里我有许多收获。毛沃给我寄了一个画箱，箱子里面装着绘画用的各种工具。有了这些，我就下定决心开始学习画油画。现在一切都很好。

我最近画了很多画，特别是人体素描的作品。如果你看到我的习作，你肯定就了解我在这方面的努力。当然，我十分想得到毛沃的指点。在前几天，我画了几幅关于孩子的画，我十分喜欢画这方面的画。

在这些天里，我学习用阴暗对比和色彩表现事物的奇妙之处。等我在绘画方面有了一定的进步之后，或许不久的一天，我能将那种奇妙的美画出来。我们应该对未来充满希望。我一定会坚持画人体画，一定要有所成就。当我在室外学习画画时，我要把树看成人，在习作中，要把树画活了。我要对树进行细致的观察，它的比例分配，甚至它的结构，这是每一个初学者不容忽视的。接下来要做的是临摹色彩和背景等方面，毛沃对这些理解得很深，我需要他的意见。

兄弟，我十分喜欢我的颜料盒。快一年了，我对画画倾尽全力，所以我现在对颜料盒的应已用得很好。

在荷兰我更能自由创作。我在画风和气质上又回到了一个本土的荷兰画家一般。

三月份的时候，我会再去一次海牙和阿姆斯特丹。

兄弟，我感觉自己开始了真正的绘画创作生涯。你觉得我行吗?

海牙发展艺术，爱情再次受挫

师从毛沃

只有绘画能表达在我脑海和心灵的一切，然而对今后的路我却感到迷茫。

在圣诞节时，我与父亲起了争执，我们吵得不可开交，最后，父亲让我尽快离开这个家。他说这话时态度十分坚决，当天，我便负气出走了。我们争吵的导火索是我没有去做礼拜，而且我说了那套宗教体制令我厌恶这样的话，我自认为在那段时间里我涉足宗教领域很深，我不想再为它花费时间了。事实上，争执的背后有另外一个重要的原因，那就是今年夏天我和凯的事。

事情发展到了这个地步，我也只能听之任之。不过我总有一天要离开父母，所以也没什么可抱怨的。但是在这重重阻碍面前，有什么办法能使我摆脱眼前的困境呢？

我的烦恼忧愁你应该可以想象得到，在绘画的道路上我走了太远以至于回不了头，但它却使我感到欣慰。即使这条路上充满荆棘，此时的我依然能够感受到它在呼唤着我。

父亲说过，如果有困难，可以来找他，然而照目前这种状况是不可能的了，我必须离开父亲而独立生活。但我还不知道该怎么做。父亲和我破裂的关系是难以补救的了，因为我们之间的分歧太大了。

毛沃在困难时给了我希望，他让我觉得自己不久后就能有经济来源。因为我能在属于自己的画室作画，这样，曾经对我产生不良印象的人就不会再怀疑我是个业余画家，也不会再说我无所事事了。

事已至此，我并非杞人忧天；相反，一方面我百感交集，另一方面我感到平静。塞翁失马，焉知非福。为什么我们不在活着的时候鼓起勇气去尝试生活中的一切，这不是件很有意义的事吗？航行在浩瀚的大海中的船就像我一样，不知道潮水什么时候就上涨，会不会没到嘴唇，或者更高呢？但我要奋斗，活出我的价值，我会战胜并赢得生活。

我很高兴，我的兄弟，因为我有了一间属于我自己的画室。这在以前，我从来没想过。毛沃准备用油画的形式将几匹马把小渔船拖上海边沙丘的情景表现出来。住在海牙是件令人愉悦的事，这里有太多美得窒息的东西，我要用我所学的知识把这里的美展现出来。

我们说好，我先临摹模特儿。这种学习途径非常昂贵但又是最有效的。然而我只能等到口袋里有点钱时才能画模特儿，这使我非常苦恼，因而我时常无事可做。糟糕的天气使我无法到户外写生，所以，这段时间我因为没有作画而萎靡不振。我不断地寻找模特儿，然而找到的这几个模特却不能用他们。这件事在毛沃面前我必须装得无所谓，因为他对我的事已经尽心尽力了。他告诉我，他向"美人儿协会"推荐我作为他们的特别会员，这样一来，我每个礼拜有两天可以去那里画模特儿，并且我有更多的机会与别的画家进行艺术上的探讨。

我和德·博克的交往却停滞不前。因为我觉得他缺少些骨气，他常在别人讨论一些关于绘画的东西时发脾气，而别人无法融入他的世界，因为他的画太抽象了。

现在的我别无选择，我只好去古匹尔画店求特斯蒂格看在上帝的份上借我点钱渡过难关，直到收到你的来信。对我们来说，这是最能鼓舞人心的时刻，我想我们在不断地进步。

我想从表面与父亲缓解僵硬的关系，因此我又给他写了封信。我在信中说，我有了属于自己的画室，向他问候新年好并希望在新的一年我们能和好如初。我能做的仅此而已，因为做再多也没有用。

你曾经说："你会为你的所作所为感到后悔的。"我的弟弟，在此之前我已经后悔了。这种局面发生前，我曾尽我所能避免它出现，但我失败了。过去的事就不要再提了。我还能后悔吗？现实不允许我后悔。我在绘画上倾尽所有，犹如水手把自己融入进大海一样。

在埃顿过冬是个不错的选择，一切都会很轻松，特别是在经济上。在这儿，我必须全身心投入到工作中。我还要再谈些什么呢？

毋庸置疑，我非常喜欢毛沃，也很同情他。我对他的画爱不释手，我为能向他学习作画而感到幸运。我不能将自己局限于一种体系或理论中，就像毛沃一样。我不仅对毛沃和他的作品感兴趣，我同样也喜欢其他画家，因为他们的创作手法与毛沃不同。而我的作品既继承了毛沃的手法又有自己的独特之处。当我对某个人或物感兴趣时，我会非常认真地对待，并且常常满怀热情。我并不认为有某些极个别的人是完美无瑕的，而其他人毫无用处。

我的画室现在增添了不少的东西，看起来比之前要好很多了，希望你有时间来看看。并且画室里的墙上挂满了我的作品，屋里还摆放着不少球状的花。不仅如此，我还用了一些装饰品来装饰我的画室。我从"书画刻印店"买了一些木刻版画，当然它们并不昂贵。这是我多年来一直想要的用木印版而不是用铅版制作的画。这里面有法尔兹的《无家可归者》和《爱尔兰移民》，还有弗兰克的《女子学校》及沃克的《古门》。这是我梦寐以求的作品。

我有大约 12 幅素描画稿，都是挖地者在马铃薯田里干活儿的男人的景象，我不确定我能再对它们二次创作。你要明白，在这些画中添上大地和天空能更好地呈现出挖地的情景，最后再添加些人物，这样这些画就更完美了。尽管如此，我还是没有对它们很上心，当然，我希望它们别具一格，并画得更好。布拉班特风格是独特的，我会不会从它们当中获益，这就不得而知了。

我从毛沃那里学习水彩画，我整天坐在那儿涂涂抹抹，过后又清洗画具，对此乐此不疲。我作了几幅小水彩画和一幅大水彩画。但是新的画具给我带来了不小的麻烦，当我第一次带着钢笔素描向毛沃求教时，毛沃给我提了很好的建议："你必须改掉以往的习惯，试着用炭笔、粉笔、毛笔和锥形擦笔画素描。"我是个有耐心的人，但现在看来耐心对此毫无作用；相反，我常常像热锅上的蚂蚁，急得不得了，有一次脚竟踩到了炭笔，顿时信心全失。即使如此，过一阵，我会给你寄一幅我用毛笔画的素描。之后，我带上我所有的画作请毛沃指点。当然，他指出画作的一些问题，并做了一番指点。虽然我的画作毛病不少，但我离成功又近了一步。

现在是一个特殊时期——耐心和焦急交织在一起。毛沃以他的经验告诉我，在能够流利地使用毛笔作画前你应该练习画至少十幅画，之后的道路就会光明。因此在画画时我尽量地保持沉着，即使有些瑕疵也不灰心丧气。

我有一幅水彩画，画面上是一位天真烂漫的小姑娘在房间角落为磨咖啡豆忙碌着。我在追求色彩的搭配，将她那明媚而富有生机的整个人在昏暗的背景中突显出来；与画中暗淡的炉灶、烟筒（它们是铁和木头）和木质地板形成了对比。如果按照我的想法来表现，四分之三的画面我会用绿皂色填满，而小姑娘所在的那个角落，我会用一种柔和的、富有情感的手法呈现。但是很可惜，我没办法按我个人的意志来表达我感受到的事物，我必须克服这些难题：那四分之三的画面表达得不够理想，另外，小女孩的那个角落没有达到我想要的柔和的效果。尽管有困难，但我也已经画出有我想法的草稿，我认为这已经是一幅佳作。

又一周过去了。现在从早到晚，我有了一个不错的模特儿。我一直在练习水彩画，而且更喜欢它了。我邀请了一位老妇人明天来做我的模特儿。

同时，我继续练习小幅的钢笔画，只不过表现的手法与今年夏天的那幅大钢笔画的手法不同：更粗犷、更朴素些。我经常去施粥所、三等候车室以及其他类似的地方作画。天气非常寒冷，至少对我来说是这样的，因为我无法像其他画家那般画得又快又好。但为了我素描有所进步，我必须认真对待画里的每一个细节。

因此，我不是一天无所事事地游荡，而是为了在这儿站稳脚跟而努力。

相信我，我每天都埋头苦干并以此为乐。如果我不努力，我会埋怨自己的。至于画的尺寸或内容，我常向特斯蒂格先生和毛沃请教。这几天我在画几幅大的画作，昨晚毛沃赞许地对我说："这画有点水彩画的味道了。"毛沃的话给了我很大的鼓舞，这让我觉得我所做的一切没有白费。我在一幅大的画布上有了毛笔和色彩浓度的经验，因此我打算尝试画些小的水彩画。

我担心的事还是发生了。我不时地感到头疼、牙疼，最后因焦虑过度而发烧了，原因是我担心这段时间我会无所事事，不知道如何度过。发烧、神经紧张这样的状况持续了三天，我也在床上躺了三天。我感到我的体力不如从前，但对作画的热情和勇气没有退却。

与毛沃决裂

如果我继续努力工作，不久我就能以画画为生了。但碍于现实状况，我不得不思考我不愿想的其他问题。我的工作受到了阻碍，因为我没钱给我的模特儿付工资，不知道明天是否还能继续作画。为了我的爱好，我必须学会冷静，但这实在很难。我认为一幅画是否成功，有很大一部分原因决定于画家的心态。所以，我尽量保持平和的心态以及清醒的头脑。但现在，一种压抑的氛围笼罩着我，紧接着我就像跌入地狱。在这时我唯一能做的，就是不停地工作，当然，毛沃和伊斯拉埃尔斯甚至其他人是我的榜样，因为他们懂得如何利用当时的心态创作作品。

我的青春逐渐流逝，那些轻松快乐的日子一去不复返了，但我对生活的热爱、我的精力还和从前一样。我的意思是，美好的事物还在我的身边。

毛沃说好日子会到来的，即使我的水彩画离出售还有一定的距离。我的画的色彩不分明、不鲜艳和不明快时，毛沃安慰我："如果现在你的作品显得透明，那它只具有某些时髦因素，以后它可能就变得呆板。现在你努力作画，作品虽然呆板，但之后你进步会很快，画面也会变得明朗起来。"假如真的是这样，我赞同他的看法。现在，你可以从我寄给你的画作看到这点。

这几天，我和年轻画家布雷特纳到户外画了几幅画。他的画很棒，和我画的风格不同。我们常到施粥所或候车室画素描。我们俩经常互相往来，或是他来我的画室看木版画，或是我去拜访他。

昨天毛沃给我上了一堂课，他教我如何保持手和脸的色调透明。我迫使自己忘掉学过的某些东西，而要用不同的方法观察事物。画家要费很大的劲才能准确地把握物体的比例关系。目前，物体比例是我的弱项。但是，我在努力改变，并且我现在已经无所畏惧。

我与毛沃和谐相处是件困难的事，对他而言也是如此，因为我们性子都很急躁。他必须要费一番功夫才能表达明白他要表达的意思，而我要理解他的讲解，也要费不少的工夫。但是，我们开始相互理解，这种感情要比之前表面的同情要深很多。他正在画他的大幅画，非常忙。这画非常出色。他还在为一幅冬日风景画和一些精细的素描中忙碌着。我觉得他的画都体现了他的生命，即使他感到疲倦。最近他说："我的身体不如从前了。"无论是谁，看见他当时的样子都难以忘却他说话时的表情。

今天是二月十八日，特斯蒂格先生花了 10 法郎从我这里买去了一张小画，这些钱够我过一个礼拜了。

这些天，毛沃几乎没教我什么东西，今天早上我还对绘画的某个方面感到不理解，但是现在我搞清楚了。毛沃的健康状况不是很好——当然是小病。不过我肯定，他最近对我没有上心，并不是因为他不认同我的创作，而是由于他身体的原因。他对我说："我实在没有精力教你作画，有时候我感觉筋疲力尽，等我精神好些之后再教你吧。"

如今只有韦森布吕赫才能见得到毛沃，我就去找他，跟他谈了一下。所以，今天我一到他的画室，韦森布吕赫就笑了起来，说："你肯定无事不登三宝殿，你是来打听毛沃的情况的吧。"然后他又补充道："那天我来看你，是因为毛沃对你的作品心存疑虑。于是毛沃叫我去，想听听我对你的作品的看法。我当时告诉毛沃，你的画非常好，现在我都临摹你的习作。"

韦森布吕赫然后又说："人们都叫我'冷剑'，我是名副其实。如果你的作品确实没有特别之处，我会对毛沃实话实说的。"现在，由于毛沃病倒了，可能是他的大幅创作使他身体透支所致，所以，我在创作中有疑惑，我就可以去咨询韦森布吕赫。韦森布吕赫安慰我，要我不要在意毛沃对我的态度。然后，我就向他打听毛沃对我钢笔画的想法，韦森布吕赫告诉我说："毛沃认为你的钢笔画很出色。"

我告诉韦森布吕赫："我对钢笔画已经心领神会了。"他说："那说明你继续要用钢笔画画了。"听了韦森布吕赫的这话，我就告诉他，特斯蒂格不认同我的钢笔画，并因此而责备我。"你别介意，"他说，"毛沃说你有画家的天赋，而特斯蒂格不承认，于是毛沃就针锋相对地反驳了他。我当时就在那里；如果以后谁再否认你的画家天赋，我也会当面反驳的，因为你的画就证明了一切。"

我觉得我非常荣幸，因为我能够随时向韦森布吕赫这样的名家求教，尤其令我敬佩的是他任劳任怨的精神，就像今天早晨一样，他向我讲述他正在创作的一幅作品。他还告许我创作的思路。这些东西正是我急需的精神食粮。无论何时何地,只要你看到名家的画或者写生,你必须把握住机会认真欣赏,特别是要向画商了解这些作品的创作过程,然后你就能够对这些作品理解得很深。的确,有些作品是凭直觉就可以理解的,但是,我敢肯定地说,只有亲自看了其他画家作画的过程,并且亲自经过思考并进行实际创作之后,我们对一些作品的理解会更深刻的。

如果我的画能卖出去哪怕一幅,我也会十分高兴的。但是,如果我的习作或素描卖不出去,却能得到韦森布吕赫的肯定:"这幅画如此逼真以致连我都想临摹它。"我会开心得不得了。虽然目前我急需的就是钱,但是,对我来说,认真地把画画好却是我最关心的事。

韦森布吕赫和毛沃对我的一幅人体素描的看法是一致的,他们说,坐在火炉旁边的这位老农沉思着,他思想中的往事好像从远处的火光和烟雾中缓缓升起。他们认为这幅画的价值肯定会很高,因为这幅画深刻地反映了事物的本质。

兄弟,成功的曙光显露时,一个人会有一种心旷神怡的感觉,而我眼前真的出现了一线曙光。画有生命的人物和事物是具有挑战性,但也是妙趣横生的。我盼望着你马上回到荷兰,到时我们在我的画室里安享幸福而宁静的时光。

你给我汇来的钱已经派上了用场,我每天作画都可以请模特儿。我现在有三个模特儿,她们是一家人,妈妈45岁,她的长相就和弗雷尔画出来的一样;大女儿30岁左右;另一个是十一二岁的小女孩。她们都很穷,所以她们非常配合我作画。大女儿长得并不是十分漂亮,但她的身体曲线美极了,绝对是男人们所追求的那种类型。她们穿的衣服不算特别差,她们都穿着黑色羊毛衫,戴着别致的帽子,肩上搭着漂亮的披巾。我现在给她们的工钱不多,等我以后赚了钱我会补偿给她们,这是我和她们说好了的,所以你不必担心工钱的问题。

接下来我要画几个小孩,明天有两个。画小孩和大人不一样,你得让他们玩,你才能画他们。下周我要画孤儿院的一个男孩,他是一个很有特点的模特儿。

和各种各样的模特儿交往真的很愉快，因为从他们身上我可以学到很多有价值的东西。特别是今年冬天的几个模特儿，他们给我留下了深刻的印象。

我和邻里们相处得很和睦，因为他们都是穷人，普通人。他们和我一样，都是一些随心所欲的人。正因为有了他们，我的画室就增添了不少生机。

我虽然没有得到爱情，但是，在绘画方面却得到了很好的发展。值得庆幸的是，我所生活的环境允许我把自己的所思所想表达出来，这作为一个画家来说是难能可贵的，也是公平的。这样我就能够得到更好的发展。

又一个月结束了。布雷特纳为创作一幅大作而忙碌着，准备要描绘一个集市，显示一个熙熙攘攘的场景。昨天傍晚，我们两个一起到街上去研究形形色色的人，目的是能够把他们巧妙地入画。我也用同样的方式画了一张街上碰见的老妇人的素描，这幅画描绘了一家疯人院。

毛沃曾经告诉过我说，一个人如果要练习作画，就必须严格按照一个画家的要求来进行。于是，我听从了毛沃的建议，这一段时间以来我一直练习素描、比例和透视法。相反，特斯蒂格却不赞成我这样做，只是说我的画根本不行，所以卖不出去。我作画一直在临摹模特儿，虽然这些模特儿的要价不高，而特斯蒂格却告诉我，别再找模特儿，这样就能节约一些钱。我不知道，其他画家是不是同意他的观点？找到一个满意的模特儿，也并非易事，特别是当画家省吃省穿花钱请模特儿时。但是，如果一个画家画没有模特儿的人体画，那就是胡画乱画，因为模特儿摆的各种姿势本身也不好画。

特斯蒂格对我的看法是，由于我不会画水彩画，所以只能画画素描而自我安慰。他的观点看似逻辑性很强，但是，实质上这话很草率、不中听、很浅薄。到目前，我确实没有画出满意的水彩画，主要是因为首先我要练好素描中的比例和透视法，只有这样，我才能画出高质量的水彩画来。

如果特斯蒂格和我一样过着节衣缩食的日子，他就会理解我这样做的原因。我的情况和他的情况完全不相同，我必须要战胜许多困难。如果他体验过吃了上顿没有下顿的日子，他就会理解我是如何花你的钱的。我想他就不会因此嫉妒你给我的那一点点让我勉强度日的钱，也不会责备我用了你的钱。亲爱的弟弟，我希望你亲眼看看我是否在撒谎，我在这儿期盼你的到来。

特斯蒂格断言我的画没有任何价值，其实他只是没有发现我的画的优点而已，当然我并不奢望他能够看出来。我认为，虽然我和特斯蒂格的观点不一致，但是，他会不会买我的画作取决于我的画的质量，而和我这个人怎么样无关。

我的特点逐渐在新画的几幅素描中展现出来，但特斯蒂格却对这些画提出不同的意见，所以我宁愿与他断绝交往也不愿改变我的观点。也许你觉得我做得有些过分，但我也绝不妥协。

虽然有些时候我被烦恼困扰着，但我一直保持冷静，既在工作上严谨、冷静，又在思考上认真、冷静。即使某些时候我的性格让我极易冲动，但我还是能保持我的冷静。但是在艺术上，一个人不能一味地冷静——在艺术中拥有激情有时也是有必要的。

你要相信，在这个领域中，有句话说得很正确：忠实实为良策。迎合大众的时髦与郑重其事的求索相比，前者就太简单了。在我的画作卖不出去的烦恼时刻，我也想画一些那种称之为时髦的东西；但思考一番后，我还是决定：我要对自己忠实，对艺术忠实，我还得用素描的手法把严肃、自然、最真实的东西描绘出来。

科尔大叔希望我给他画十二张海牙背景的小钢笔画。大叔似乎在拜访我之前与特斯蒂格交流过，因为他跟我聊天也说"你要自食其力"之类的话。我立刻回答道："我不明白你说的'自食其力'是什么？挣面包还是拥有面包——不该拥有不属于自己的面包，换句话说，不配拥有它，拥有别人的面包是件令人羞辱的事情，因为每个人都有拥有面包的权利。可遗憾的是，我虽然有权利拥有却挣不到面包。你是不是认为这对我来说是个不幸的事情？"

说到这儿，突然起来了雷声，看了老天也为我鸣不平。接着，科尔大叔又说到了一件不公平的事情。我与科尔大叔交谈时偶然提到了德·格罗的名字，他突然说："你听说过德·格罗的私生活吗？影响很不好的。"我无法忍受我崇敬的德·格罗被人非议，所以我答道："我的看法是：当画家将自己的作品展现给大众时，他有权利隐瞒自己的私生活不让外人所知（有些画家的私生活是其艺术创作的困难时期的产物）。当画家的作品丝毫没有挑剔的空间时，批评家就转向他的私人空间进行批判，这是令人发指的行为。而德·格罗就像米勒一样是位艺术大师。"

明早我要到户外寻找素描的题材。

噢，我刚才碰巧遇到了毛沃，他告诉我他的那幅画已经创作完成了。他说不就之后会来拜访我。

让我感动的还有一件事。我之前给我的模特儿说今天不必来了，可这位穷妇人还是来了，因而我有点埋怨她。"我可不是来给你做模特儿让你作画的，我只是来看看你午饭吃了没有。"她给我带的中午饭是蚕豆和马铃薯。于是，生活因一些想不到的东西而会变得丰富多彩。

兄弟，我告诉你，米勒是屈指可数的人物。我向德·博克借了一部森希尔的作品，我对它非常感兴趣，并挑灯夜读，因为白天我忙于创作没有时间去读它。昨天晚上，我读到了米勒的那句名言："艺术是一种斗争"。

有天晚上我去看了一部滑稽戏。我坐在大厅并不是为了看戏，并且我也不喜欢滑稽戏，更不喜欢挤满观众的大厅的闷热空气，但是我想看的是这个舞台的布景，尤其是布景上的那幅画，画的是我画给毛沃的那幅《伯利恒的牛棚》蚀刻画。舞台布景上画的色调和颜色很好，但人物的表情与原画不一致。我曾在博里纳日见到过这样的场景，当然，不是基督降生的场景，而是一只牛犊诞生的场景。我很清楚地记得当时那位农家小姑娘的表情是怎样的。那天夜晚，看着她家的母牛正在痛苦地分娩时，一个头戴睡帽、褐色皮肤的小女孩的泪花在眼睛里打转，她的表情是那么的纯洁、美好、神圣，简直就是柯勒乔、米勒和伊斯拉埃尔斯的作品里的人物。

毛沃在当代画家作品展览会上展出了一幅小渔船被拖上海边沙丘的作品，是一幅好作品。这部作品宣扬的是顺从的思想，只有在毛沃和米勒的作品中，我们才能欣赏到这种思想。那是一种心甘情愿的顺从，而不是牧师们所说的那种顺从。那些可怜而不幸的马，有黑色的、白色的、和棕色的，它们并排站在沙滩，显示出它们隐忍、顺从、安静的特征。它们必须得把那条船再拉上去一点儿，活儿就算结束了。它们得到了短暂的休息，鼻子里急促地出气，浑身被汗打湿了，但它们不吭声，没有反抗，也没有抱怨，它们从不埋怨什么。它们祖祖辈辈早已经看穿了那种苦难。它们很顺从，不管是生活还是做苦力，但如果明天要把它们的皮剥下，嗯，剥皮就剥皮吧，它们也不会有怨言。我从这幅画中深刻地领悟出一种实用的哲理：一个人要懂得毫无怨言的忍耐，因为这是一种非常现实的做法，也是一门很深的学问，是解决人生问题的必修课程。我觉得没有什么作品能比得上毛沃的这幅画。米勒会在画前驻足许久，嘴里一遍又一遍地念叨："这位画家用心在作画。"

兄弟，如果你愿意放弃所有，你也能成为一名画家的。我的第六感官告诉我，在你身上隐藏着一种特质，只有出色的风景画家才拥有的。我认为，你能画出美丽的白桦树、田野中的犁沟、白雪及天空。

直到现在，兄弟，你可以做自己喜欢做的事。但是如果你到古匹尔画店去工作，并长期待在那儿的话，你就没有那么自由了。我认为，你这样约束自己，你以后可能会后悔的。你肯定这样回答我：你将来肯定会后悔自己成了一名画家。只有那些拥有信念与爱的人才能在别人觉得无聊枯燥的东西（如研究人体解剖、透视法和比例）中感到乐趣，并生存下去，这样他才能逐渐获得成功。要成为一名真正的画商，并且巩固你画商的地位，你必须要掌握一门真正的手艺，能够用自己的双手亲自创造艺术，否则，你作为画商的地位就值得怀疑。所以，我认为风景画家雅各布·马里斯的社会地位比特斯蒂格的社会地位要稳固得多。

我没有什么可担心的。我为什么要计较特斯蒂格说的"卖不出去"、"没有魅力"这样的话呢？我会在心情沉闷的时候看看米勒的《掘地者》和德·格罗的《穷人的板凳》，然后，我就能感到特斯蒂格多么不足为道，他对我说的话显示出他是多么无知。接着，我又打起精神，将烟斗点燃提提神，并且开始作画。

你也许会问我这话是不是也适用于你，提奥。而我会这样回答你："这些话当然不适用于你，是你供给我面包，是你帮助了我。"我也会想，为什么你没有成为一名画家？画中的那种"文明"难道没有打动你的心吗？

我和特斯蒂格是在他生活中特殊的日子里相识的。我们在那段日子里，他像人们常说的那样"逐步建立起自己的地位"。他也给我留下了深刻的印象——他相当实在，不仅聪明乐观，还精神饱满。我十分敬重他，但我又和他保持距离，因为我觉得他地位比我高。从那时起，我就越来越怀疑他，但我没有勇气去剖析并研究他。我过去一直认为他是那种外表看上去是商人或者久经世故的人，实际上却是将自己的感情隐藏起来的人。可我发现他的铠甲是那么坚硬，我都相信他整个人是用生铁铸成的，不过在那块生铁的一个小小空间里还跳动着一颗人心罢了。

在我听到他说我的画有"亮点"和"卖得出去"时，我在想：画家付出辛劳汗水并体现其性格和感情的作品怎么会没有亮点，怎么会卖不出去呢？希望兄弟你不要成为特斯蒂格那样的崇拜物质的人。

兄弟，我因为最近住在海牙，所以100法郎都不够我每个月的开销的。可我必须要这样做，因为我要请模特儿，这样我的画才能有所进步。

我从其他画家身上得到了教训：有些画家没有经常请模特儿，很少临摹模特儿，他们的做法就是慢慢地画，但还是画不好。而英国的一些画家们，特别是画"书画刻印作品"的英国画师们，他们几乎天天都能临摹模特儿。要是没有模特儿只凭记忆来画人体，那需要对人体进行过大量的研究，并且要有多年的经验积累，否则根据记忆来画人体根本作不出好画来。但凭记忆作画，我还是很不擅长的，就算是伊斯埃尔斯、布洛默斯和纽休斯，他们也不轻易这样做。

今天我给你寄了一幅画《悲哀》，我之所以将它寄给你，是因为我对你在今年冬天所做的一切表示感谢，如果没有你的帮忙，这个冬天我会吃尽苦头的。在去年夏天，我在你那儿看了米勒的木版画《沙发椅》，当时我就想：一条线不知能描绘多少内容！在《悲哀》中，我也不是自吹我可以和米勒一样用一根简单的线条表现出如此多的内涵，可我仍用尽全力在画上赋予画中人的某种感想。我个人认为，到目前为止这是我最好的人体画，所以我认为应该把它送给你，也希望你能喜欢。

这幅画的风格我不常采用，可我十分中意这种风格的英国画，所以我忍不住自己尝试了一番，并且这是为你而作的。也正是因为你也理解"悲哀"的含义，我才能毫无束缚地将那种哀伤悲痛的情调表现出来。要是画面出现褪色，影响欣赏的话，那你就将一大杯牛奶或掺水的牛奶泼到画上，等它晾干，你就能够看到一种特别的渗水之后的、比平常看到的铅笔画效果更好的黑色。

我在某种程度上赞同你的观点，有些画的外观看起来像没有修平的铜版画。我认为画面上这种特殊的效果只不过是画家在创作到高潮时，手的无意识的颤抖而产生的，并不是因为颜料的原因（但蚀刻画便真的是由画板的纹路而引发的效果，这要另当别论）。我在平时的练习中也做过几次这样的作品，有点像我说的那种没有修平的板的效果。我认为画家应使用在油彩中浸过的炭笔，才能得到这种没有修平的效果。

浸过油彩的炭笔可以帮助画家将许多东西展现出来。我从韦森布吕赫的作品中看出了这点。油彩能将炭色固定在画纸上，并且将黑色的色调表达得更深沉。可我现在最好不要这样做，而是一年后我的笔法成熟后再这么做，我并不想让画面的美好是因为颜料的效果，而是美应出自我的内心。

绘画是谋生的一种手段。不管怎样，画家的生活和那些有自己收入的人是不能等同的。要是非要作对比的话，画家与铁匠或者内科医生的生活比较相似。我还记得你在我想要成为一名画家的时候清楚地说过，我当时并不认同你的观点，也不愿接受。我读了卡萨格尼的《绘画入门指导》这本论述透视法的书后，我就赞同你的观点了。之后，我便作了一幅厨房内景画，画面上带腿的炉子、椅子、桌子、窗户，它们各自的位置恰到好处。我先前以为在画面中想要得到景深和正确的透视是靠魔力或运气的。如果你用透视法画好了一件小东西，你会有一种想要再画一千件别的东西的难以抑制的渴望。我认为我应该再画上一年或者至少几个月，直至我的笔法更稳重，我的目光不再分散。然后，我可以画一些能卖出去的画了，但是，我仍需要一点时间学好绘画，以画出更好的作品。我不希望摇尾乞怜地迎合世俗观点，急急地将一张小画卖出去。

在这同时，我的家庭关系也陷入了一种困境中，如果像过去那样双方生活在互相包容与互相理解中，那么，我们就能给对方更多的帮助了，然而现实中不可抗拒的力量是多么的残酷：困难的环境和忙乱的生活，妈妈病了，以及其他许多令人伤心的事，自己的，别人家的，这些都已经成了一种旷日持久的痛苦，因为我感觉到了这些，才能画出《悲哀》这幅画。

工作真的是一件忘我的神奇之事。在工作中，忘记了痛苦，找到了安慰，父亲和母亲是这样，我也是。比如今天我又画了一张跪着的裸体女子的习作，还画了一张像《悲哀》画上那个女子人物形象的画，自认为很不错。

但我的生活一如既往的糟糕，困难本身就让人受够了，尤其我的朋友毛沃和特斯蒂格开始变得对我冷淡或怀有敌意，这让我感到十分烦恼。有时我会想，如果我的生活不这样艰难，可能我的创作会更丰富。但是我的生活并不会改变，我对画、对生活的热情也不会改变。

我一直想不明白毛沃对我不友好是否是因为他对我的画不满意，这搅得我心烦意乱，甚至把我弄病了。

毛沃过来看我，我以为我们又能像以前一样，可是他变了，他用一种不同的方式和我说话，而且带着敌意态度，嘲笑我的脸和话，我只能回他一句"如果你跟我一样风餐露宿，饥渴难耐，无家可归，你也会有难看的皱纹，沙哑的声音"。我猜想定是有心之人向毛沃说我的坏话，但我对此无能为力。

后来我拜访毛沃的次数越来越少，他也不再来我的画室。依毛沃的观点，我必须按照模型作画，而这是我无法忍受的，我认为只是到了没有活人的手和脚可以临摹时我才照着模子画。

接着毛沃送来便条说两个月中不准备和我有任何来往，但与特斯蒂格有关的事促使我写信希望与毛沃握手言和。虽然我和毛沃之间的师生关系结束了，但我仍对他心存感激。毕竟，我们友好地交谈过，好的回忆值得收藏。可惜，他没有回信，我也没再见到他。

这件事对我来说是一个打击，我承认我有缺点，有错误，但我不会粗鲁地夺走任何人赖以生存的东西和他的朋友。虽然跟别人有分歧，但我不会抛弃他们，我会全力以赴地投入工作。

有件事我非常担心：我画得越好，所遇到的困难和反对越多。我无法改变我的怪癖，我的想法与大多数画家的想法不同，我想画的题材总是与别人的不一样。比如，让特斯蒂格自己站在工人们正在忙着铺设管道的街上，如果他是画家，想象他会据此画出什么样的素描，肯定和我选择的题材都不一样。

我希望可以生活在劳动人民之中，在事件发生地点写生，以寻找题材。而干这一行，最好回归本真状态，我就是我，不必去模仿所谓的上流阶层。我以丑陋的面孔和破旧的衣服面对我想画的一切，与环境契合，这样使我感到自在，工作也愉快。我觉得与劳动人民生活并没有降低我的身份。我希望世界人人友善，人人感到集体的力量而不是孤独地生活。我希望我的画使人们快乐，可是并非人人理解我的愿望。

我与毛沃永远地分道扬镳了。那天，我请他看我的画，他拒绝了，并说："一切都成为过去，我不会去看你了。"我说我是一个画家，他认为我品行恶劣。但我依旧按照画家来要求自己，在作画方面我会永无休止地探索和奋斗。

与西恩同居

我的友情遭受挫折，亲情变得淡薄，而爱情，似乎上天也跟我开了一个玩笑。

我爱上了西恩。她是我在今年冬天遇到的一个孕妇，她被自己的男人抛弃了，而她腹中还怀着那个男人的孩子。我有时候都想不明白这个世界为什么这么残酷，为什么那么多人像我一样生活艰辛，无人理解。

我收留了她，请她做我的模特，和她分享我的面包。我曾坚定地对凯说："我爱你而不是别人。"尽管她答复是："还是死了这份心吧！"但我仍充满希望，无法平静。我前往阿姆斯特丹，听说她的回答是："他爱的肯定不是我。"我知道我的性格也比较冲动，我无法接受这个事实，我把我的手放在汽灯火苗中，再一次恳求道："让我见见她把，哪怕见面时间就像我的手能在火苗中放的时间一样长。"尽管如此，她家人仍是不同意。

瞬间，我觉得我心中的爱情死了，我的一番真情被扼杀了，前所未有的空虚感席卷我的内心，上帝啊，我被抛弃了吗？到此，我终于能理解有些人为什么投河自尽，但我不赞成这样做。

当时，我跟毛沃还未断绝联系，他鼓励了我，使我又投入创作中。当我认为我的爱情被扼杀时，它又复生！有时世界就像这样奇妙，永远不会一成不变。

西恩看出了我并不粗俗，她像一只听话的小鸽子那样温顺，变得温柔真诚，她对我说："虽然你不富有，但是只要我们在一起，我就能忍受一切，我们都不再是孤单地生活。"

果然，我们认识之后，她的情况变得越来越好，越来越快乐，越来越有精神，再也不是冬天遇到的那个病弱、苍白的女子了。我所提供的只是简单的条件，却使她健康强壮起来，这使我感到很快乐。

我想起儿时的老保姆，西恩也是这种人。她的头形与侧身线条使我想起兰德尔画的《苦难的天使》，显得很不寻常、很高贵，虽然她脸上有麻斑并不漂亮，但她身体线条单纯而优雅。

我欣赏她，理解她，她一直在从容地按自己的意志行事，对我不卖弄风情，并且爱学习。尽管她有许多怪癖，但这并不妨碍我们一起生活，在许多方面，她对我的许多创作都有所帮助。

我非常理解环境对她的影响，所以我不会因此而烦恼。有时候我会因为一些事情而感到恼火时，她能够给我鼓励和安慰，使我能迅速地平静下来，这一点是我最钦佩她的地方。我觉得我们颇有一种心照不宣的互相理解，从而只看到对方的优点而从不挑剔对方的缺点。

如今她不再年轻漂亮，但她对我来说是非常重要的合作伙伴。她不仅在面对生活的困苦时不再抱怨，而且还会努力地做好自己分内的工作，保持最佳的工作态度和我合作，这与我在绘画方面取得的重大进步是密不可分的。

我所叙述的她还有她的各种情况都是有点伤感的，然而那是我在以现实的角度来描绘一个现实的人，而不是从情感方面去考虑。

对于爱情我有自己的深刻理解，爱情有苦也有甜，我们能够从中学到许多我们之前所不知道的东西。然而能够验证真正的爱情就是在困苦时刻所流露出来的真情，这也将是我们最深刻的体会。

弟弟，我想娶这个女人，因为我们俩的性格彼此投合。我想把家庭的氛围融入我的作品中，然而我这么做肯定会引起世俗的偏见，这的确需要我脱离世俗。我宁愿做一个劳动者，并在这种生活中体会安然自得的闲情，这是我求之不得的生活状态。

我还记得那句话："作为一个人，如果他太过于固执，一成不变的话，那么他必然是一个心胸狭小的人。"目光短浅的人不赞同这种看法，他们评判一个人不考虑环境，只看这个人有多少财富就有多大价值。

如果我不娶西恩，或许对她来说会更好一些。然而现实社会的种种的困难并不会因为一个女的而怜香惜玉，反而会遭到蹂躏。在这些年里，我亲眼看见了残酷的现实。我相信所谓的文明和进步，但不得不持有怀疑的态度。

在面对周围的事情，我总采取静观其变的态度，因为我不想因为一些事情而触犯到别人。但在对待严谨的事情上，我认为绝不能受别人的左右，也不能感性地去处理，而应该遵循道德规范的基本原则。也就是说，你的行为要上对得起天，下对得起地。比如西恩，她的第一个孩子的父亲虽然和她有了孩子，然而却没有娶她。这样的行为在世人的眼里是可以原谅的，因为在世人眼里钱是最好的东西。

但是，在这个现实的世界中还有这么一个与人类相反的我。我不在意世人对我的评价，就像那个男人不在意正确的道德观一样。也许对他来说，只要表面上是个正人君子就足够了，然而我认为最重要也是最基本的是不能欺骗或抛弃一个女人。

我喜欢西恩，但没有马上结婚的念头。然而在我想和她进一步了解时就非常清楚，如果靠我的力量去帮助她，我必须谨慎行事。我曾经坦率地对她说："我就是这样一个人，我也非常理解你和我之间的地位隔膜。我穷，但是我不是一个随便的人，这样的我不知道你能否接受？如果不能，我希望我们还是保持原有的距离。"她听完之后说："虽然你很穷，但是我还是愿意和你相处。"

如果我们能够在一起，我想我们应将尽可能节约，为今后的生活铺设一条笔直的道路。我相信慢慢地会挣到足够的钱，保障我们的基本生活。没错，我愿意做一个劳动者，也希望我能像其他劳动者一样，努力地工作并得到应有的报酬，这就是我们这个年龄阶段所需要的。我珍惜她，并尊重所谓的做了母亲的她。

我们都不会去计较彼此的过去。我也清楚并不是每个女人都适合做画家的妻子，她的情愿与进步说明她适合做我的妻子。

在不损害我对西恩的忠诚的前提下，我都会尽可能地做到我所能做到的事。比如她对我定居在海牙而有什么异议的话，我可以为了她而搬到她所喜欢的地方，不论是乡下还是城里我都无所谓。我相信机遇总是垂青于有准备的人，并且我会努力地抓住机会。最后我还想声明一下，关于对西恩永远忠诚相待这个问题，我坚信我不会违背誓言的。

如果凯在去年夏天肯听我的话，那么在阿姆斯特丹她或许就不会那样无礼地对我视而不见。这样结果就会完全不同了。如今的我正在努力奋斗，我除了工作还是工作，工作催我奋进。我能做的只有行动起来，并在行动的过程中保持十分清醒的头脑。

生活也如同绘画时那样：有时你必须动作迅速而果敢，闪电般快速地勾画出轮廓。生活也一样，在这种时刻你不能犹豫，而要全神贯注于你做的事情。这样才能在短时间内做出你所需要的东西。

一个男子的果断并不是先天具备的，而是在经历许多事情后才能得到。比如，导航员能成功地利用暴风雨指挥船只，而不是让它毁掉船只，道理是一样的。我的追求没有那么高，然而在生活中遇到这种情况时，我也会试着去运用这其中的道理。

她遭人遗弃，孤身一人在社会中生活，没有人需要她，因此她没有感受到过别人关心她的感觉。如今我遇到了她，我想给她我全部的爱，给她足够的安全感。我非常高兴她能感受到我为她付出的良苦用心，并且她因此而振作起来。

我们俩的工作单调而无聊，我负责绘画，而她负责摆姿势。我们都知道贫穷的滋味。然而我们会背水一战，坚持到底。就像渔民明明知道大海风暴的危险，但他不会因此而却步，存在等待着不劳而获的心理。我宁愿让危险临近自己而不会试图去躲避困难。

西恩将要去莱顿，我告诉她说："姑娘，趁你还没去之前我想尽我的一切能力去帮助你，因为等到你从莱顿回来时，我不知道我会变成什么样子。也不知道还有没有面包，但我会与你和孩子分享我所拥有的一切。"我说的这些话并不是没有可能发生，因为在第一年中我和她的生活来源都是依赖于你。因此，我每天都过着担惊受怕的生活，我买的东西包括画具和颜料都不敢超出我所能承担的经济范围。我努力地工作，希望工作能改变我的处境。

提奥，我的弟弟，我不知道这些事情能否成为我们关系的裂痕。假如不会，那么我们就仍然能继续携手共进。就算遭到"世俗者们"的反对，但如果你还肯帮助我，我会非常感谢。在我动笔写下这封信时，为了不显露自己的无能，我曾努力地忽视我们之间的关系。

如果不幸的结果发生了，也就是你对我的态度改变了，不再接济我了，那么我希望你在停止接济之前通知我一声。当然，我更渴望你内心的想法。

我相信自己的感觉，我相信我的弟弟提奥肯定不会这么做，我想"提奥将终止他的帮助"这一想法是多余的。然而我想说的是，这种事情我见得多了，现实就是这样，我不该去责怪你，因为我相信你的出发点绝不是恶意。

今年冬天，我和毛沃的来往使我得到了一个教训。从字面意义去理解毛沃所说的话，那就是毛沃认为特斯蒂格会记得我的生活是多么困难。这是一个错误的理解，也是我个人目光短浅的后果。

我觉得毛沃拒绝来看我的真实原因，和我所做的画没有关系，而是以钱来作为衡量。金钱和权力是成正比的，不会因为你的反驳而得到胜利，反而会得到相反的结果。现实就是这样，如今我冒着巨大的风险来反驳你是同样的道理。我在尽自己最大的努力来画画，我的绘画生涯能否继续全部取决于你，因为我的生活来源都是依靠着你的资助。我现在非常矛盾，也非常痛苦。一方面，我既不能放弃西恩，因为那是一件多么卑鄙可耻的事情；然而我也不能以欺诈的心理去隐瞒真相；另一方面，我又面临着可怕的命运安排。这种命运的安排迫使我只好"砍掉我的脑袋"！但是我的脑袋对我来说是非常重要的，我的绘画生涯也取决于我的脑袋。

现在我只希望有那么一些人可以理解我：我的一言一行都是一个正常人所付出的真情和一种对于爱的渴望；我也相信单靠鲁莽、傲慢和冷漠并不能使一个人改变；我勇敢地迈出第一步，说明我的意志已非常坚定。我知道，我不能依赖追求高的生活水平或依赖改变自己去附和人们的喜好，我觉得自己的作品能够把握住生活的真谛并永远地存留在人们的心中，这就使我非常高兴了。

我不但不能这么做，也不想这么做，是因为我不能更好地理解它的出路。这个道理如同我能让你理解我，那么西恩和她的孩子包括我自己将会平安无事一样。

我收到了你给我资助的100法郎，为此我非常的欣慰。我还像往常一样在等待着你的来信，我相信你迟早有一天会明白，和一个孕妇生活在一起时间有多慢。不知道我可否这样理解你所说的话：我只需要去好好地作画，而不需要去考虑你对问题的看法。

这些事情让我感到无比的郁闷。为了排除忧郁，我特意躺在一棵老树干边的沙土空地上，开始画这棵老树。我穿着休闲的亚麻布罩衫，和往常一样叼着烟斗，望着湛蓝的天空，望着我所能望到的一切。这种感觉与西恩给我做模特时，我精心描绘躯体的曲线美是一样的，这种超脱的平静如同我已远离尘世千里之外。

经过精心的付出之后我现在已完成了两张素描。第一张是《悲哀》，为了衬托出悲哀这个主题，特意让画上没有任何的背景，只有一个头发披在肩上，部分头发编成了辫子的人物，而且尺寸也稍微大些。另一张是《根》，顾名思义画的是沙土地上的一些树根，树根象征的是万事万物的根本。通过这两张素描，我想描绘出叠加的形象，以表达为生存而奋斗这个主题；或者说努力地表现出自然的状态。这两幅画是我特意为你的生日而作的，我觉得这特别适合挂在你的新居内。

我的那幅画《悲哀》，韦森布吕赫已看过了，他对那幅画的评价使我非常高兴。我对这幅画的评价与人们的一些陈腐老调的评价不同，我觉得对艺术理想的表达方式之一可以选择英国式的表达方式；但是，很多人不赞同。

所以，我的绘画基本上是自学的。有人认为我的技法不同于其他画家的技法，这是多么的肤浅啊，我从不以为这是导致我的画卖不出去的原因。比如我面前这张穿黑色羊毛衫的女子的画像，就是用了英国式的表达方式显示出它的本质。再如这张大幅的《悲哀》、《吉斯特街上的老妪》以及《老翁》，我相信总有一天会出现赏识它们的人。当别人拒绝帮助我时，我的弟弟开始帮助我，促使我更努力地创作。

从前，画家间有互相帮助的美好感情，而现在却是互相倾轧；表面上是社会名流，私下各自为政。我宁愿到灰暗、凄惨、泥泞、阴郁的地方去，在那些地方，我感到心安。虽然我有自己的工作，但与别人靠工作挣钱不同，我需要用钱来从事这项工作，这就是绘画。虽然我对未来没有什么宏伟的计划，我也不想发财致富，但我对绘画越来越渴望，绘画成了我的一种强烈的爱好。上几个星期我感到虚弱，但我在难受的时候，我仍逼着自己去工作，因为我不能病倒，我必须照顾西恩和她的母亲。她们搬到一间较小的屋子去住，这房子带有庭院，我想画一张这间小屋的素描。

医生说她分娩可能在六月下旬，但还不能确定说出分娩的日子。医生问了她很多问题，从医生的话里我知道西恩不能再去做妓女了，否则会要了她的命。而我遇到她，给她必要的帮助，她的情况好多了。我们简单地准备好了婴儿的衣服。所以如果弟弟终止了对我的帮助，我和西恩会陷入痛苦与困顿。

我还是十分感谢弟弟的来信与随信寄来的东西，虽然弟弟对西恩的看法与我大相径庭，我理解你的想法。而我是这样想的，我们每天在一起，每天工作也离不开对方，需要家庭生活。如果不结婚，人们会说我们非法同居，而结婚，我们会十分穷困。

关于西恩，我们都互相钟情。虽然我的感情不再热烈，但对西恩是唯一的爱恋。我们相依为命，共同前进，把生活的不幸变成愉快。她的母亲也是个坚强的人，靠给别人打杂来维持生活，像弗莱尔画的那种妇人。我不在意父母在不在意结婚这种形式，但父亲不同意，他觉得我和她住在一起又没有结婚，这种情况会更见不得人。而我认为我的生活方式简单，不会有什么麻烦。

父亲总是把我看成小孩子，但我已经三十岁了，而且看上去更老。父亲不管这些，写信给我说，我才刚刚步入青年时代，他让我再等一等，可我不想再等下去了。我不希望那些戏剧性的阻止我和西恩共同生活的场面发生。其实，我对西恩的态度有一部分功劳应归于弟弟，假如没有弟弟的帮助，我是没有办法让西恩的情况有所改善的。我和西恩像真正的波希米亚人一样，从早到晚在海边沙丘上搭帐篷生活，我们带了面包和咖啡。

我买衣服时，尽量买那些适合我在沙丘或画室中工作时穿的。如果弟弟衣柜里有你不穿但又适合我穿的衣服，那就给我吧。我不喜欢绅士们穿的衣服，那衣服穷要面子。我的工作服也很干净，这要归功于西恩，是她帮我收拾缝补这些衣服。

告诉我西恩给你留下了什么印象。她其实没有什么耀眼的地方，不过是芸芸众生中的一位普通女子，但对我来说她的品性不一般；虽然生活中存在不如意的一面，无论是谁只要他爱一个普通女子而又被她所爱着，那他肯定是这世界上最幸福的人。

　　如果起初我没有和西恩相遇，我已经可能变成了一个冷酷无情而且生性多疑的人，西恩的出现使我对工作充满活力。我还要说一点：因为西恩体会了一个画家生活中的困难和烦恼，而且很愿意为我作画摆姿势，我认为我和她走到一起将会比当初我和凯结婚更能成就我成为一个好画家。

与西恩双双入院

　　海尔达尔已经看过《悲哀》这幅画了，但愿我能有一个制图员，比如说像亨利·皮尔这样的人帮我看看我的另外三张画。我想知道，这些画是否给他留下深刻的印象，他是否赞同这些画。

　　和你聊聊有关木匠的画线笔，它是一种粗糙的石墨。我认为，以前那些画家大师们就用它作画，而肯定不是法贝尔牌铅笔。可能米开朗琪罗和丢勒用的画笔和木匠用的画线笔相似。我知道，木匠的画笔画的效果与细而昂贵的法贝尔牌铅笔所画的效果肯定不相同。二者相比我更喜欢用未经加工的石墨，而不愿用那种削得很细的石墨。在画上洒一些牛奶，石墨的颜色会变暗甚至会消失。如果在室外用炭精笔作画，强光下画家则不能看清他正在画的东西，看到的只是很暗的画。即使墨是灰色，而不是黑色，你仍可以用它和钢笔结合，给画增添一些颜色。因此与墨汁对比，最强效果的石墨也显得淡。

　　炭笔作画很好使，但当你使用炭笔绘画后，过上很久，画会失去其鲜艳的色泽，为了使这种颜色保留，你可能要进行固色处理。一些风景画的画家们，比如雷斯达尔和范霍延，还有现代画家中的罗伊罗夫斯等人，他们作画常常使用炭笔。要是有人发明一种专门用于室外作画的钢笔，再造一个放墨水的台子，这样，各种风格的钢笔画就源源不断地产生了。

　　近几个月，我时常想念你，也时常回忆起往昔在海牙有一次你来看我时的情景。我们沿着雷斯维克路闲逛，走进一家工厂喝了牛奶。也许是由于想起了这个场景的缘故，我作这几张画的时候就依据我的记忆完成了创作。在这些画中，我尽可能将记忆中的情景原原本本地展现出来，和我们当年见到的场景一模一样。

想起当年在工厂的那段美好时光，真是令人难以忘怀。但让我把当时所有的所见所闻用绘画表现出来，还是有一定的难度。所以，尽管世界变化万千，但无法改变我内心深处对昔日美好时光的感情。我认为我的这种情感也随时间流逝在发展。虽然当时的生活还算不错，但我还是坚持自己的道路，因为我经受的艰难困苦让我感觉美好的东西正向我奔来，这就是表达对昔日的感情。

这段时间与病魔斗争的同时，我还坚持工作，坚持不下去了我才去看了医生。我先交了半个月的住院费，10个半法郎。一个病房安排了10个病人，不过，这家医院的医疗条件很不错，有利于治疗，让我感到非常舒心。

我住院已经三个星期了，一直睡不着，发低烧，而且患膀胱炎，所以我不得不乖乖地躺在病床上。

我住院使得西恩也很忙。她要到医院照顾我，还帮我打理我的画室，又要收拾东西准备去莱顿待产。我也希望她在医院陪着我，但我不能这么做。所以，我时时挂念她——但愿她能挺过这次难关。

父亲知道我住院就来看望我。父亲待的时间很短，我有好多话都没来得及和父亲说。我希望他在我健康时来看望我，这样我就和父亲能认真地好好谈一谈。我住院后所发生的一切像一场梦。不过，在医院里最高兴的事莫过于收到家书，因为从信中我了解到亲人对我的感情是真挚的。

在来医院之前，我的心情糟糕到了极点。但现在好多了，因为今天早晨医生告诉我，我很快就能出院。

我住院的前一天收到科尔大叔的来信，大叔说他一直"关注"我，还说特斯蒂格也开始"关注"我。但科尔大叔很不高兴，因为我没有心

领他的"关注"。兄弟，此刻我躺在病床上，心如止水；但是，如果一个
人来探视我，对我说像特斯蒂格经常那样关注的语言，我会十分地不高
兴甚至会发脾气。

我住院时随身带了几本关于透视法的书，还有狄更斯的几部作品，
因为狄更斯的作品中也有透视法。虽然我生病了，但我想乘此机会好好
读读这些书，再充充电，或许等我出院之后，我对透视法会产生新的看
法，或者我对透视法的认识能够达到炉火纯青的程度。所以，生病也未
必是件坏事。

病房外边的景色是多么美妙的一幅画。从窗户向远望出去，运河的
码头上挤满了装着土豆的船；工人们在拆花园旁边旧房子；远处的码头
边排列着一行行的树和街灯；一家幽静的小院子连着几个小花园；花园
的外围是一排排的屋顶。尤其是旭日的光辉和夕阳的余晖中，这一切蒙
上了一层神秘的面纱，简直就是雷斯达尔或范德米尔笔下的景色。虽然
我躺在病床上，画不了这些，但是，到了傍晚，我就情不自禁地坐到窗
子旁边欣赏这幅美景。

生了病，就要躺在床上，这样就能恢复得快一点，还有一个好处就
是我内心平静了许多，放松一下紧张的神经和不安的烦恼。再者，待在
病房里比待在候车室还有些意思。

你知道，我现在盼望的就是绿色和新鲜的空气。住院已经半个月了，
恐怕还得预交半个月的住院费。如果我恢复得快的话，估计有 8～10 天
就可以出院了。我的病恢复得较慢，并没有像医生说的那样很快地恢复。
今天早上我又问医生有关我的并发症的情况，医生什么都没说，所以我
估计还得继续住院休养。

读书的欲望在递增，但我身边的书都已经看完了。在我眼中，像这
样一天任凭时光无情地流逝，我感到十分可惜。

西恩去了莱顿。我旧病复发的原因就是因为当时太紧张，因为西恩
必须要到莱顿去，我没能以平静的心态来对待这件事。她在莱顿孤身一

人，我恨不得马上出院到她身边去，我知道一个人的日子很难熬。妇女分娩所遭受的痛苦是我们作为男人所无法想象的，与她们所承受的痛相比，我们男人在忍受痛苦方面甘拜下风。她要动身去莱顿的那天，仍然照常来看我，给我带来一些吃的。现在我再也吃不到西恩给我带来的东西了，同时，我感到心里很难过，因为我无法在她身边，也不能给她买点生活必需品。在莱顿，可口的食品并不多。

到医院里来看过我的只有父亲、西恩和西恩母亲，再没有其他人来打扰，我也不希望有人来打扰。

如果此时我不被疾病缠身，如果此时我能手握画笔，我就会在病房里画出我的作品！有一位上了年纪的病友，他是一个理想的模特儿：身材高大，肌肉强健，皮肤褶皱而黝黑，关节凸显。这么好的模特儿和我擦肩而过，我伤心极了。这位病友的主治医生也不错：他的头和伦勃朗笔下的头像如出一辙——极具特色的前额和极富同情的面容。这位医生是我学习的榜样，以后我对待自己的模特儿，就像他对待病人一样。作为一名医生他是很出色的，在面对病人时，他会尽力安慰病人，让病人在住院期间有一个好心情。不过，和那些贵宾病房中的医生相比，这类病房里的医生的态度略微差一点。可能医生们认为这类病房里的病人都没有什么社会地位，伤害一下他们的感情也无所谓。

我向医生请了几天的假，说想到花园去散散步。其实，我的目的是为了去看看西恩。从医院回我画室的路上，我一边走一边想：要是身体马上能康复该有多好啊！那种欢快是无法用语言来形容的。对于在路上看到的一切事物，都是说不出的美好；阳光灿烂，天开地阔，所有的人和事物都意义非凡。但是让我开心的是，我更增添了几分对绘画的爱，也对周围的事物产生了爱，而这种感觉已经泯灭好久了，现在这种感觉重新复苏了。住院以来我都没有碰烟斗，现在吸上两口，感觉就像是我重新找到的老朋友一样。我实话告诉你，待在自己的画室里比待在摆满夜壶的病房里舒服多了。不过，医院里也有美的方面，比如，即将康复的病人，男女老少都有，在供病人散步的花园里漫步。

但让我烦心的是下周我必须回到医院，要告诉医生我这两天的感觉。医生给我说过，我可能还需要住上半个月的院才能康复。哎，这种小苦难是每个人人生道路上无法避免的。如果到时候医生说，我不用再住院了，那就太谢天谢地了。

我去了一趟莱顿，一块儿去的还有西恩的母亲和妹妹。你不知道，我们出发之前有多么担心，完全不知道西恩现在的状况；当我们到医院听到医生给我们说"昨晚生了，但不能和她说得太多"时，我们别提有多高兴。我会一直感谢医生说的这句话"你可以和她说话"；如果医生说的是"你永远不能再对她说话了"，我会悲痛欲绝的。我很高兴还能和西恩说话。当看到亲人时，西恩也打起了精神，她很清醒，但家属探视的时间很短，仅一小时而已。生了个男孩儿，很可爱，小家伙躺在摇篮里的姿势显得很老练。

在分娩的过程中，她吃了很多苦，情况也不是很好，接生的医生真是太伟大了！西恩看见我时，竟忘记了一切痛苦，告诉我说，我们的画室马上就可以开张了。此时此刻，她的愿望能不能实现都无关要紧。生活就是这个样子，在一定时间会让你遭受苦难，考验你。虽然上苍不能公平地对待每一个人，但只要西恩还在，我就感到无比满足。只要活着，比什么都好。

兄弟，正是由于你的帮助，西恩还在人间还活着。多少年来，不知道她遭受了多少的灾难、多少的忧愁，导致她的身体非常虚弱。现在对于她，是雨过天晴一切都会往好的方向发展的时候了。苦尽甘来，虽然她的青春不在，在她的明天会更加丰富多彩。就好比寒冬过后树枝会长出新芽，并能够繁荣茂盛地生长。

西恩生完小孩马上两个星期了，也必须要出院了，所以，我得想办法租一间房子。她经历了那么多苦与难，现在好不容易有了一个温暖的小窝，我要使她安心。为了节约资金，我和房东商量的结果是：第一，他找人帮我搬东西；第二，在我自己或西恩未住进来之前我不付房租——或许到时候她会比我早出院。

幸亏我没有亲自去搬东西，不然我会把这间房子按照画室来布置，布置的结果肯定比现在要差百倍。虽然街上的房屋从外观上看都是一样的，但我屋内的布置却和其他的都不一样。

有了西恩对我的鼓舞，我感觉这几天身体好多了，所以我盼望着能够马上康复。我已经按捺不住了，想着马上拿起画笔。

我和西恩的事不再和去年那样去征求父母的态度。我也明白，父母已经无法和我沟通——他们一味地找我的缺点，一点儿也看不到我的优点。更谈不上尊重我的个人感情。我是这样打算的：我准备下个月省点钱，我掏路费把父亲请到我这儿来住几天，和父亲好好沟通一下。但愿父亲对于我的未来有信心，能够感受到父子情深。兄弟，从现实情况出发，要恢复我和父亲之间的互相理解，我想不出有什么好办法。

如果父亲见到西恩的小宝宝，说不定父亲的态度会有所转变。父亲还会看到，西恩的房间收拾得非常整洁，我的画室里摆满了我的习作，这些东西会给父亲一些信心的。我还会对父亲讲我和西恩是如何克服艰难困苦度过这个冬天的，毕竟西恩还怀有身孕；我也要告诉父亲你是如何帮助我们的；我还要让父亲知道，西恩对我来说有多么的重要。我和西恩走到一起是有原因的：第一，我们俩所处的环境让我们产生爱意；第二，作为女人，她心地善良，善解人意，全力以赴地支持我搞绘画。因此，我们衷心地希望父亲能够祝贺我们走到一起。

我就暂时"收下她"，也不会举办婚礼，即使举办了，她也不一定能成为我的妻子。我们在一起生活的基础是互帮互助、彼此相爱。我说过，我会很快娶西恩的。你说我不能娶她，认为她在欺骗我。可是，我不认同你的说法，并且我相信，将来总有一天你会接受西恩的。而且，我和西恩之间已经有了婚约，我不容许别人把她看成我的情妇，说我和她有不正当的男女关系。我认为婚约的意义在于：首先是世俗婚姻；然后是彼此分享。对于一般的家庭而言，绝对不能打破世俗婚姻；但是对于我和西恩来说，彼此分享才是最重要的。

我和西恩在一起时感到心情舒畅，现在也有了家的感觉，更感觉到我们是两个生命的结合体。我们之间的感情是发自肺腑的，也是认真的，这种感情照亮了我们过去惨淡的生活。但是，我们的感情注定不会一帆风顺，我们必须奋力抗争才能得到。可是，我和西恩在一起时，我感到内心平静而愉悦，我们相信会有光明的前途。

父母要让我把去年我和凯的爱情看成是一场幻觉，那肯定不是，只能说我和凯之间没有形成默契而已。虽然我和凯的爱情已经成了过去，但这件事是实实在在的。现在我还没有明白凯那样做的原因，也没有弄清双方父母那样极力反对的原因，只能等时间来告诉我答案吧！双方父母的反对既表现在语言上，又表现着冷淡的态度上。这事情在我的人生道路上设了一个巨大的障碍，现在虽然障碍已除，但是给我心理上留下的阴影永不磨灭。

今年冬天，又一次的"爱情"会降临到我头上吗？我持怀疑态度。但是，我心灵深处对爱情的追求没有消失，难道同病相怜的人走到一起，这就错了吗？刚开始，西恩只不过是一个我作画的一个伙伴，可这位伙伴也很孤独、也很不幸。所以，我就鼓起勇气，以实际行动来帮助她。这对我实质上也是一种激励，能够激励我更加努力地去工作。

我们在一起相处的时间长了，互相帮助对方的事情却发展成了互相需要对方的感情，等我们发现彼此离不开对方时，我们便产生了爱情。我和西恩之间的感情是真挚的，更不是幻觉，而是事实。你过来看看，我没有颓废，没有放弃，而是创造了一个很温馨的画室，也有家庭的感觉。画室里有摇篮，还有其他婴儿用品。画室里这种自由的氛围，正好可以激发一个人的创作灵感。当然，布置这样的画室也花了不少，所以我仍然需要你的资助。不过，我并不是在挥霍你的钱，而是用你的资助创作更多的画。

　　我给你说了好多话，并不是说我是一个十全十美的人，而实际上，我和别人难以相处也有我自身的原因。我经常郁郁寡欢、心情烦躁，所以经常想得到别人的同情；但是，当别人不理我时，我便变得冷淡、苛刻，甚至会落井下石。我喜欢独行，我觉得和别人在一起聊天、吃饭是一件既痛苦又困难的事。你知道我为什么会这样吗？我是一个很容易紧张的人。因为过去艰苦的岁月使得我非常敏感，身心疲惫，所以变得有些神经质。只要是医生都会理解我：寒冷的夜晚露宿街头；经常缺衣少食；找不到工作；家人和朋友疏远我。所有这一切都是我性格怪僻的主要原因，也是导致我情绪不佳、意志消沉的原因。话又说回来，我也并不是一无是处，人们应该从好的一面来欣赏我。

　　明天我要回到医院去。夜很深了，外面下着暴风雨，显得画室里非常安静、深沉。兄弟，在如此安静的夜晚，要是你能和我在一起该多好啊！我觉得对你有说不完的话。

　　兄弟，现在我几乎每天都牵挂着你，想你的一切。我的一切，不管是精神方面的，还是物质方面的，是你给予的。正因为我有一个弟弟，弟弟全力支持我，让我不怕艰难险阻、义无反顾地前行，由此在我心中产生创作的动力。我想念你还有一个原因，那就是你是我的亲人。虽然我的小屋里有女人、有孩子，但这个女人不是我的妻子，这个孩子也不是我亲生的。他们两个能算我的亲人吗？所以我仍然感到孤独、寂寞、悲伤。上帝啊，请你告诉我，我什么时候能拥有属于自己的妻子和孩子呢？

　　也许根本就没有什么上帝。但是，一个人宁愿相信上帝是存在的，这样他就能够向上帝表达心声。上帝的意志就是让每个人正常地生活，不会孤独地生活，也就是说应该和他的妻子和孩子一起生活。

　　兄弟，我给你说这些话的意思，就是希望你能理解我，把已经发生的事情看作是合乎自然的事情。对小宝宝而言，你可以把西恩看作是一位母亲；对我而言，你可以把西恩看作是一个家庭主妇。这样，你就能够理解她的地位。而她更清楚自己的地位，自己的角色，所以，她做事尽职尽责。

虽然我经常神经质，但是我和西恩性格中的共同点是平静。所以，不管发生多么不愉快的事，我们都能够泰然处之。平静的性格特征也是从事艺术这一行业所必须具备的，而占据我们心灵的只有艺术，所以我们能够快乐地生活。

啊，兄弟，你只有亲自来到这个家，你才会感受到它的生命与活力。这个家的缔造者就是你，你肯定会满意的。而你也明白，我的生活并不总是阳光，更多的是风雨。你的资助，既让我有了活力，又让我发展了事业。别人认为你帮我是在做傻事，只要你心里明白，我在事业上取得了巨大的进步，这就够了。

你在信中描绘了巴黎的夜景，给我留下了深刻的印象，也使我想起了《灰暗的巴黎》上面所描绘的夜景。住院时，在爱弥尔·左拉的一部作品中，我也看到对这座城市的描绘。左拉勾勒这座城市的手法确实很高明。正是由于这个原因，我读了左拉的所有作品。

通过你对巴黎夜景的描述，我看到你具有很强的艺术细胞，而你需要用心栽培它，让它生根、开花、结果；不要随便将它丢弃，而要认真地利用它。除此之外，在你的那些描述中，我明显感到你在使用"颜色"来描绘，虽然你未能将"颜色"定为主调，但我能感受到"颜色"给巴黎的夜景带来独特的效果，我们可以把它展现给更多的人去观赏。你要知道，用文字形象地描述也是一种艺术。

西恩回来了，她的情况还算不错，小宝宝一切正常。她奶水虽然不多，但婴儿可以勉强吃饱，所以小家伙也很安静。对于她要吃的东西，本来我还担心可能要吃得太奢侈，但医生开出来是便宜的食品，我就安心了。所以我算了一下，每月有150法郎我们的生活就有保障。

老天也眷顾我们，天气晴朗温暖。西恩回家之后显得很高兴，尤其当她见到她的小妹妹时。她妹妹穿着一双我买的新靴子，简直漂亮极了。

　　我真的想让你早日见到西恩。我告诉你，今冬以来她的变化可大了，整个人的精神面貌都变了，浑身都散发着一种活力，充满精神。我和西恩之间强有力的爱情对她的恢复影响很大，她的主治医生也功不可没。一个女子只有在爱别人和被别人所爱时，她就会发生巨大的变化；而没有人爱她时，她会无精打采。也许只有爱情，才会使她看起来如此的美，她的事业也需要爱情的推动。爱情是人的自然天性，一个人就应该自然地获得爱情；一个女人就应该与一个男人在一起白头偕老。而当这不能实现时，这就违背了人的本性，是不合理的。因此，现在在西恩脸上的表情温柔而平静，和过去完全不同。这两天她来例假，脸上略显苍白但却绽放着幸福的光芒，更有女人味。她现在精神很好，这也就从另一个方面告诉我，苦难的日子让她变得更坚强、更漂亮。

　　她生孩子住院时，医生和护士长对她特别关照，可见，正派人都很同情她。所以，你过来尽管和她见面好了，不要有任何顾虑，更别带有偏见。

　　如今，我这儿有一种"家"的感觉，"自己家"的感觉。我现在深刻理解了米什莱的名言"妻子是神圣的"这句话的意思。

　　在前几天的一次法国美术作品展上，我看到了许多精美的作品。勒·卢梭的一张大幅画特别吸引我，画面上的风景是阿尔卑斯山、库尔贝、一群奶牛；还看到了杜佩雷的画，真是美极了；杜比尼的画画的是茅草屋及其后面的缓缓山坡；还有柯罗的一张小画，画出了夏天清晨的美好。画面上清晨粉红色的云朵象征旭日东升时的祥和、安静。能看到这些画，当然我非常高兴，也令人陶醉。

　　我作画，不求什么社会地位，也不图荣华富贵。西恩的日常花费并不大，没有必要想办法加大收入，只要我们一个钱打二十四个结就行。只要我们相亲相爱，克勤克俭度日对我们来说不是困难，而是一件其乐无穷的事情。身体完全康复使西恩很激动，就如获得了新的生命，她渴望全身心投入绘画，我也一样。

和她在的每一天使我充满了勇气和能量，再加上你给的钱，最终会将我推到好画家的行列。西恩成了一个母亲，但仍然年轻、漂亮，如同弗因·佩林的笔下蚀刻画、素描或油画中的人物。等我们两个都完全康复之后，我打算为再为她画一幅素描。

我再重申一遍，我真希望你能来看我，现在我特别需要他人的同情和关爱。我仍然想再和你一起去散步，找找我们以前在雷斯维克磨坊散步的感觉。

但是，现在已找不到那个磨坊的影子，同样，我的青春年华也随着时光如此流逝。一想到往日美好的时光，我的心中重新燃起对美好生活的希望。我们必须积极争取，努力实现自己的愿望。我不想再过以前那种迷茫的无生机的生活。相比而言，现在的生活能让我的心安稳下来，有一份渴望。以往的生活对我的意义是，它给我现在提供了富有诗意的绘画题材。

无论怎么样，我要打起精神，要彻底战胜病魔。最近我没有光顾艺术女神，她有些失望、有点孤独，所以我要满足她的愿望。

因为艺术是生活的精华，而我对生活、对艺术的感情深沉、丰富，因此，我对阻碍我热爱艺术的那些人深恶痛绝，他们的所作所为是虚伪的。他们的阻碍导致我很难得到我所要求和追求的东西；但是，事实上，我的目标一点儿都不高。

我尽可能要创作一些能拿得出手的作品，要能够感动大家。我认为《悲哀》应该是这样的作品。还有几幅画像《米德乌尔特林荫道》、《雷斯维克草坪》和《晾鱼仓》也马马虎虎能拿得出手。我认为，这些画真正体现了我的思想。

我在人体画和风景画中表达的这种悲哀，是真正意义上的悲哀，并非感情上的郁闷。总而言之，我不想人们看到我的作品后，什么体会都没有，我所希望的是他们能够深深地感受到我要表达的内容。虽然我的画看起来很粗糙、很简单，但是，可能正是由于这种特征，我的作品才能使得别人有特别的体会。

我这样夸自己，似乎显得有些自视过高，但这却是我奋力去实现的目标。知道我的人他们怎么看待我？我是一个一文不值的人，也是一个怪僻还不讨人喜欢的人，还是一个永远没有社会地位的人。如果我真的是这样的人，那就好办了，我可以在画中来表达这类人的所思所想、所感所受。

但愿我的希望与追求，能够远离愤怒，融入更多的爱，而且要通过平静的心情来实现，而不是凭着激动的心情来夺取。事实上，我经常感到非常痛苦，可如果我一旦投入到画画之中，我的心情会非常的平静，感到一切都是那么的和谐、那么的美，根本没有其他杂念。比如，我曾经在最脏、最乱、最差的棚屋里居住时，我感受到的是千载难逢的绘画题材，绘画的吸引力战胜了我的理智。有的时候，我感觉到非常可笑，就是因为人们总是说我怎么就有那么多的坏习惯，认为我这个人不可理喻。至于人们的这种说辞，我置若罔闻，因为我是在向大自然认真地学习，大自然是我的朋友，人类也是我的朋友。

在许多现代绘画作品中，我发现了以前的杰出作家的作品所不具有的那种特殊的美的气息。一提到先辈画家和当代画家之间的差异，我的理解是，或许当代画家更有思想。先辈画家密莱司的《寒冷的十月》和当代画家雷斯达尔的《欧沃维恩的漂白作坊》，以及先辈画家霍尔的《爱尔兰移民》和当代画家伦勃朗的《宣讲圣经》中所要阐述的感情各异。当代画家伦勃朗和雷斯达尔的作品中的一些思想更加具体，不仅影响着他们的那代人，也熏陶着我们这一代人的心灵。

这几天我读了左拉的《娜娜》。我告诉你，要说有第二个巴尔扎克，那就是左拉。描写了1815年～1848年法国社会的人是巴尔扎克，而左拉接上巴尔扎克的描述，一直描写到现在。我觉得《娜娜》这本书写得太好了。有时间多读读左拉的作品，因为他的作品对我们大有裨益，使我们明白很多道理。

　　左拉对娱乐厅的描写很有特色。以娱乐厅为背景，左拉成功地塑造了一位沉着、高贵而富有同情心的人，她就是弗朗索瓦夫人；而作品中其他的女主人都显得利欲熏心，和弗朗索瓦夫人形成了鲜明的对比。读了这部作品我的体会是，我对西恩的所作所为，与弗朗索瓦夫人对弗洛朗的做法完全一样。对他人有同情心是一个人生命的精髓。如果一个人没有同情心，他就不配活在这个世上。

　　什么是人性？人性就是对他人要有同情心，要有爱。我并非要做人道主义的施舍，我要做的就是要尽力帮助和我相处的人。比如，曾经和我生活在一起的一个矿工烧伤了，我把他照顾了一两个月的时间，整个冬天我和他分享我的食物。我对他还做了哪些事情只有天晓得。现在我对西恩所做的事也是人性使然，我认为我的做法很正常、很自然，并非什么蠢事或者错事。难道人们之间形同陌路才是对的？如果是这样，那你这样无私地帮助我，你做错了吗？

　　我实话告诉你，我坚持画素描的原因有两个：首先，我要把画素描的基本功打扎实了；其次，作水彩画和油画的费用很大，而前期的投入短期内收不回来；再者，如果素描本身就没有画好，而接着就在上面上色或涂油彩，这更是一种浪费。如果我身负重债，全身心地投入到油画当中，那么我的画室就会变成人间地狱，有些画家的画室就是这样。我坐在自己的画室里没有压抑感，感觉心情很舒畅。所以，你不要以为我不会、也不愿画油画。

　　兄弟，我十分肯定地说，画水彩画比画黑白画实际上要容易得多。就凭我的感觉来说，一幅素描本身的质量将完全决定整幅水彩画的质量。如果一幅素描让水彩画只产生了近似的效果，那肯定不行。我追求的目标是不断将素描提高到一个更高的水平。你可以从我的素描《晾鱼仓》中体会到这一点，要从整体来领悟这幅画的构思。

　　兄弟，我的身体已经完全康复了。又能坐在画室里作画，感觉真是好极了。我的新画室比旧画室要好很多，新画室里更有利于作画，特别是模特儿摆姿势的距离较远，我可以有更好的角度去观察和临摹。我确信，新画室的房租钱可以通过我绘画的巨大进步来弥补。

如果天气不好，比如刮风下雨什么的，我不能到室外画画，我就要在画室画一幅摇篮的水彩画。你下一次来我这儿，你就能够看到我画的风景水彩画。我打算在今年年底之前要画几张人体水彩画，所以，我要以蓝色和白色为主调，多临摹一些裸体模特儿。

再过几天，西恩就又可以做模特儿了，这样她就可以赚点钱了。我最满意的那幅画《悲哀》——最起码我觉得是我的得意之作——模特儿就是西恩。我向你承诺，今年年底之前我肯定要画人体素描。风景画和人体素描相比之下，我更喜欢画人体素描。

为了能够更好地进行写生或者速写，画家要有准确感觉物体轮廓的能力，要不断地提高这种能力。然而，这种能力不是一朝一夕就能获得的，而是要经过仔细地观察、不断地探索和不懈地实践，还要认真研究并掌握解剖学和透视法。

自学油画

弟弟，当我知道你要来看我时，甭提我有多高兴。我认为，出于各种考虑，我们还是不要去见特斯蒂格和毛沃吧，这样，大家都相安无事。因为，我穿惯了工作服，让我穿着工作服去拜访他们，不知道他们又会怎么说我呢？而我穿着工作服想坐哪儿就坐哪儿，想躺哪儿就躺哪儿，比如，沙滩上、草地上、旧鱼篓上等。看我的穿着简直就是鲁滨逊·克鲁索了。

你过来之后，我希望你能腾出一些时间好好陪陪我。我盼望着能和你一起到草地上去散步，我们还可以到海边沙滩去逛逛，到我们经常去的斯海弗宁恩看看。如果这样，那真是让人太兴奋了。穿过草地的几条小路我经常走，那儿很美，也很宁静，我想你会喜欢那儿的。在附近，我也发现了工人住的一些屋子，有旧的，有新修的，各具特色。房子周围是小花园，旁边有小河流过,好看极了。

特斯蒂格看不惯我的所作所为,一直对我有成见。他认为我什么都不会做,是个废物。有一次他亲口对我说:"你作的画和你做的事一样,都是浪费时间。"如果我一直缠着他,向他辩白:"特斯蒂格先生,特斯蒂格先生,不管你怎么认为,我是一个真正的画家,和其他画家一样。"这样的话,我就傻到家了。

所以,我认为斯特蒂格压根儿就没有艺术的辨别力。这样的话,我去拜访他还不如在草地上或沙丘上搭一个帐篷,安心地在里面临摹模特儿。

你可以想象一下,凌晨四点钟,我爬起来坐到阁楼的窗子旁边,用我自制的那个透视工具细心注视着草地和院子。但见,有些人在小棚屋开始煮咖啡,然后看见一个工人来到院子中开始干活。屋顶上面是清一色的红瓦,每间房子顶上都立着一个黑烟囱,一群白鸽子穿行于烟囱之间。屋子的后面有一片绿草地,草地很平、很大,与灰色的天空交相辉映,显得恬静、祥和,简直就是柯罗和霍延画中的景色。凌晨从阁楼只要能看到檐槽上长的青草、飞鸟、烟囱冒着的青烟,以及院子里晃荡的人影,说明新的一天开始了。而这一切都是我作水彩画的内容。

我将阁楼窗子旁边看到的这一切是否能够赋予情感地、形象地描绘出来,这便是我未来能否成功的主要因素。

我让你看我的那些画,目的是希望你能明白,我的绘画水平在不断地提高,向着我的既定方向发展。关于我的画作的价值,我很有信心地说,我的画肯定会和其他画家的画一样卖得好。要么是现在,要么是不久的将来,但只要我孜孜不倦地临摹大自然,我肯定能成功的。自然的东西永远是人们的最爱。画家要能够融入大自然,并激发他的创作灵感,以便把他的思想感情在绘画中展现出来,让别人理解他的思想。我认为,作画只是为了卖钱,就违背了画家的职业道德,更愚弄了业余爱好者。真正的画家只会忠实于艺术和自然,总有一天,他们会获得应有的地位。

　　我再强调一下，艺术家必须要以爱和智去对待自然和艺术，这样，他人的非议就显得软弱无力了。严厉而残酷的大自然却是诚实的，她会对忠实于她的人助一臂之力。一想到这些，我就感到精神抖擞。

　　弟弟，正因为有了你的帮助，我眼前的道路就平坦多了。这么平坦的大道都是你给我铺就的。不少画家因缺少资金，而不得不放弃自己喜欢的事业。因此，我无法形容对你的感激之情。作为画家，我起步很晚，因此，我不得不利用一切可以利用的时间，没日没夜地工作。如果没有你的资助，我对作画的热情早就消失了。

　　我现在做的都是一些小幅画，打算今年夏天做一幅大的炭笔画素描，为以后作油画奠定基础。于是，我从铁匠那里专门打造了一个透视装置，可以固定在坑坑洼洼的沙丘上。有了这个透视装置，我画素描时就不会变形，同时，可以清晰地显示画的线条与比例。若懂透视法的人看了之后，就能够看出其中的奥妙。比如，其中的方向可看成线条，体积可看成平面，所有这一切都是一个整体。这正是这个透视工具的用途所在。

　　画家如果要快速地画好一幅素描，那要经过长久的练习，掌握了素描的画法之后就可以作油画了。这个透视装置也很适合画油画，我花了不少钱来打造这个工具。工具打造得很精细，也很结实，所以，它就可以经久耐用。

　　用这个透视装置我可以画出好多画来。比如，用它对准大海、绿草地、白雪皑皑的原野、密密麻麻纵横交错的树枝、狂风暴雨的天空等，这些事物通过这个透视装置，都可以以透视法入画的。我还打算，用这个装置把我们在斯海弗宁恩和你看到的沙滩、大海和天空都画出来。

　　我画风景画为作人体画打基础。画风景时，要画各种物体，还要注意色调和颜色。同样，这些方面在人体画中也是适用的。你的来访使得我有了经济保障，因此，我在今后很长时期内，仍然还要练习黑白画和轮廓图，为画其他类型的画打下扎实的基础。

　　你离开以后，我试着画了三张油画。第一幅画的是草地上的柳树，树被剃了头；第二幅画的是附近的一条煤渣路；第三幅画的是挖土豆的情景。今天我在路上看到旁边的土豆地里一个穿蓝衬衫的男人在挖土豆，一个女人正在捡拾土豆。一部分土豆已经挖完了，还有一部分是长着干枯的土豆秧，其间夹杂着绿草。

挖土豆的场景对我的吸引力极大，以致我心情舒畅地完成了第三幅油画。油画其实很普通，我很认同这种表达事物的方式，因为它的表现力极强。此外，油画还可以把事物的最显著的特点淋漓尽致地表现出来。比如，在粗糙的画面上点缀淡灰或淡绿，就可以显现出特定的奇效。

还有一幅油画，在画布上涂了厚厚的一层油彩，以表达海边沙丘地的情景。

我以前所做的这些油画都是中等尺寸的，我计划要画一些大尺寸的油画。但是还得练习一些大尺寸的素描之后，才能进行大尺寸的油画。我还会画一些油画，我要把它们都挂在我的画室里，不让别人知道我的油画创作。有人之前说过，我对油画没感觉，不会画油画。我要以实际行动反驳对我的这种看法。但是，与此同时，我还要继续练习素描，因为素描是任何类型的画的框架。

亲爱的弟弟，我非常喜欢油画，但是颜料的价格很贵，我不得不节约颜料，不然，开销就太大了。我非常感谢你资助我，让我能拥有这么多新的、高质量的画具，还有上好的颜料。我会不断努力，我要对得起你的慷慨。

我想让你知道：现在我做油画时，感觉完全有能力驾驭色彩和力度。再看以前我的作品时，我就能够发现哪些地方效果好，哪些地方需要加强力度。所以，以后当我发现理想的创作题材时，我会选择恰当的绘画方式来表达它。这一进步特别令我兴奋。

兄弟，我的进步真的很快。在博里纳日我开始学画，到现在才过了两年时间呀！

最近这一周是狂风暴雨肆虐的时间，我在风暴间隙到斯海弗宁恩画了两幅海边景色的画。

我更喜欢暴风雨之前的大海，因为它显得更加平静一些，一切都能观察到；而暴风雨之中的大海，虽然给人的印象很深刻，但波浪看起来简直就是泛着泡沫的脏肥皂水，而且风暴的吼声压倒一切其他的声音。其中一张画描绘的就是这个情景。

还有一张画画的是树林和少女。画面上有几棵树干呈绿色的山毛榉树，地上被枯叶覆盖，旁边站着一个亭亭玉立的白衣少女。我应用透视法表现出了树干之间的距离，使这位少女能够穿行其间，自由地呼吸，并被树木的芳香所陶醉。

我想，到今年秋天的时候，我会画好多油画及其他类型的画。

我刚收到一封家书，信中说，你去看望了父母，也和父母聊了我的情况。父母现在也相信我能成为一名画家。你说过父母既有优点，也有缺点，但他们毕竟是那个时代的人，他们现在能理解我们实属不易。那一代能做到这一点的人确实不多，甚至一些新派人物可能也比不上他们。所以，我十分感激他们。

他们或许迫不及待地想看到我的油画作品，我会让他们拿到我的油画。同时，我也担心他们会失望，因为他们以为我把用油彩胡乱涂抹的东西让他们看。他们还有一个误区，就是把素描看成是"预备性的练习"。我认为这个说法大错而特错了。但当他们看到我一直在画素描时，他们会认为我永远停留在这种小儿科的水平上。还有，如果他们看见我是这样做油画的——先胡乱刮油彩，然后装模作样地看看自然景物，之后又开始刮油彩，最后把画中的人物、景色都刮得很模糊。他们可能会说："这也叫作画吗？我们看这是毁画，哪有画家这样作画的？"

我并不指望父母会欣赏我的艺术，但是，这也不能怪他们，因为他们看待事物和我看待事物的视角是不一样的。把自然界的事物如何在绘画中表达出来，我们的观点也不相同。他们不明白，只画一个农民、一片地里的犁沟、一块沙滩、一片大海、一片天空等东西有何意义？但是，他们不知道，这些东西很美，也不好画。如果画家能穷尽一生把这些事物所包含的意义在画中完美地展现出来，那也非常不容易。

最近我看了《杰拉尔德·比尔德书信日记》，感触颇深。我发现，比尔德的性格有些病态，他的这个弱点，导致他经常被人误解。还有，他做什么事都抱怨这抱怨那的。比如，当他情绪低落时，就到外面去听听音乐会或看看戏；而回家后，却抱怨歌不好听，戏不好看，心情比出门前更沮丧了。这个人值得同情，而我更愿意读米勒、卢梭、杜比尼等人的传记，读了这些人的事迹之后，能给人以勇气，而读比尔德的事迹却使人丧失信心。

比尔德离世时的年龄和我开始学画时的年龄一样大。当了解到这个情况时，我感觉自己学画虽然起步晚，但很庆幸我还活着。比尔德的人生观是浪漫的，所以他短暂的一生充满幻想。我和比尔德的不同之处在于，我的浪漫的幻想破灭后，我就开始走向绘画生涯。所以，我现在必须把浪漫的幻想时间找回来，加倍工作。只有抛掉幻想，才能努力工作，也才能把工作看作是生活中的乐趣，从而使我的心灵得到安慰。

学油画则帮助我理解了色调、形式和颜料之间的搭配效果。但是，现在我还没有完全解决这个难题。油画中各种色彩的和谐搭配是无限的，它们之间不管是有意还是无意地结合，都会产生不同的效果。

在秋天的树林里，不管是地上的落叶、透过树林柔和的光线，还是笼罩树林的烟雾、纤细的树枝，一切都给人的感觉是悲凉。秋天也有给人力量的东西，比如，午日阳光下挖地的男人，他全身的汗水在强光的照耀下，汗水闪着一股股的光芒。还有海滩上的景色，人们站在最美丽的海边观海，大海上闪现着明亮的波纹。相比之下，树林中的光线则更加阴暗。其实，人生也有这两种对比的色调。

我发现，荷兰画对秋天的自然美景色彩的处理效果不突出。昨天傍晚，我到一片山毛榉树林的坡地，看到地上有厚厚一层腐烂的树叶，我忍不住画了这个景色。地上的树叶呈现红褐色，看起来比地毯漂亮多了。

夕阳透过枝叶的缝隙照射到地面上的枯叶上，光线也显得柔和起来。这个景色看起来很美，但是，要画出这些效果来难度却很大。比如，各种光线对色彩浓度的要求，怎么样的浓度可以恰好表现出坡地的平缓陡峭。作这幅画时，我有这样的体会，要以恰当的色彩浓度展现出昏暗中的光线。山坡上的山毛榉树苗，迎着阳光的一侧闪动着鲜艳的绿色，背阴的一侧则呈现暗绿色。

绿色的小树苗，红褐色的坡地，蓝灰色的天空。在天空光亮的照射下，有几个拾柴火的影子在动。一个女人高耸的胸部，白色的帽子，靓丽的裙子，正弯腰捡干树枝，她的色彩与枯叶的红褐色形成鲜明的对比；一个男人的影子在树丛中蠕动着。在这样的自然背景下，正因为有了人物而显得诗意十足。临近傍晚，天空亮亮的，但地上的人影有些灰暗，就像画室里泥土烧制的模子一般。

我用文字向你描述了自然美景，但是否也准确表达了我的素描的效果，我却不得而知。而给我留下深刻印象的是，大自然的赤、橙、黄、绿、青、蓝、紫等各种颜色的和谐搭配。德·格罗的风景画就有这样的效果。

有些景色确实不好画，比如我画一块黑土地，先用了不少白颜料，然后又用了红、黄、棕、黑、深褐色等颜料，结果画出的土地呈红褐色，而地上的苔藓和一片草地在夕阳照射下的那种色彩，在这幅画上很难画出来。但我还是努力画了这一切，也许别人不看好这幅素描，可我认为它至少体现了某种含义。

这张素描体现的是秋日黄昏的景色，所以要一口气画完，不然，黄昏时分的神秘、严肃的事物会稍纵即逝。画中的人物几笔就勾勒好了，画小树苗时就没有那么容易了，因为这时画布上的油彩已经凝固，画上去的小树显现不出来。所以，我就在画布上把未干透的油彩弄成树根和树干的形状，然后，稍作加工即可。

画中显示了小树苗深深地把根扎在山坡上的情景。实际上，我的这个画法，根本就不是油画的正统画法，否则，我还画不出这样的效果来。其实，这个效果正是我想要的。有些事，你不会做，但你亲自试一试，说不定会做得挺好。但有时，我真不知道该如何画看到的美景。就好比这个情况：我拿着一块空白画板坐在美景前，我打算要把这片美景呈现在画板上面。但无论怎么样，我就是无法把我头脑中对这篇景物的影像放到画板上。

我画中的某些东西还是令我满意。这些东西是大自然给我呈现的，而我快速地将这些东西用画笔记录了下来。我用绘画记录的东西，有些可能无法解释，有些可能错误。但是，画中的树木、人物等，本身给我们展示了某些东西。这些东西不是绘画木身，也不是自然本身，而是我们经过深思熟虑的表现手法。

现在，我觉得自己如同置身海中，必须竭尽全力才能生存。我感觉自己天生便热爱色彩，而色彩将与我的生活更加紧密地联系在一起；我画油画的素质从骨子里透露出来。我感觉到了自己的巨大潜力，我的第六感官告诉我，终有一天，我每天都可以画出佳作来。如果有一天我的梦想成了真，那我绝不惊讶。然而目前却不行。

感悟艺术

我再次对你忠实的、慷慨的帮助表示感谢。

我经常盼望着有所收获——到那时，我可以无忧无虑地观察自然，在我的画作中自如地体现自然。实际上，我非常善于分析自然界中难以理解的事物，我也非常喜欢做这些事。

现在这里的天气很糟，但对画家来说却很美——风吹、雨打、雷鸣——多好的自然景观，这也是我喜欢夏天糟糕天气的原因。但如果是在冬季，天气酷寒，室外作画就不好受了。所以，利用冬天来临前的大好绘画时光是一件很重要的事。

秋天快要结束时，我必须整顿一下我的画室——取下来一部分墙上的习作，搬走画室里碍手碍脚的玩意儿，使我能够有足够的空间距离去临摹模特儿。我对人体油画非常感兴趣，但为了画出更好的油画，我就得下功夫学习并掌握这种人们称之为"美术烹调法"的画法。刚开始我必须一遍又一遍地刮掉油彩，一遍又一遍地重新开始。通过不断练习，我确实从中学到了不少知识。

我打算用你下一次寄来的钱买一些质量好点的貂毛画笔。我发现这种画笔不仅非常适合给手或侧面素描上色，也非常适合画那些纤细的树枝。而里昂圆笔再好，但是画出的线条太粗了，达不到像貂毛画笔那样的效果。

我觉得自己对人体习作还需要大量练习。熟能生巧，一个画家画的人体习作种类和数量越多，他在以后作一幅真正的画时就越得心应手。所以，我把练习习作看成播种种子，越是勤快，收获的希望就越大。

我和我的模特儿从早到晚地工作。他穿了一件使得他的体型显得出奇肥大的旧大衣。我给他画了另一张画像，他坐在那里，嘴里叼着烟斗，秃头，两只耳朵很大，络腮胡子全白了。实际上，他的耳朵很背。

我敢说，你肯定会喜欢我现在的画。你很快就和我一样会感觉到，我需要多多练习人物肖像画。所以，我一直竭尽所能地工作，几乎每天都临摹模特儿。我逐渐地感觉到，临摹模特儿时尽量保持模特儿的自然姿势是一件多么重要的事：画家对模特儿的临摹就是在画中对模特儿的重现，画得不一致的地方就是画家的弱点所在。过两天我还要请一位救济院的女模特儿，可是我的钱有些吃紧。我还需要一些瓦特曼纸和画笔。你无法想象一个画家需要的东西太多了！

近日来的自然之景实在美不胜收，我必须把它收入画中。这可真像秋日的天气一般，多雨带来了凉爽而又令人产生感情。于是，我画了几张人物肖像画，画中人物背后是湿漉漉的马路，马路上的雨水倒映着天空，看了之后给人以非常清爽的感觉。

我对你的说法也有同感，有时候我们似乎不能领悟大自然的一些事物，这时候大自然似乎也不再乐意与我们交谈。遇到这样的情况，我也无能为力，我摆脱困境的办法就是改换创作题材。

在我的记忆里，能给我留下深刻印象的风景画，要么是光影效果好的，要么是有着诗情画意的。而人物画通常无法使我产生共鸣以至于给我留下了冷冷的感觉。然而，杜米埃的一幅肖像画却是例外，这幅画是为巴尔扎克的作品所做的插图。画中的老人站在爱丽舍田园大街旁边的一棵栗树下。我所欣赏的就是这幅画的充满男子气概的构思。于是我想：若能如他一般，把无关紧要的物体抛开不去思索和感受，而把全部精力集中在更能打动人的物体上面，并不一定非要画草地和云彩不可，这样反而会取得更好的效果。

无论是英国作家还是英国的画家，他们所塑造的人物魅力十足。究其原因，他们在周末充分地休息，在星期一的早上就非常清醒，这就是他们创作的最佳时机。我感到他们的作品很质朴，很务实，并富有哲理。当我们需要激励时，他们的作品就是最好的力量源。在法国作品里，巴尔扎克和左拉的作品也是这样。

你能弄到杜米埃的临摹画吗？最近我偶尔看见他的一幅画《一个酒徒的五个时期》。我非常欣赏他的这幅画，和那位老人的肖像一样美，如果他还有这么美的作品的话，那么他的画技远超我先前的想象。我们去年谈到杜米埃的时候，你说，若是在他与加瓦尔尼之中比较，你更喜欢杜米埃。目前看来，恐怕我看到的只是他作品中的冰山一角，说不定他还有让我更感兴趣的作品。

我常常想念你。你曾经告诉我，巴黎的一些艺术家和女人住在一起，而我们这个地方的艺术家没有那样宽广的胸怀，想尽一切办法浪费自己的青春年华。我想你的看法完全正确，好多艺术家都和巴黎的艺术家一样。在巴黎，人们对家庭生活已经没有了新鲜感，因为人们的生活非常艰难。

我坚信，只要坚持，一个人总能获得成功的。在通往成功的道路上，难免遇到挫折，让人感到疲于应付，甚至会出现非常糟糕的情况。每当这个时候，我们不可绝望，必须鼓足勇气，重振精神。要成就一番事业，必须从每件小事做起，集腋成裘。成功的事业并非靠运气就能完成，需要坚持，要有意志。要在绘画中有所成就，我们的做法也是一样的。绘画就是一堵铜墙铁壁，它立于一个人想要做的和他所做的事物之间，所以，他必须设法穿过这堵墙。

我们俩身上都有的一个优点就是喜欢剖析事物，寻找深藏于事物深处的东西。我认为，一个画家需要的正是这么一种能力。我们的这种能力是大自然赠予的，因为我们从小在布拉班特生活，那里的生活环境和自然环境造就了我们喜欢分析事物这一能力，再加上我们以后的工作实践经验，使得我们对艺术的感受力得到了发展和加强。

明天我要画一个模特，他是个男孩，我准备让他拿着铲子摆姿势，我可能要花上几个小时。他平常干的是挑灰浆、搬砖瓦的活儿。他长得很有特点：鼻子扁扁的，嘴唇厚厚的，头发很粗，像刺猬一样在头上竖着。他走路的时候，又风度翩翩。

有时候，我画模特儿得快一些，特别让一个孩子站的时间长了他就站不住了。比如，在斯赫维宁根海边沙滩上，我让两个男孩站一会儿，我画他们。结果没多久，他们就受不了啦，我只好作罢。不管是人还是马，只站一会儿无法满足我的要求，至少站上半个小时，这是我最低的要求，不然无法完成一幅习作。

要提高绘画水平，最好的办法就是临摹模特儿。一个人要尽可能地发挥自己的想象力，要仔细观察自然、挑战自然，这样，他的想象力将会不断得到发展。正如狄更斯所说的："作画时，你要劳记并非为画模特而画模特，画家要发挥他的想象力，让模特成为体现画家思想和灵感的载体。"

当我感到孤独，想去探望朋友，而又没有朋友，当然更不会有朋友来看我，特别是在寒冷刺骨的时刻，我就能感到一种强烈的空虚感猛然袭上心头。此时此刻，我就更能理解工作对我的重要性，只有工作才能使我感到我还有生活。也就是说，要是我的心中没有目标和追求，那么我会非常沮丧的。我认为，若一个人对他人没有炙热的情感是无法画好肖像画的，换句话说，一个人应该对所有的人都要友好，都要有爱。而我一直尽力这样做，可其他的画家不认同我的做法，所以，我和他们不能进行正常地交往。特别在这样细雨蒙蒙的日子里，要是我们能够一起坐在火炉边欣赏着彼此的画作并互相激励，那该多好啊！

我最近在集中精力画挖掘泥炭的工人，我希望这会对社会有某种意义。鹿特丹有份月刊报纸叫作《燕子》，我希望我画的挖掘泥炭工人的作品可以在上面发表。但这样的话，我又得花一笔钱去一次鹿特丹了，我又怕他们会给我说"不予发表"的坏消息，让我失望。此外，我也想将此画成系列的画作。哪怕用时长一些也可以，但是，我时常手头拮据，因此，我要想办法挣些钱。怎么办呢？我想在短期内，插画作家会更吃香。

实际上我这五六天内半个子儿也没赚到，我花光了我所有的钱去请模特儿。如果我的箱子中多留几幅画稿，再加工一下，也许我就没那么发愁了。这样我有可能会找到一份工作，要成为一个成功的插画师，就需要有很多的画稿。

今天，我整理了一下在埃顿画的素描作品，因为这里的柳树被砍掉了树枝，光秃秃的，就像去年我在埃顿所看到的风景一样。有时候我也很想画一画美丽的风景，就像我渴望着让我的灵魂放个长假来提神一样。只要身处大自然的怀抱，我就会感觉到心旷神怡。那一排排光秃秃的柳树就像一排排救济院的穷人似的。春天的麦苗就好像一个刚出生的婴儿有着一种无以言表的单纯与脆弱，又似婴儿在沉睡中，你无法拒绝去拥抱、安抚他。而路边的那些被人踏过的野草就像可怜的穷人一样，满脸倦容，满身尘土。前几天，我看见了雨后的一片白色的卷心菜在寒风中不停地哆嗦。这让我联想到那一天清晨我看见的一群在咖啡店附近的衣着单薄的穷人妇女。

每当我心情不好的时候，我就喜欢到海边走一走。看着白色的浪花一卷一卷地打来，我阴郁的心情随着浪花便被卷走，真是无比惬意！但是，如果一个人需要某些崇高的精神时，那他在身边就可以找到。比如，一个婴儿在牙牙学语和咯咯大笑时，我们可以从其纯洁的眼神中看到比大海更深远、更宽广、更加永恒的东西，因为婴儿感觉到了周围的温暖。婴儿的这种感觉便是一种无上的精神。

我以前说过，我最主要的任务就是尽力画好画。我现在不断创作新作，我在第一幅画中是这样描绘农夫的，一位老人，个头很高，身后是黑色的土地，显得他的身影又高又黑，显示出整个人精神十足，脸上的胡子刮得一干二净，鼻子和下巴都尖尖的，眼睛很小，嘴巴有些凹陷。我作的第二幅画也是一个农夫，他穿着普通的斜纹布夹克衫和裤子。因此，在长着光秃秃的柳树的黑色田野的衬托下，画中人物的轮廓显得比较明亮。这位农夫满脸长着胡须，但明显已经修剪过。宽阔的肩膀，结实的身子，他在地里劳作时的样子，就像是一头任劳任怨的牛。第三幅画的是一个割草的农夫，手里拿着一把长柄大镰刀正在割草。还有一幅画的是人们经常在沙丘上会看到的那种平凡的老者，他身着短上衣，头上戴着高高的大礼帽，手提着一篮子泥炭正往家走。

我画中的人物都是动态的，这是我选题的基本观点。你也知道，静态的人物肖像画都非常美。人们画的静态人物肖像画比动态人物肖像画的数量要多得多。因此，画静态人物肖像画对画家来说吸引力更大；而描绘动态人物则要困难得多，但在大多数人眼里，静态人物肖像画更能给人一种美的感受。但是，这种美的感受不应该被美化，因为它不具有真实性，而现实情况是，生活中往往充满艰辛，而休闲安逸的情形毕竟不多。

昨天，我刚好读了法国小说家米尔热的《放浪形骸》这本书，书中洋溢着波希米亚人时代的生活氛围。所以，我对这本书很感兴趣。但是，我又觉得这本书没有什么新意，内容也失真。另外，作家们对画家的描写似乎总是不透彻，这些作家也包括巴尔扎克（他对画家的描写太死板）和左拉；左拉对来克劳德·兰茨耶的描写很真实。但人们更希望在他的书中读到另外一种类型的画家，而非像兰茨耶那样的人，因为兰茨耶属于印象主义流派。但事实上，他们并非艺界的中流砥柱。

我经常想着要投入更多的时间来画真正的风景画，那一定很有意思。我时常目睹各种美丽的奇观，让我情不自禁地说，画中的风景哪有这么漂亮的。但是，如果我真要画风景画，我就必须舍弃其他一些东西。

有很多风景画家的画并没有体现自然的灵魂，这是因为他们从小到大没有体验过整天在田野的经历。很多作风景画的画家，由于他们是艺术家，因此受到人们的崇敬，他们作的风景画不能令你我都感到满意。你有时会说，每个人从小就接触周围的各种风景和人物。但问题是：是不是每个人从小就开始思考？是不是每个人都热爱荒山、土地、草原、树林、雨雪和风暴？我们曾经经历的事并非所有人都经历过，只有生活在一种特别的自然环境中，才能达到我们对自然的认识程度。也只有具备了一种特别的性情，才能使人们在头脑中形成这种认识。

在风景画领域里，艺术家们确实已经开始出现了很大的分歧。我认为大家都有这样的想法：赶快拯救我们的混浊的艺术吧，让我们从艺术中欣赏到真正纯朴的自然吧！偶尔看到卢梭的风景画，是多么让人愉快的一件事啊！由于卢梭的画既真实又可信，作风景画并非死板地模仿自然就行了，而是要真正地认识自然。只有这样，画出来的风景才是新鲜的和真实的，这正是许多风景画要努力做到的一个方面。

在艺术界里忠实于自然是很有必要的，很少有人对这一点有深刻的认识。成功的画作的秘诀就是这些画中要体现真实和真挚的感情，而很多人说，画作要体现时尚——人们已经广泛地使用这个词——而我自己却并不了解这个词的真正含义，我反而了解到这个词被用在一些无意义的事情上面。难道时尚就可以拯救艺术吗？

我非常喜欢米勒的一幅自画像——画中内容很简单，只是一个头像，戴着牧羊人的帽子，双眼半闭着，但很明亮，很显然这是一位画家对艺术热切的眼神，这眼神美极了！那双炯炯有神的眼睛，就像是一只斗志昂扬的公鸡的眼睛。

卡莱尔说过："如果一个人找到了自己喜欢的工作，那他是幸福的。"我认为，画家就是这样一个幸福的群体，因为他们把看到的事物在画作中描绘出来，他们能够融入自然。另外，画家要知道自己应该怎么做，选取哪方面的题材更适合自己。如果一位画家的作品可以给人们带来宁静祥和之感，就像米勒的那幅自画像那样，那么他就能感受到人们对他的钦佩之情——他就不会再感到孤独悲伤。然而，我却孤独忧伤地坐在这里，或许此时此刻，我的作品正在和我的朋友对话。只要是看到我的画的人，都会认为我不是一个冷漠无情的人。

可是我想对你说，我对劣质画作的不满，没有起色的事业，画技上遇到的困难等等，已经足以使我陷入无限忧郁的境地。我告诉你，每当我想到米勒、德·格罗、布雷东、杜佩雷这些伟大的画家时，我都会无比沮丧。每当我一个人作画时，就只想到他们所取得的成就。接踵而来的就是无止境的绝望和忧郁，然后我就得抑制这种情绪，继续努力，我不能停止前进的步伐，因为我还有很多要提高的方面，虽然我不知道是否能卓有成效的提高——这些也从另一方面证明，画家是多么的不幸啊！

战胜自我，努力完善自己，恢复新的自我，所有这一切都因缺乏经济来源而变得困难重重。杜米埃的那幅画实在不一般，这幅画却遇到了很尴尬的事：他在画中明了地传达了他的意图，而别人却理解不了。这样导致的结果是，即使这幅画的价格再低，也许还是没有人买。对多数画家来说，这是一件难以接受的事情。

我想做个诚实的人，事实上，我很诚实，工作也很努力，但是我连自己都无法养活，我只能停止绘画；既然绘画连自己都养不活，哪怕我再热情，这项工作也无法继续下去。我认识到自己的坏毛病就是轻易放弃自己的诺言。我害怕与人交往，我像一个精神病人一样在野外大喊道：别和我交往，否则会给你带来伤害。我不能把自己算作是一个成功的商人。相反，我的事业显而易见最终将一蹶不振，但我始终心怀信念。我有任务要完成，而且这任务必须完成。我必须以平常心来工作，过平常人的生活，和我打交道的有模特儿、房东，实际上，我还得和所有人打交道。

我可不是一个胆小如鼠的人。比如，要让我画博里纳日的情形，那肯定困难重重，也需要冒险精神，因为那样会牺牲我的一切休息时间和娱乐时间。不过话又说回来，我宁愿放弃这一切去画博里纳日。我以前不知道我的收入是否允许我到那儿去画画，现在我明白肯定不行。若我能有人生一知己陪我去，我肯定去冒这个险。可是目前真心关心我的人只有你，因此，这件事只好作罢，日后再说。但我不是因为怕麻烦而放弃的。

这儿又下了一场雪，现在人们从冰雪的融化中感受到春天的来临，不久之后就可以听到百灵鸟的歌声了，我希望春风可以缓解我这么多天画画的疲劳。我要休息一段时间，到室外去让自己放松一下。我本来想用我的习作去画一些水彩画，结果原来的打算泡汤了。

近来我感觉自己的身体很不舒服，或许是感冒了，但说不定是太疲累引起的。我的身体已有很多症状显现出来，这让我很警惕。开始的时候我的眼睛有点疼，但是我没有在意。昨晚我发现眼睫毛上有很多眼屎，我的视力越来越弱。我看上去就像狂欢熬夜了一样，但我并没有熬夜。如果在街上碰到什么熟人，他一定会说我在放纵自己。可能是12月中旬过后我拼命地画头像的缘故，所以，为了保护我的眼睛，今后我要用冷水洗脸。

工作给我带来疲劳，使我很痛苦，生活的滋味就像污水一样。在这个时候，我很想有朋友来陪着我，来帮我获得快乐。

这儿的春天来得很早，好天气使我过得非常快乐。我认为，有两类人对天气和季节的变化非常敏感，那就是穷人和画家。比如，在吉斯特街区和一些救济院，冬天总是很烦闷，让人难以忍受；但春天却让人很放松，所以人们就喜欢初春的日子。

当你看到许多面容憔悴的人走到外面，不要以为他们想要做什么事，这只是因为春天来了，不禁令人产生一种感伤的情绪。但让人大感意外的是，各个阶层的人都来到户外，向市场涌去，明显能够听到有人在那儿大声叫卖报春花等花卉。我偶尔碰到一个瘦弱的公务员，他的黑大衣很旧，领子发着油光，他对春天来临的反应是最强烈的。但对富人来说，春天的变化对他们没有什么明显的影响。当然，对一位挖土工人来说，他冬天遭受的饥寒和冬小麦受的寒冷一样。

傍晚时，在树林边漫步，仰望天空，但见银色镶嵌在黑色云层的边缘，漂亮极了。我画室外的景色也是很漂亮的。在这样的环境中，人们常常感到空气真香，每到这时，人们就会放飞心情。

这儿草地上的颜色不觉让我想起法国风景画家米歇尔。他画中的泥土是棕黄色的，上面有枯萎的野草，一条乡村小道从中间穿过，小道旁边是片片水塘；树干是黑色的，天空是灰白色的，远处的屋顶是红色的。最近，蒙特马特尔也会出现米歇尔画中的那些美妙的景色。此等美景确实令人感叹，米歇尔和韦森布吕赫一样，他们作画的秘诀就是恰当应用透视法，确定线条的比例和方向。

米歇尔的画作看起来好像很简单，但它的产生却要付出科学的代价。一些名家的作品越看起来简单，如杜米埃的作品，其中所包含的科学方法就越多。这些绘画的科学不是一朝一夕就能掌握的，我认为米歇尔是受到很多挫折之后才成功的，甚至常常会感到失望。

我非常喜欢水彩画，可是最近我没有画，但是我想我会继续画水彩画的。之前一段时间，我抱着实验的态度画了几幅水彩画。每画完一幅，我都能感觉到自己明显的进步。因为画室的条件很棒，所以现在我能够应用明暗对照法作画。我将更多地用毛笔画画，包括黑白画，用灰颜料、乌贼黑、印度黑、卡塞尔土来画灰暗的部分，用中国白颜料来画明亮的部分。然而，随着春天的临近，我又有画油画的冲动了，但是我的颜料确实一点都没有了。近来开销很大，我已经没有一分钱去买颜料了。

你去年夏天给我带了一支硬铅笔，还记得吗？和孔泰铅笔相比较，那支铅笔能把物体画活了。从两种铅笔所做的画来看，就好比两把质量不同的小提琴在演奏，一把小提琴的音色优美，而另一把的音色则差很多。

一幅画的效果在一幅习作上是感觉不到的。这没什么稀奇，习作不会引起人的注意，习作中物体的位置也不恰当，物体的背景也被忽略了。我给你说的意思是，你看我的习作画时要记住这一方面。比方说，关于物体的空间，其实我与范德维尔看待自然物体的角度是一样的。对我而言，掌握方位不是什么难事。只要我在习作中对物体的把握有分寸，那么，其他方面，比如，空间、氛围、广度等，我肯定不会忽略这些东西的。但是一个人学画画不能从这些方面开始，要先打好基础，才能画出更好的东西。

非常感谢你对我生日最美好的祝愿。而立之年对于一个立业的人来说只是一个事业稳定的开端。这时一个人会觉得很年轻，充满活力。但是同时，生命中有一些东西已经失去了，再也找不回来了。这就不免让人感到遗憾，也会让人感到伤心。然而，人们应该现实一点，在生活中不能有过高的期望；相反，人们更应该清楚地认识到，生活只是一个播种的过程，收获怎么样，目前还看不到。同样，公众舆论也就成了一个播种的过程，结果怎么样，人们不得而知，所以，人们有时候对它没有任何反应。

我可以向你保证，我的绘画越来越有前途，它让我充满了活力。我的主动性很强，这样，就算在我感到迷茫的情况下，我也能够努力地工作。但是，当我确定了自己的奋斗目标时，我就会信心百倍地去干。你给我的信中说到，你有时候感到日子很难熬。我也经常有同样的感受，不仅仅在金钱方面，而且在艺术乃至生活中。难道你认为有勇气、有精力的人就没有痛苦和绝望的时刻？每个人在生活中都会有这样的时刻。也许有些人不会感觉到自我的存在，其实，真正有自我意识的人才是幸福的。然而，自我意识并不是给他们独特的恩赐。

我的兄弟，你非常慷慨地资助我。所以，有时我深刻地感觉到我欠你一笔巨债。我作的画与期望值总是有一定距离，这也时常使我感到失望。我们在一起交谈时，我们俩都没有说过我的具体计划，但我觉得我们应该凭感觉安排我的事业的发展方向，因为这是我所期待的。

在我看来，我和公元六世纪的克利萨斯国王一样富足。我所说的并不是金钱，而是我在工作中找到的一种东西。这种东西能够使我为之全身心地投入，而且它给我的生活带来了灵感和热情。我的情绪有时会波动，但一般情况下我的情绪是很平静的。我对艺术有着坚定的信念，这种信念是毋庸置疑的，它像河流中一股强大的洪流，能够把一条船送到港口，但是掌舵的人也必须尽力而为。有时我的处境很困难，有时我的生活会很沮丧，但我觉得我找到了一份属于自己的工作，对我来说那就是喜事一件，因此，我觉得自己还是挺幸运的。由于开销很大，我在这儿不能做很多事情，因为请模特、吃饭、住宿、买颜料等都需要花钱。但我知道，还有好多人的处境要比我坏很多。

你的钱是我在早晨才收到的，其实在此之前的一个星期我就已经没钱了；此外，我的颜料也已经用完了。我最近一直在和斯莫尔德斯讨论买纸的事，最后决定把他的纸买了下来，虽然此时买这些纸貌似很不合适，但这些纸和那些提供给雕刻工用的印刷油墨和石印色笔的确是我现在急需的。为了还能工作、不被饿死，还必须花钱买一些家庭日用品和食物。还需要一些钱去支付给模特儿。

目前，有几件事情是我尽快就要完成的。只有你再寄给我 10 个法郎，我才能安然无恙地度过这个星期；要是我没有这些钱，我们可能会损失好多。希望你不要生我的气，这是好几项支出的总费用，这些钱是必需的，而且是绝对必需的。如果你真的没办法把这些钱寄过来，也没什么关系，这些事是绝对不足以把我们毁掉的。这个事情说明，在一些小事上，一分钱也会难倒英雄好汉，也会让人大伤脑筋的。

我热切盼望你来我这儿看看你对我慷慨的资助所产生的成果，还会有更多的成果即将形成。

你来荷兰的时候可以去见见拉帕德。你应该看看我们各自的画室，一定能够给你一种怀旧的感觉，而在别人的画室里你见不到这些东西。我们俩都喜欢彼此的作品，我想你肯定也会喜欢他的作品的。

早晨4点我就出门画画了。我已经开始画捡破烂者，这幅画上需要马。我今天在火车站附近的马厩里画了两幅，练习了一下画马的技法。马厩旁边有一个垃圾翻斗车，很特别，很复杂，要画好得花费我不少精力。今天早上我画的几幅速写中，画得最满意的是前景为妇女和她后面的白马、背景为露珠晶莹的嫩绿草地和天空的那幅画。这幅画恰当地应用了明暗对照法，女人和白马是画面明亮的部分，清洁工人和粪堆是画面灰暗的部分。前景中还有女人捡的各种破烂：破旧的篮子、一盏锈迹斑斑的街灯和被打碎的罐子。

画这幅画时，我的钱已经所剩无几了，但我还是请了一个模特完成了这幅画。我打算用手里所剩的钱买一顶斯赫维宁根女帽和一件打补丁的披肩，有了这两件东西，我画垃圾池的妇女形象就准备好了，我对这幅画充满期待。

虽然有时候我们会遇到困难，既无法避免也不知道如何摆脱它。但是，我们不能泄气，不能颓废，必须鼓足勇气，积极进取。

早上我去了救济院，看望一个矮小的老妇人并和她商量为我做模特。那个老妇人一直抚养着她女儿的两个私生子，人们都说她女儿是别人的"小三"。老祖母对外孙的爱让我感动。这让我感到，当一个老太太用自己的布满皱纹的双手来照料这些孩子们时，作为男人，我们是不应该袖手旁观的。孩子的生母给我的印象是，衣着邋遢，头发蓬乱，看起来好久未收拾。这使我想起西恩现在的情形和一年之前的差别，想起我这儿的孩子和救济院的孩子的差别。如果一个人的良知还未泯灭的话，他自然就会明白，照料那些生活极度困窘的人是一件功德无量的事。

去年冬天，我去了一家老人救济院，这家救济院虽小却独特。我到救济院的时候，已是临近傍晚，老人们坐在凳子上围着旧炉子烤火聊天。

在我看来，这家小救济院真是美不胜收，我无法来用语言来形容。除了伊斯拉埃尔斯对一些救济院有很典型的描绘之外，我惊奇地发现，能够注意到救济院的人太少了。在海牙我每天能够看到一些救济院，不少人也从它们前面经过，可绝大多数画家却没有把这种事物在画中描绘出来。有一次我和一些画家一起散步，有人看见救济院的老人，就一遍又一遍地说：“看，这些人怎么这么肮脏啊！”或者是“天哪，这些人邋遢死了！”想不到这样的话竟然会出自画家之口。有些人的做法常常使我不能理解：有一次我和亨克斯散步，他的眼力真好！一看到救济院这么严肃、这么美丽的地方，就故意避谈有关救济院的话题或一句不说。

我买到了斯赫维宁根披肩，看起来不错，我直接就拿起画笔画它。画垃圾翻斗车的草图很快，室内像羊圈一样，光线也很暗，和旷野相比就很鲜明；我又在画面上画了些倒垃圾的妇女。但是独轮车、清洁工、捡破烂等的动作，必须要和画面整体的明暗效果相协调，而且，色彩对比也要加强。

我把这幅画看得很重要，一直认真地画，光第一稿就改了很多地方。有些地方开始太白，后来又改得太黑，所以我只能在另一张纸上重画了，因为第一稿已经改得不成样子了。我现在很早起来开始画画，清醒的头脑很容易画出我想要的效果。真想把我心中的设想画出来。要是毛沃能够给这幅画提提建议那该多好，但我恐怕办不到。所以，只有凭自己的感觉了。

救济院在大扫除，不让我在那里画，而且说以前没有这么做过；收容室都在铺新地板。这一切非常令我失望。不让我画救济院，那没什么，我可以到其他救济院去画。但问题是，我在这家救济院认识一个常给我当模特的人。

我在两张大白纸上作画。在一张纸上画了垃圾翻斗车；第二张纸上的画要表现火车站那儿煤堆的情景。在那些煤堆边买煤的人很多，都推着独轮车一袋袋地装煤。特别一到冬天，煤堆边更是热闹非凡。那景象实在迷人，于是我就开始酝酿一幅画，终于在一天晚上我画了一幅草稿。我请了一个模特，为了研究人在不同位置的比例，我让他站在煤堆上不同的位置。

在画这些画的时候，我又开始酝酿一幅更大的画，就是创作一幅描绘挖土豆的情景。我已经下定决心，要完成这幅巨作。你肯定会喜欢这幅画的。过几天我就动笔，到时候你就能够欣赏到大型习作里的人物。现在我要做的就是先挑选一块理想的土豆地，然后把它作为画的背景画出来。秋天的时候他们在地里挖土豆，我就把这幅画补充完整了，然后再加以润色即可。画中的人物将是真正的劳动者，并非穿着劳动服的其他人。

挖土豆的情景我在很多地方见过：去年在这里见过，前年在布拉班特见过，大前年在博里纳日也见过矿工们挖土豆，那情景真的很美。所以我对挖土豆的情景非常熟悉。挖土豆者并排往前挖，放在画面上就是一行黑色的人形，但劳动者的动作就要各不相同。比如，一位斯赫维宁根的老人，身穿黑白相衬的补丁衣服，头戴暗黑色的大礼帽；一位勤劳的年轻人挨着这位老人；一个女人，身材矮小但很壮实，也穿着一身黑衣服；还有一个高个男人，身穿白裤子、浅蓝上衣，头戴一顶草帽，用手拽着干枯的土豆秧。

这几天，我工作热情很高，也并不觉得累，因为我对作画很感兴趣。我的画画长久以来都没达到想要的效果，现在我笔下有了一些变化，因为功到自然成。现在我感觉绘画技巧不再束缚我，我能够自如作画了。

无论怎么说，我觉得多下功夫是好事。我想起了毛沃的一句话："我不知道牛身上哪些地方有关节？"虽然他作品多，经验丰富，但他还是说了这么谦虚的话。

我告诉过拉帕德，我要创作一幅表现挖土豆者的情景。拉帕德鼓励了我，我画了好几个晚上，画中要画的所有东西都浮现在我的眼前，所以，我想一口气完成这幅画。这是我所有的画中感情最强烈的一幅画。我借鉴了英国艺术家的绘画技巧，我并非有意模仿他们，而是我认为各国的绘画在本质上是一致的。

年轻人，如果你努力去追求一件东西，真心地探索自然，相信自己而不管别人怎么说，你就会感到平静和坚定，就会冷静面对未来。虽然你有时候会犯错，也有时可能会有些自大，但是只要你创作的作品是独特的，那就成功了。你给拉帕德的信中说道："我以前的创作风格一会儿是这种，一会又是另一种，没有鲜明的个性；但是最近的作品有我自己的特色，我感到自己离成功更近了。"我现在就有这样的感觉。

我已经画完了四幅挖土豆的大型画作。一幅画中，一个刚开始挖土豆的男人，他把叉子插进土地；一个女人也刚开始挖；另一个男人把土豆装进篮子。在这个地方，人们挖土豆的工具是一种短柄的叉子，所以必须要跪在地上挖。我认为，通过仔细观察，把在黄昏时分跪着挖土豆的情景可以画成很有表现力的作品——一种献身精神的作品。

不过，我认为这几幅大型的画肯定卖不出去。但是，我记得伊斯拉埃尔斯看到范德威尔的一幅大型绘画时，对范德威尔说："如果这幅画没人买，你不要过于失望，因为它能够使你结交一些新朋友，说不定你其他的作品就卖掉了。"

我希望你通过书信详细地给我说说《杰作一百幅》。要是能看到这些画那可真是振奋人心的事。这不由得令人想起，在当年，有一些人的性格、观点和才能受到人们的广泛质疑，人们谣传着有关他们非常离谱的故事：警察怎么对待一只迷路的狗或者一个流浪汉，当时的人们就怎么对待米勒、柯罗、杜比尼等人。时代变了之后，就出现了《杰作一百幅》。其实，他们的作品中称得上杰作的不止一百幅。而现在，那时的警察留下了什么呢？一些好奇的人们只找到他们散发的一些逮捕证，除此而外，什么都没有。

是啊，我想艺术界伟人的一生是一个悲剧。他们不但生前被警察迫害，而且常在作品刚被人们赞赏的时候死去；而在世的时候，他们却遇到了重重艰难困苦，无时无刻不忍受生活的压力。所以，我听到人们说到艺界某个伟人的辉煌成就时，就会敬重那些没有人敢与之交往的艺术家，从他们默默无闻的性格特点之中，我觉得他们才是最伟大、最值得同情的人。

我把自己画的挖土豆者的画进行了一番加工之后，我就开始画另一幅挖土豆者的画。这幅画上的人物比较单调，只有一位老人。我还画了一个在田野播种的人及一幅烧着的野草和一个背着一袋土豆的男人的画。特斯蒂格原来叫我画水彩画，我也觉得他说的对，所以试图改变自己。可如今我如果画水彩，那些扛土豆袋子的人、播种的人、挖土豆的老人这些形象就没有了个性。

这些形象用水彩画的结果就使得画很一般——我不想要这种效果。不管怎么样，我的画中都要有一种特点，要和勒赫米特所追求的特点相同，不过，我肯定赶不上勒赫米特。我知道，勒赫米特对人物肖像的了解非常全面。比如，他从工人的内心去把握工人的健壮、严肃的形象。当人们想表达人物粗野的个性时，水彩就不能胜任了。

如果只要求色调和色彩，那水彩画就是首选。我们知道，由于每个人对色调和色彩的认识不同，创作目的各异，对同一个人物就可以创作出多种作品来。但我的疑问是：如果我看重人物的性格和动作，我就按照我的想法，不用水彩而是用黑白素描画，这样，人们会认同我吗？

有些画家以画水彩画儿出名，比如雷加梅、平威尔、沃尔克、赫克默、比利时的穆尼耶等，我时常想起他们的画。但就算我和他们一样画水彩，特斯蒂格也不认可我的。他总是说："这个卖不出去，卖掉才是最重要的。"他的意思就是："你很平庸，你很傲慢。因为你只相信自己，你的画很一般：你的'追求'使得你的画没人买。"无疑特斯蒂格是永远对我说"不"的人。不仅是我，所有坚持自己风格的人，都成了永远让他失望的人。

我认为德·博克应该换一换绘画题材。比如，这星期我画了几幅题材不同的风景画：昨天的一幅是一块沙丘土豆地；前天画的是一块长着栗树的地；还有一幅画的是煤堆。我很少画风景画，但我画的时候，我就要选择不同的题材。而德·博克以风景画见长，他却一直画长着小树和野草的沙丘。

我和德·博克说到了他在斯赫维宁根的画室房租，德·博克一年的房租是400法郎，而我这儿只有170法郎！所以，我应该庆幸画室租金不贵。这儿房租便宜，可能是由于这儿远离海边的原因吧。

德·博克的来访使我很高兴。他看了我去年的一些油画，他喜欢这些画，但我自己却不满意。我希望今年可以画一些更好的。我希望能够和德·博克相处得更愉快一些，这对我们都有好处，我们可以取长补短。我和他说到画画时，我说如果我到斯赫维宁根去画画时，我把我的画具放在他那儿。

我打算到斯赫维宁根去画一段时间。一大早就动身，在那里画上一天；我如果要回家，就到中午天热不作画时往回返。我想改变一下工作环境，或许这样可以让我得到休整并获得新的思想。

我把画具收拾齐了，又买了一点必需品，带上车票钱。准备了这些必要的东西之后，我就一贫如洗了。我自己先到斯赫维宁根到处走一圈，然后我会把我的女人带过去当模特，让她站在我选择的地点，好让我看看地方和人物的效果如何。我顺便找了一个农民做我的模特，我告诉他说我要画油画。我们一大早就出发，还有可能到远处的沙丘去作画。

批判艺界不正之风

你认为我的那幅长板凳小画用了很多的旧式技法，我确实是有意那么做的。虽然我很喜欢那些靓丽的风景画，也喜欢那些色调柔和的画作，但是，我仍然坚信，一些旧式技法还是有它存在的意义，也希望坚持旧式画法的被人们称为墨守成规的画家们能够使他们的画作永葆青春。

老实说，我觉得新旧的绘画技法各有所长。用这两种方法画出的作品中都有很多成功的例子，所以我很难说自己更喜欢哪一种。现代生活带给艺术的绝非只是好处，也就是说，并非新的就意味着好。根据我的看法，现代的一些艺术家及其作品逐渐偏离了他们的初衷和发展目标。于是，人们如梦方醒，发现很多在起初看起来像是不错的东西到后来被证明还不如以前的好。在这种时候，现实就要求有识之士站出来刹刹这种歪风。

我读完维克多·雨果的《九三年》这部著作之后，被书中所描写的那种高尚的情感深深地打动了，这部作品简直就是德甘或朱丽叶·杜佩雷的画作，而在现代的新作品中我没有体会到这样的感受。

你说过，梅斯德格在你那儿看到一幅海尔达尔的画，这幅画是以17世纪盛行的理想化的风格创作的。梅斯德格不愿意买它，他就说："那玩意儿太过时了，我们现在不需要它了。"说出这样话可比创作一幅旧式风格的画要简单得多。现在有很多人赞同梅斯德格的观点，说明现在大家都不曾深入思考过这个问题：我们生活在这个世上，我们应该创造事物还是应该毁灭事物？"我们再也不需要它了"——这样的话说起来简单，但令人感到愚蠢至极、可怕至极！无独有偶，安徒生在他的童话里借一头老母猪之口说出了同样的话。

自命不凡者终将搬起石头砸自己的脚。我认为，那些用尽心思谋求新的事物而摒弃优秀传统的人到最后肯定懊悔当初不该如此，在艺术领域尤其如此。相反，有一些艺术家一直保持清醒的头脑，比如，柯罗、米勒、杜比尼、雅克、布雷东、伊斯拉埃尔斯、毛沃、马里斯弟兄等人年轻之时，他们求同存异，并非摸着石头过河，而是形成了自己的见解，知道自己的前行目标。

他们拧成一股绳，形成了某种支持他们的力量。虽然当时的美术陈列馆比现在的小，可画室的藏品要比现在丰富得多。陈列馆的所有画室和小小的橱窗被塞得满满的。所有这一切体现了艺术家们那纯洁的信仰、忠诚、热情和激情，同时，他们身上的这些品德都会令人肃然起敬。虽然你我无法亲自经历这一时期，但我们对它的爱缩短了我们与之的距离。让我们铭记它吧！

要是我能常常和你见面，我就能和你交流我的绘画，这样我可能会画出更多更好的作品，因为我现有的习作稍作加工即可成为好作品。我手头正在画的水彩画大概有 12 幅，但如果你能够提一些意见的话，我可以画出更多、更好、更有价值的作品。我这些天很高兴，我希望你看了我的画后也能够高兴。

前两天，我收到拉帕德的来信。当他听说这里画家大部分都不画模特儿的时候，他感到十分惊讶。他还说，阿蒂美术展览会拒绝展览他的画。难道我们俩的画都一文不值吗？

兄弟，我盼望着你下一次来我这儿，到时候我能让你吃惊：我在箱子里面已经攒了 100 多幅素描，不包括水彩画和着了色的习作。这些素描都是你上次到这儿来之后我画的模特儿的习作。我想问，有几位画家比我画得多？特别是那些看不起我的，认为我比他们水平差很多以至于不屑于看我的画的人。

这些天我对赫克默就现代木刻所说的一番话很感兴趣。他说，画商们需要的作品必须是要能卖得出去的，真正按照绘画技法所画的作品反而被人冷落。人们所需要的却是一小部分最难看的"小玩意儿"。画商们说，人们所需要的画作要能够反映当前公众所关心的事情，他们认为画作反映得恰当，并且有娱乐性，这样的作品才有销路。他们才不在乎作品质量的好与坏。赫克默还说，他对书画装帧工作多由木刻家担任而非画家自己而感到遗憾。他建议画家有权要求木刻家恢复其画作的原貌。

非常遗憾的是，我没有创作适合公众口味的画作的激情。我认为，画家必须精诚团结，通过各种渠道，让公众接受真正的艺术作品。每个画家最崇高的职责就是为公众作画。画家们应当恢复《图画周刊》创刊早期的画风。

一说到《图画周刊》，让我想起许多往事，特别是在伦敦的一个印刷车间发生的感人的事。我看见英国插图画家密莱司拿着油墨未干的第一期《图画周刊》急忙去见查尔斯·狄更斯。那时狄更斯已步入晚年。密莱司给狄更斯看卢克·法尔兹的画《无家可归的和饥饿的人》，并告诉狄更斯说"让法尔兹来给你的《艾德温·德鲁德之谜》配插图吧"。狄更斯爽快地答应了。

由于给狄更斯这部作品配插图，法尔兹和狄更斯自然就相识了。在狄更斯去世的那天，法尔兹走进狄更斯的屋子，看见只有一把空空的椅子摆在那里。于是，法尔兹有感而发，创作了一幅《空椅子》，这幅令人伤感的画后来刊登在《图画周刊》上面。

啊，令人伤感的空椅子，现在已经有了那么多的空椅子，将来还会有更多的空椅子。迟早赫克默、卢克·法尔兹、弗兰克、霍克、威廉·斯莫尔等人的椅子也会空出来。可是，出版商和画商则向我们夸下海口说，我们会越来越有名。但是，对他们来说，他们更看重的是物质的东西，而精神的东西对他们来说无关紧要。可实际上，他们完全错了，他们的做法正好说明他们是多么的冷酷无情。就目前而言，《图画周刊》缺乏精神的东西，艺术领域的方方面面也失去了精神的支撑。所以如今精神贫瘠了，物质丰富了。那么，我们所盼望的精神的丰富是否能实现呢？

我发现，如今的画家忽视了精神的丰富。有人问荷兰印刷商："什么是木刻？"他们不假思索地回答道："木刻是荷兰的一种咖啡。"他们竟然说木刻是一种饮料，难道木刻家就成酒鬼了？令人惊讶的是，人们说加瓦尔尼或赫克默等人竟然是插图画大师。而实际上，这些人对精神的丰富却一无所知。不过话又说回来，他们的认识水平也就是这个程度。真不知道这对他们的发展会有多大的好处！

我热爱和尊敬那些加瓦尔尼时代以及现代画派的伟大画家，我越沉迷于他们的作品，对他们就更加敬重，我也曾尝试着把在大街上亲眼看见的事物画下来。我最欣赏的是《图画周刊》的创始人，其中包括赫可默、法尔兹、霍尔等，我觉得把他们与加瓦尔尼和杜米埃相比较，我更欣赏前者。加瓦尔尼和杜米埃的作品似乎对社会怀有敌意，而《图画周刊》的画家们，包括米勒、布雷东、德·格罗、伊斯拉埃尔斯等人，虽然与加瓦尔尼和杜米埃一样同为写实主义画家，但是他们对于社会的情感更加真实，对待艺术也更加严谨。

我认为这种严谨又赤诚的感情千万不能丧失，一位画家他不一定是一个牧师或教会人员，但是画家对普通民众肯定怀有仁慈的心。在我看来，画家就应该在其作品中体现其独特的思想。我想，正是因为《图画周刊》努力地呼唤着让人们心中产生怜悯之情，穷人才得以挨过寒冷的冬季，这是一种高尚的情操。

人们对艺术的把握已经到了登峰造极的程度，我们以后还会看到更多好的作品，但是他们已经很难再进行新的超越了。请好好想想，不少艺术大师已经离世或将要离去——比如米勒、布里翁、杜比尼、柯罗；以及早期的利斯、加瓦尔尼、德·格罗；还有更早期的安格尔、德兹克洛瓦、热里科。随着艺术大师们的离世，现代艺术也就显得古老了。在我看来，我所担心的是艺术这一领域过几年后会出现衰退现象。从米勒之后，我们就已经在走下坡路了。我认为，现代艺术的前进之路到米勒和布雷东就走到了尽头。从过去到现在，再到将来，也许会出现与他们一样有天赋的画家，但是却无法超越他们。在艺术的顶峰上，天才们都是旗鼓相当，但是如果谁要想登上更高处，那就是难上加难的事了。

你能否想象到这里的清晨给我留下了什么印象吗？这里的景色真是美不胜收——就像布里翁的画作《暴雨之后》中的卢森堡一样。乌云密布的天空，广阔的大地，中间地平线上流露出了一丝神圣的红光。

这让我联想到了那些风景画家。我喜欢现在的风景画，但对老派的风景画我怀着崇敬的心情去欣赏。但是，我曾经有一段错误认识的时间，每次在欣赏谢尔福特的画时，我就想，这样的东西有何价值？现代的风景画永远无法给人留下能够震撼人心的东西，当人们看多了新风景画以后，再看一些朴素的老派风景画后，心中会特别的高兴。现在我怀疑自己是否已经变成一个老派的人了，有时不喜欢现代的画了，但这也是无意间的想法；恰恰相反，我的真实意愿却还是喜欢现代画作。不过我无意间的想法时常会出现在我的脑海中，原因是在现在的画作中，我总感觉到缺少一些东西，而这些东西在今天确实无法弥补。

在现在的一些画刊的素描中，我觉得有一些庸俗的东西，这对以雅克为代表的素描画作中的那些乡土气息构成威胁。这种后果主要是由艺术家们的生活环境和性格所造成的。画家给我的印象是，当和他们交流的时候，经常给人的感觉是一种无聊至极的交谈。毛沃在画作中可以用线条形象地表现事物，他这方面的能力确实很强，但如果你和他进行交流，你会有一种虚无缥缈的感觉，过去你是肯定不会有这种感觉的。

我承认在海牙的艺术界里有伟人的存在，但总体来看，现实的状况却十分糟糕。艺界中充满了阴谋、争执和妒忌！在这里，梅斯德格等人算是成功的画家，但他们原本崇高的思想却被物质腐化了。现在的艺术充满了我所厌恶的慌乱和争吵，好像大部分作品都已经失去了灵魂。

我已经清楚地意识到，无论是什么杂志都只是附和大众而已。我认为这些杂志本来可以办得更好一些，可结果在上面刊登了一些平庸的画作，虽然也能见到好作品，可也只是偶尔罢了。更多的作品是通过简单的套路而创作的，他们这样做的目的就是利用杂志来为自己赚钱而已——这也是他们最重要的目的。我认为这种做法是愚蠢至极的，他们肯定是在自掘坟墓，促使自己破产。同时，大量的员工为他们干活，而这些员工要既困难又平庸才会被雇佣。正如左拉说的那样，他们的做法是平庸者的胜利。势利者和平庸者充当思想家和艺术家，竟然没有人意识到这种现象。

大众对此现象肯定不满，但金钱的力量则更加强大。《图画周刊》在期刊预告中说，杂志将刊登"伊人像"（美女的头像）。我敢保证，他们会用这个来取代赫克默、斯莫尔、里德利等名家的人物肖像画。我尊重各种题材的作品，我并非贬低奥巴克和梅斯德格的作品，但我认为从某些方面来说，他们的作品缺乏活力。我更喜爱简单、纯净、严肃的画作，我也喜欢那些有灵魂、有感情的画作。

现在是不是该呼吁大家纠正此类现象？还是让那些睡着的人继续沉睡下去？既然有那么多的人在沉睡，他们不希望被人叫醒，那我就独自做一些力所能及的事情，这样就可以让那些沉睡的人不受打扰。

你不用担心，对于这种现象，我肯定不会反对的，无论是言语还是行动。但是，这令我坐立不安，我不知道自己该怎么做才对。有件事令我感到很沮丧：以前，每当我想干一件事时，我会想，要是我能够成功的话，我就可以找到一份这方面的工作，这样我的人生之路也就有了光明的前途，一切就会称心如意。可现在我的想法却变了，我对工作的期待变成了担心，担心自己获得的不是工作，而是禁锢。同时，我又期待发生这样的事：他们认为我的作品很好，但又说我的作品与他们刊物的风格不相符合，他们所需要的是反映现实的作品（比如，周四发生的事他们在周六就在《图画》刊登了）。如果他们所说的现实指的是在国王生日那天悬挂的装饰品的话，我只能鄙视他们了；但若编辑们乐于接受真正的反映老百姓日常生活的现实，那我会十分乐意竭尽我所能地去创作。

要是当年我去了英国，我一定能得到一份工作，这能够促进我的发展。找到一份安定的工作是我以前的理想，可这仍然是我现在的理想，就是这个理想给了我前进的动力，使我一次次战胜巨大的困难。但每当我思索如今的做事方式时，我又感觉有些失落。很多我可以胜任的工作或许和我理想中的工作差距很大。这种情况是我不期望发生的，就某份工作而言，刚开始他们可能会录用我，但他们未必会一直对我的工作感到满意。最后，要么他们辞退我，要么我主动请辞，就和当年在古匹尔画店中的情形一样。

在我的心中有一股力量，由于我的糟糕的经济情况，这种力量未能完全释放出来，这常常令我痛苦不堪。我只想好好作画，但不知他们为什么要让我到杂志社作自我介绍。你也明白，兄弟，我创作的作品是《图画周刊》的创刊者所要求的那种作品；我想在街上找一个人，不管是男人、女人还是小孩，请他们当我的模特，但他们肯定会这样问我："你会借灯光来做彩色石印画吗？"

这种情况对我而言要么使我的工作更艰难，如果我坚持我的创作风格；要么使我的工作更容易，如果我按照他们的要求来创作。和我忧愁的性格截然不同的是，我还享受着画画给我带来的愉悦感。我越深入研究，就越觉得画画是一种很有意思的工作。我想要做的许多事我无法完成，因为我没有钱，所以就把这些事搁置了下来，但并非我不喜欢这些事，或对现状不满。

几年前，我和拉帕德先生在布鲁塞尔城外的一个山谷去散步。在当地的一个沙石场，工人们忙着采石；妇女们在地里挖野菜；一个农民正在劳作。我看到这个景象后，当时的感觉就是绝望，因为我不能成功地用图画完美地把这个场景描绘出来。但是现在我战胜了绝望，因为我已经可以成功地将这个场景画下来。

艺术家布雷特纳已经被鹿特丹的一所中学录用了。我见过他的一幅未完成的画，那幅画可能永远是那个样子了。从事教师的工作对画家来说是最要命的事；或许就是由于艺术家生活中有忧愁、有黑暗和有阴影的方面，这些事物才是艺术家们生活中最宝贵的东西。不过，这话也有一定的风险，大部分人会持相反的观点，因为毕竟不少艺术家因忧愁而亡。

去年夏天我生病了，现在已经康复了。但近来我又被牙痛所折磨，右边的牙痛使我的右眼和右耳也感到不舒服。牙痛令我心烦，对一切事物都是麻木的感觉。可神奇的是，当我欣赏杜米埃的美妙绝伦的作品时，我竟然几乎没感觉到牙痛。

今天我去了范德威尔家，他说他十分欣赏我画的一幅版画，画的是一位双手托着头的矮老人。我想证明人的心中确实"存在"什么东西，尽管我的描绘没有现实那样明确。所以它和现实还有一定的距离，最多只是现实模糊的镜像而已。这种"存在"，既是上帝，也是永恒，米勒也十分赞同这种观点。就在这位矮老人静静地坐在炉灶边的角落里时，甚至他自己都没有意识到，在他那种能够触动人心的表情中，存在某种高尚而又伟大的东西，而这种东西是寻常人所不具备的。

在《汤姆叔叔的小屋》这部小说中，最让我感到触动的情节就是那个可怜的奴隶知道他必死无疑时，想起的那首诗：放任苦难似洪水奔流而下，痛楚暴风雨般撕裂，但求安然无恙返回自己家，上帝天堂万有世界。

这并非神学，而是一件平凡事，即使再穷困的樵夫、荒地里干活的农民、煤矿矿工，他们都有感情冲动的时刻，也有产生灵感的时候，在这一时刻他们的感觉便是一种永恒。伊斯拉埃尔斯把这种感觉画得很传神。

我最近又完成两幅新的作品，一幅画的是一个读《圣经》的人，另一幅画的是一个吃饭前祈祷的人，桌子上摆着饭。这两幅画所表达的感情在你看来都是过时的。我认为这两幅画是一个整体的两个部分，但相对而言，我对《饭前祷告》比较满意。在其中一幅画上，向窗外望去可看见满是积雪的田野。我作这两幅画的意图是要表现圣诞节和已经结束的一年的情形。在很多地方，比如，荷兰、英国、法国，每年这个时候，到处都洋溢着宗教色彩。人们对有宗教感情色彩的庆祝方式的看法并不相同，但如果人们认为那种感情是真挚的，他们就应该尊重它。就我而言，我完全可以理解，况且我也信奉上帝，但是我认为有必要改变一下庆祝方式——树木在春天必须长出新叶，同样，这种庆祝方式在现今就必须得改变一下。如果有人在欣赏我的画时发现了某种感情或情绪，那就说明我们有相似的经历，能够感同身受。

在这新的一年，我的画能够顺畅地卖出去吗？一些报刊愿意把我的作品作为插图吗？这两个目标我能实现吗？我日后的困难我能克服掉吗？如果一条路行不通，另一条路可能会出现在我的面前——车到山前必有路，还会有宽阔的大道，不过我还不知道路在何方。我认为在社会上努力拼搏肯定是一件劳有所获的事情，总会有好结果的。

我现在试着做一些黑白图画。我先用木工铅笔作素描，接着用石印色笔在素描上重画。我用这种画法画了一位坐着读书的老人，光线照在他光秃秃的脑袋上、手上和书本上。有一种专门的画具，借助它我们可以画出自己喜欢的同一人物的多种姿势。而在水彩画或油画中，我们只能画出一种姿势。

黑白图画就是用黑色颜料来创作绘画。我这里所说的"绘画"指的是，艺术家通过色调明暗来体现人物、景观等。而每一位黑白画画家都有自己独特的色调配合手法。如果画家要表现从强光到黑暗的阴影，只需把几种简单的颜料巧妙地配合就能表现出来。有些艺术家在作画时容易表露感情，这就好像是在小提琴的配合下，艺术家们很自然地完成了画作。加瓦尔尼和瑞士画家博德默的作品铿锵有力，给人的感觉是在钢琴的伴奏下完成的。而米勒的作品也许是庄重的管风琴伴奏下的产物。

英国的好多东西我都不是很喜欢，但那儿的黑白图画和狄更斯却除外。并不是我要否认现今的一切事物，但在我看来，有些传统的美好的精神应当保留却没有保留下来——在生活中，特别是在艺术上。我不知道其中原因，但这绝不是由于黑白图画的出现而改变了人们的艺术观，导致现今的艺术远离了健康与高尚。这是由于在当今社会，虽然人们所从事的活动有些是高尚的，但大部分活动体现了人与人之间的怀疑、冷漠和虚伪。

偶尔我会想起一年前我在海牙时的情形。当时我想，在画家这个艺术圈中，艺术家们应当是充满热情的、真诚的、和谐的。这应该是很自然的事，我完全想不出还有什么别的氛围。直至今日，我还坚持当时的想法，不过，我肯定得修正当时的想法，因为我明白，现实与想法之间是有差别的。

现在出现了许多不和谐的现象，我认为这是不正常的，原因是一些艺术家老想着在社会上出人头地，然后就成了沃尔荷特和威廉斯帕克之流的人物。艺术家们应当对那些被烟熏黑了的、昏暗的旧画室有一种温暖和奇特的感情，而抛弃这些去追求所谓的时尚的艺术家们就不正常了。

人们总是能够习惯自己生活的环境，但是，就你我而言，也许我们更适应旧时代。但50年以后，没有人想要回到我们现在这个年代。或者说，50年后社会变得腐败，人们会因为变得麻木而全然不会回想我们这个时代，但如果50年后社会向好的方向发展，那当然更好。我认为这样一个腐败时代的到来是有可能的。因为荷兰曾经发生过这样的事，这是由人们未能坚持原则，倡导平庸，放弃创造而导致的后果。如果人们没有了创造精神，社会就进入腐朽的时代。

有时我都不敢相信，仅仅50年的时间，就可以彻底改变这个社会，甚至一切都被颠覆。但只要我们回顾一下历史，我们就可以发现社会的变化是很快的，持续不断的。我由此得出结论，每一个人在社会的变化中都起了一定的作用，哪怕只是一点点作用。每一个人的所思、所想、所为，都会使社会发生变化。这种变化在短时期内就能发生，因此我们应该严肃认真地对待。如果所有人都是严肃地坚持创造，那么整个社会就会变好——至少会有生机的。

实际上，当所有人都热爱同一件事并都为之奋斗时，人们联合起来的力量要比独自一个人的力量更大。所以，我希望拉帕德能早日康复。

这样，哪怕我俩不在一起工作，但是我们在许多事情上都有共同的看法。

我感到特别高兴的是，你认为我画的老人的头像很独特，因为模特儿本身就很独特。这星期我工作的重心仍然是创作头像画，特别是妇女头像。我想要创作一组头像组画，它将成为真正的"普通人的头像"。我更喜欢习作，因为习作是未完成的作品，所以还有很多需要思考和需要提高的地方。而已完成的作品有完整的构图，不需要思考去加以完善。我发现，习作就像大自然一样，因为在真正的习作里，有许多有生命力的东西。习作的作者在脑海里只有自然，没有其他。所以我更喜欢习作，而不那么喜欢成品，也就是说，在习作基础上创作出来的画作。除非创作出来的作品是许多习作的最后结晶，是由许多单个个人的习作凝结而成。这样的作品肯定是艺术中上乘之作。在这样的作品中，有时艺术会高于自然。比如，在米勒的《播种者》中，画面里的形象要比现实中的普通播种者更为典型。

爱情酸甜苦辣

那个女人和孩子们此刻正坐在我旁边。他们现在的情形和去年的情况有很大差别。那女人身体比去年好多了，她以前那种焦虑不安的神情不复存在；最小的那个孩子非常可爱，很健康，也很快乐；那个可怜的小女孩——你从我的画中可以看到，她曾经所受的苦难在她的身上还留有阴影，我很为她的未来担忧，但和去年相比已经好多了。去年她的境况很糟糕，而现在她已经变得越来越活泼。

对于像她这样的一个女人来说，不管她的内心有多美好，有多纯洁，如果她没有物质上的支持，得不到家人的保护，那么，在现今这样的世道，她还是随时会成为娼妓。作为男人，我们就会很自然地去保护这样的女人，因为男人的生活与女人息息相关——当然，女人亦是如此——在我看来，我们千万不可无视她们。

对于有些事情，当我们理性地去思考时，它们很模糊，也很难理解；

但当我们感性地去看时，它们却是美好的、真实的。虽然这个社会把感性看作是鲁莽或冒失或其他说法，但是，如果这些事情使得我们心中的良知和爱情的力量不可阻挡，我们必须感性行事，不然，我们还能怎么办呢？社会常常倡导的是理性，而反对的是感性。虽然我们不能完全否认这种观点，但是我们由此可以认定：有些人的感觉系统已经坏死了，尤其是控制良心的神经。我觉得这些人挺可悲，在我看来，这些人的一生都彷徨无措。

如果一个人在人生的道路上毫无方向，那他就一直会生活在无端的挣扎之中，特别是当他需要感性行事的时候，他就真的会陷入彷徨。但是他的这种挣扎，加上他因控制感情而犯的错误，难道比释放自己的感情去做该做的事要好吗？按照社会的普遍观点，坚持理性就更能促进一个人的成长，这样他就会成为社会的强者，但我认为，实际上他是一个弱者，因为他没有勇气来拯救一个生命。挽救一个生命是功德一件。给无家可归的人一个温暖的家，这绝对是一件好事。不管别人如何反对，这肯定没错。

目前我的情况虽然不是很好，但比起去年好多了。我一刻也没闲着，我无时无刻不在想念你。就在刚才我又完成了一幅画，那个女人摆好造型让我画。

我今年有种新的体会，虽然有时我被忧愁和困苦所困扰，但我能和自己喜欢的女人和孩子们在一起，我感觉比一个人生活要好很多。男女间本来就应该互相理解，这是明智的做法。当爱情来临之后，结婚也就是水到渠成的事，这样做比较可靠，彼此不会受到伤害。但当时只有我可以收留她，否则她就无家可归。我们必须得考虑实际情况。

在谜一样的生活中，爱情却是谜中谜。神奇的爱情之谜正如法国历史学家米什莱所说的："爱情刚开始就像蜘蛛网一样脆弱，慢慢地竟变得像电缆一样粗壮。爱情成长的条件只有一个：忠诚。"要想生活丰富多彩，一个人就必须要忠诚，并且必须忠实于同一个女人。尽管这样，在专一的爱情中，一个人会经历不同的阶段或变化。

我有时也感到无奈，我的女人既不识字也不懂艺术。但是，我们的生活却依然交织在一起——这恰好说明我俩之间有类似忠诚之类的东西联系着。至于读书和艺术，她以后可以学会，这样就更能增强我们之间的感情，但现在她要专心照看孩子，没有时间学这些东西。不过，通过照看孩子，她可以了解现实，这其实是一种无意识的学习。我认为，现实、书本和艺术是不可分割的。我讨厌脱离现实的人，而全身心投入生活的人自然而然地能够学到一些东西。

正因为我追求的艺术来自现实，所以我觉得她并不愚笨。我宁愿认为她很笨，但我毕竟是个尊重事实的人。在女人们看来，男人是有活力的，能屈能伸，遇事更愿意思索和分析。女人们缺乏这些东西，我们不能怪她们，因为一般而言，她们忍受痛苦时所消耗的精力要比男人多好多。由于她们受的苦更多，所以就更敏感。虽然她们并非全都同意我的看法，但当我对她们真诚的时候，她们有时能理解我；由于我感觉女人身上有种奇特的美德，所以我对她们是真心的，也是心甘情愿的。

最近几年我经常到吉斯特散步，我和那个女人刚认识时和她一起逛了那里的大街小巷。那时，那里的一切都很美好。现在每次我散步回家后，就对她说："一切都没变。"你说过要我从热恋中摆脱出来，我承认，爱情和自然界的植物一样，都有发芽和枯萎的时候，但不会完全死亡。也像大海一样，有潮涨潮落的时候，但大海仍然是大海。同样，在爱情中，对一个女人也有精神疲乏的时候，对待艺术也是如此。所以，我把爱情看作一种感情，也看作一种行动，它离不开活力，到最后可能会出现疲劳和不耐烦。

我认为，有些人认为爱情会让人的头脑变得不清楚，我可不这么认为，我觉得爱情能让一个人的头脑更清醒，也更灵活。一个在得到爱情之前的人就像一盏未点燃的灯，得到爱情之后犹如一盏正在燃烧的灯。当灯没有被点燃时，它也只是一盏灯，点燃之后就散发出光芒，这就是它的意义所在。爱情能够让人更冷静，以便更好地处理许多事情，从而使他的工作更加出色。

范德威尔会教我一些我还没有掌握的一些技法，所以我们约好下周去沙丘他教我。我希望有一个模特儿，如果我在沙丘上作画没有模特儿，我就无法继续画了。可是，我的女人有些不舒服，所以，这让我很无奈。

米什莱的说法很到位："一个女人就是一个病人。"她们就像天气那样时刻在变化着。一个人，只要他的眼睛能看得见，他就能够看到各种天气下的美景：冬日的雪，夏天炎热的太阳，自然风景，无风的天气等。他们既喜欢寒冷的季节，又喜欢酷热的季节。他甚至喜欢一年的 365 个日日夜夜。在他的心里，无论怎么样的自然天气他都喜欢。道理一样，他既然以这种态度来看待天气的变化，那么，他也应当以同样的态度来看待易变的女人。并且，我们要知道，女性的有些我们认为难以想象的变化总是有原因的，我们应当理解这种变化。哪怕我们能够这样思考问题，我们的性格和想法经常和与我们相处的女人的性格和想法不一致。我们应该克服焦虑、怀疑的情绪，培养宁静和信任的性格。

我女人的主治医师告诉我，她要达到完全康复可能得好几年的时间。这就说明，她对自己的过去还是很敏感的。所以，让我忧虑不安的是，她有可能会重蹈覆辙。有时候她的脾气坏得让我都濒临崩溃，我也抑制不了自己的情绪而大发雷霆、怀有恶意。实话告诉你，我有时候对她感到很失望。每次事后，她常对我说："我发脾气的时候，就是控制不了自己。"

有的时候，我大胆地批评她的缺点，比如，孩子们的衣服破了，她不知道给缝补的。不过，她这方面的毛病已经有了很大的改进。但是她粗心、冷漠、缺乏主动的性格必须要改掉。她所有的毛病，究其根源，都是没有受过良好的教育、长期以来对生活没有正确的认识以及坏朋友的不良影响造成的。除此之外还有别的吗？

我信任你，才给你说这些丑事。我并没有完全失望，只是告诉你，我的生活并非一个香气四溢的玫瑰园，而是像令人疲倦的星期一早晨。

我也有必要改掉自己的一些缺点，让她欣赏我勤劳和耐心的优点。要把自己打造成别人学习的榜样，我发现也非常不容易。但我必须尽力要成为她的表率，这样或许能够让她有更大的改进。

我想有人的这个说法也是有几分道理的："一个人一旦结了婚，那么，他不仅要处理好和妻子的关系，而且要处理好和她娘家的关系。"如果夫妻组成的这个家庭不和谐，那会令人感到伤心的；可是，如果妻子的母亲或妻子交往的朋友都对妻子有负面的影响或导致妻子走向堕落，那么，信心十足的丈夫会遭遇致命的打击。

我告诉你，我和那个女人闹别扭就是因为她母亲从中作梗。实际上，她母亲并不是坏透了的人，而是搞不清楚她做的事是对还是错。年过半百的女人就会多疑。我感觉许多年龄稍大一点的母亲都想操控自己的女儿，而且总是以歪门邪道的方式来操控女儿。在特殊背景下，母亲们或许有她们各自的缘由；但是，她们不能认为天底下所有的男人都是傻瓜，女人欺骗男人是天经地义的事情，女人样样精通，男人天生就是痴呆。这或许就是丈母娘理论。我是不幸的，因为我正好遇到这么一个丈母娘，她在一个正直忠诚的女婿身上淋漓尽致地应用了丈母娘理论。

这或许是由于当时人们普遍不看重一个人的良心。所以，我们应当贡献我们的力量努力让人们认识到一个人要有良心的重要性，同时还要考虑当前社会环境的影响。有些人的家庭观就是只注重物质生活而忽视精神生活，这对一个家庭来说是最要不得的。在现今社会，丈母娘给人的印象是爱管闲事，制造谣言，诽谤别人。这样的人着实令人生气。

处理妻子和丈母娘的关系时，我建议丈母娘搬来和我们住，虽然在我家里我们相处得并不融洽。她住在别的地方经常遭他人的愚弄，她也就学会了耍阴谋。所以，今年冬季丈母娘经济困难时，我建议她来和我们一起住，但她觉得我们生活太清苦，不过我却喜欢这种生活。

小家伙生命力很强，他的做法与现实社会惯例与习俗正好相反。我们知道，婴儿都靠吃面粥长大，但他却宁可啃面包，也不愿吃稀粥。他吃其他东西时，一边笑着一边吃，统统塞到嘴里；若让他吃稀粥的时候，他就使出吃奶的劲儿闭着嘴巴，一口都不吃。我两坐在地板上面时，他会看着地上放着的图画大喊大叫；但他抬头看到画室墙上挂的画时，却显得十分安静。他多可爱啊！

令人气愤的是，西恩的家人打算把她从我身边抢走。他们的借口是，她的一个兄弟和妻子离婚了，她与她母亲要照料这个兄弟的家务，而实际上，她的这个兄弟是一个臭名远扬的地痞。当然，他们让西恩离开我最主要的理由是我挣不来钱，对她也一般，并且认为我收留她只是为了让她做我的模特供我作画，最后肯定会抛弃她。难道他们就没有看到，在她生完孩子之后，已经有整整一年的时间我没有让她做我的模特，我抛弃她了吗？他们背着我商量让西恩离开我，西恩却把他们的密谋都告诉了我。于是我告诉她："你愿意怎样就怎样，我绝对不会抛弃你，除非你重操旧业去做娼妓。"令人更加气愤的是，他们一旦发现我手头比较紧，便会以这个理由来搬弄是非，她的地痞兄弟也会逼着她去当娼妓给他们挣钱。她的家人中，我只和她母亲交往，其他人我都看着不顺眼。我认为，如果西恩果断地和她的家人一刀两断，这会是她最明智和最正确的选择。我经常劝她不要回娘家，可她非要回的话，我也不拦她。

我们的小孩到 7 月 1 日就一周岁了，他可是个最快乐的小孩；我看得出，只要孩子健康，西恩忙着照看孩子，这两件事就能拯救她，不让她胡思乱想。我有时候想到其他办法拯救她，比如，可以让她到偏远的农村去生活一段时间，离开城市和她的令人讨厌的娘家人，这肯定对她是有百益而无一害。她千真万确是个大家说的"世俗的孩子"，因为她的立场很容易受环境的影响，她常常会变得冷漠而令人失望。

沮丧时刻

你的来信让我很伤心，你认为我的将来没有任何希望。如果你只是说我挣不了几个钱，这我相信。一个月以前你写信告诉我说，日子很紧，我是这样回答的:"这样我们就更要努力了,你尽量给我寄必要的钱,而我也努力作画,这样我们也许能向杂志卖出一些画。"从那以后,我就开始酝酿几幅大型画作,这样的画比只有一个人的画更能表现主题。

如果你对我将来的绘画没有任何希望,我就不明白你为什么要这么说了。你是否已经看出我还没有任何进步?如果不是指绘画方面,那我就不知道你的意思。是不是和我给你寄的那一批照片有关?那究竟是怎么回事?它确实让我的心灵深受打击。

要不是你又说了许多令我担忧的话,提奥,我肯定不会伤心。你说过,我们要等着过上好日子的那一天,这对我而言是一种需要认真揣摩的说辞。期待好日子肯定不是一种情感,而是一种眼前的行动。正是由于我热切地期盼过上好日子,我才全力以赴地置身于目前的工作中,根本不会去思考将来会怎么样,也不渴望我的工作会有什么报酬。

时光一分一秒、一时一刻艰难地度过去了,近来,我一直发愁的就是金钱,总是省吃省穿,可是,尽管我精打细算,可每次的消费总是入不敷出。你把钱一寄来,我既要规划10天的生活费,又要立刻买好多东西,最后剩余的钱要用来生活10天确实就少得可怜。此外,那个女人还喂养宝宝,而她奶水又少。当我在沙丘上或其他地方画画时,肚子里总是空空的,这是我没有吃饱的缘故;此时此刻,穿行于沙丘小道感觉就像在沙漠中曲折爬行一样。我们都穿着打了补丁的鞋子,都已经破旧到了极点。另外,还有不少事情使人灰心丧气,有口难言。

兄弟,我要是坚信事情总会变好,我就不会担忧。可是当下你对我所说的,对我而言仿佛是"无法承受的致命打击"。

我发现自己已经没有了热情,一个人不能没有了精神。你告诉我说"你的未来会美好的",可我认为你对我的未来没有信心。不对吗?我只有你这一个朋友,当我心情消沉时,我想到的第一人就是你。

有时,别人对我不怀好意,态度冷淡,此时我会觉得心情沉重,没有勇气面对一切。随后我会再次振作精神,接着投身工作,对此不闻不问。目前，我一直在工作，充分利用每一天，因此，即使我无法预料，但我还是坚信我的未来不是梦，因为我没有时间去想未来，不管是给自己增添忧愁还是给自己以安慰。关注眼前，充分利用目前的时光争取有所收获，我们必须发挥自己的潜能，一丝不苟地工作，就在今天而不是要等到明天，希望你也如此。

兄弟，我不提倡入不敷出，但如果让我在放弃工作和坚持工作之间选择其一时，我会毫不犹豫地选择坚持工作。米勒和许多先辈们也一直在工作，直到行政司法长官抓了他们之后，甚至有些被关进监狱，而有些则被迫四处漂泊，但我清楚他们所有人都不愿意放弃自己的工作。虽然我的学习还处在初步阶段，但是我已经看到了未来失败的结局，这给我的工作时而带来负面影响。

的确，兄弟，如果只是钱的问题，你可以不用理我；但如果我们是朋友和兄弟，你应该心系我的作品，而能不能卖出去则是另一回事。若你能同情我的作品，其他所有事情对我来说不算什么。但有些事还得冷静、认真地去解决。从经济方面来说，为了我的未来，我考虑搬到边远地方去，这样我就可以节省一大笔房租；即使在这儿花了不少钱，但日子还是很苦；而在农村花同样的钱可以过得挺好的，这样对我的女人和孩子很有好处，当然对我也一样。可能同时也比较方便我找模特。

有时我想去英国，伦敦有一份新刊物《新闻画报》，与《伦敦新闻》和《图画周刊》同等重要。或许在伦敦我可以找到一份工作挣点钱。并且，若能够和伦敦的许多艺术家建立友谊，我就能向他们学到许多东西；再者，把泰晤士河边的造船厂在画中体现出来应该非常美妙！

我一直在筹划一幅大型图画，要体现挖土豆者的情形，这幅画或许在本季度可以完成一半，有望明年全部完成。我希望在范德维尔回来以后我可以时常见到他。他的画《河地上的装卸工》在阿姆斯特丹获得银牌，我有所耳闻。我想他会喜欢那些挖土豆的人，或许他可以对我的计划提出一些建设性的建议。话说回来，我清楚自己要大量练习作画，我必须在年内要完成许多水彩画，这样我才会有所进步。但是，现在我心有余而力不足。

我觉得浑身不舒服，要么发烧，要么神经质，要么有其他情况发生，我也说不清。我突然想到你在信中提到的那句话——我期望太高，不切合实际，这也使得我感到不舒服，昨晚我因此而失眠。

今天清晨，几乎所有的烦恼一下子扑面而来，压得我喘不过气来。一切都得付钱，房租，买颜料，买面包，买杂货等。谁知道还有什么东西，总而言之，钱已经没有多少了。最坏的情况是，这样的苦日子过了几个星期之后，我觉得自己已经没有了抵抗力，身心感到无比的疲惫。此时此刻，我多么希望自己有一副钢铁之躯，可令人遗憾的是自己有的只是一副血肉之身。

此等令人难以忍受的生活使我无法看到光明的未来。我无法诠释自己，我没弄清楚自己未能成功的原因。我已经全身心地投入工作，现在我觉得似乎我错了。

然而，在现实生活中，一个人到底应该在何种事情上去投入思想和精力？有可能你只能碰碰运气，说：我打算做什么事，我就要坚持到底。但如果最后证明你做错了，当别人不在乎你所做的事，这时你就会感到自己的前途渺茫了。可是，我们不应该去理会别人的想法，对不对？

总而言之，目前的情形糟透了。要是只有我一个人受苦就好了，但是我还得考虑那个女人，还有孩子，他们真可怜，我有责任保护他们。我不能对他们说这些事情，可是目前的境况确实让我无法忍受。

从以前给你寄的照片和这次你收到的照片中，或许你可以猜到我此时此刻的心情。我目前所做的画目的性太强，而且目的就是为了换取维持生计的银子；而我所追求的并非这些无足轻重的东西，而是实实在在的艺术。只有通过耐心和不懈地工作才能实现这一目标。可是我的工作总是断断续续的，这对我而言简直就是做噩梦。我个人觉得，在工作中尽量少花钱也行，但如果连购买日用必需品的钱都没有，无论谁都会感到心灰意冷的。

可现实的问题是，如果一个人的作品卖不出去，那他就无法继续工作。当他同时没有其他经济收入时，要取得进步那简直就是不可能的，进步不可能自然产生。

我感到忧虑，感到不安。我还能继续工作吗？为了分散注意力，我决定出门散散步，要走很远，很远。

兄弟，目前在工作中虽有不便和忧愁，但和庸庸无碌的痛苦生活相比较，它不算什么。因此，我们应该鼓起勇气，互相打气，互相鼓励，互相安慰。

我要克服的首要东西就是沮丧，虽然它不是一种慢性病。可我总是想方设法来克服，但目前看来唯一行之有效的办法就是想办法恢复我的体力和精力，因为现在我感觉体力已经透支。我现在急需钱，要补充营养，若等到身体完全垮掉再去补救，恐怕就没有什么效果。

历史上有好多人从那样的沮丧时刻挺了过来，这一点有实例可以证明。凡是在所有的罗马学校里刻苦学习作肖像画的人，经过一段时间的学习都能够成功地、正确地画出一些作品来，可是这些作品都令人有一种压抑感，因为作品中无一不体现受难的灵魂这一元素——但是当他们无拘无束地去作画时，这种东西马上就不见了。而我学习人物肖像画没有特定课程的要求限制，为了逐渐完善自己的绘画技艺，一直过度勤奋地学习，结果给自己带来了压力，使自己变得很沮丧。

我连调整的机会都没有，只能卖力地去工作。你告诉过我要像韦森伯格奇那样去工作，这当然甚合我意。可是，我无法照搬他的做法，因为去外地两周比待在家里两周花的钱多，而且，家里的未来两周我还不知道该如何度过呢。不过，我发现了分散注意力的方式，那就是变化作画的题材和风格。我作了一段时间的人物肖像画之后，发现自己有必要去海边、观察一下土豆叶子、瞧瞧收割后满地的茬儿、犁过的土壤，但一直忙于人物肖像画，抽不开身。

通过不懈地工作有望帮我渡过难关，就像暴风雨中一只小船被海浪冲到沙滩上，而没有被打翻下沉，这是不幸中的万幸。无论如何，假如我未能成功，我并不在乎我失去的东西。不过话又说回来，一个人总是希望自己的努力能够成功，而不希望它失败。

兄弟，你一定要尽快过来，我不知道自己能否坚持很久。苦日子压得我透不过气来，感觉自己心有余而力不足。我在工作时并不觉得虚弱，一旦休息之后，特别是离开画架之后，经常会感到身体很虚弱，要么眩晕，要么头痛。即使走一点点路，也会觉得相当疲惫，这显然不正常；当然我不会就此放弃作画，但我必须要补充体力。

你千万不能对别人提及此事，兄弟，如果某些人知道我的境况后会说："对，那肯定是这样的，我们很早就料想到了。"他们非但不会帮助我，反而会破坏我恢复体力的计划，使我无法振作起来。我敢肯定地说，这不算什么大事，只不过是过度疲劳、营养不良引起的身体状况。可是某些人提到我时似乎我得了什么可怕的疾病，这简直是可恶至极的风言风语。

我刚从外地回到家就收到你的来信。在信中我知道了些令我倍感高兴的事。第一件事就是我们的友谊不会因为前途渺茫而受影响，对此我感到高兴。第二件事，你认为我的作品有所进步，我也很高兴。第三件事，你挣的钱够至少6个人花，这自然是令人钦佩的。还有，你给我的150法郎竟然够我们4个人消费，还给模特付了酬金，并买了颜料。

我已经是一穷二白了。

关于我还可以工作多长时间的问题，我会肯定地说，我的身体还能够支撑好多年——也许10年。这可是我所期盼的时间；要说我能够多干几年，那只能是我的推测而已，现在还说不准，最重要的是接下来的10年。若一个人的身体在这十年间垮掉了，那他就活不过40岁。

我不会因为考虑寿命而不严格要求自己，也不会因此而逃避工作和困难。我不在乎自己寿命的长短。我们知道，医生可以时时注意自己的身体，而我做不到。

我在给拉帕德的信中表达了我的观点：保护自己的身体不是人一生唯一的目标，我说的意思是人们时常会遇到这样的情况：关于工作和身体，一个人需要从二者中选择其一时，我会选择工作，我想我是对的，因为身体不会长久，而工作是长存的，工作中的创造才是首要任务。我给拉帕德说过，有句格言中包含真理："挽救自己生命的人将会因此而失去生命，为了他人而失去生命的人将会得到生命。"

于是我不懈努力，心里一直想着："我一定要在几年内完成已经计划好的作品。"其实我没有必要赶这么紧，那样做会适得其反。我得仔细地工作，专心致志地工作，但也不能拖拖拉拉的。对这个社会我有偿还的责任和义务，原因是这片土地养育了我30年，为了表达感激之情，我能偿还给这个社会的是绘画作品，把这些东西作为留给社会的纪念品并非为了当前的艺术趋向，而纯粹是为了表达我的感激之情。这就是我的工作目标——我要集中精力实现这一目标，这样，我的一切所作所为就很简单了。目前这项工作进展不是很快——所以我就要充分利用时间。

我是这样想的：假如我能多活几年，那就好了，可是对于这一点我没有太大指望。

兄弟，有件事我们得解决一下，并不是说这件事马上就发生，但是我的日子或许越来越没有希望。画室里我的全部习作和作品都归你。比方说，因为我交不起税，他们会卖掉我的作品抵税钱；如果真的到了那一步，但愿你想办法把我的作品赶紧弄走，包括我的习作，这是我以后创作的基石，我在它们身上花了太多心血。到目前为止，这条街上的所有人都还没有纳过税，但是税收人员已经算好了以后应纳税的数额。他们来过我的房间两次，我让他们看我房间里最值钱的东西就是4把饭桌椅子和1张粗糙的松木桌子。我跟他们说，我的房子里除了孩子以外，再没有什么奢侈的物品，此后，他们就再没有来过我的房子。

我在工作的时候，觉得自己对艺术无比忠实，我坚信成功一定属于我，但当我情绪不佳感到郁闷时，对艺术的忠实便荡然无存，满脑子全是忧虑，此时我唯一能做的就是马上置身工作来控制自己。对那个女人和孩子也一样，当我们大家在一块儿时，那小家伙高高兴兴地一边喊一边向我爬过来，此时，我没有一点儿忧虑，我觉得一切很好。小家伙时常能给我极大的安慰！我在家时他一直缠着我，我工作的时候他时而扯着我的大衣，时而抱着我的腿向上爬，非要让我抱他。那小家伙总是乐呵呵的。假如他一辈子保持乐观的话，他肯定比我聪明得多。

在现实生活中，我们不时地察觉到有某种东西会决定我们的命运，它能够把坏事变成好事，也能把好事搅黄了。我们如何解释此类现象呢？我认为，有这种感觉的人肯定是神经过度紧张了。即使一个人有了这种感觉，他也不应该相信事情向坏的方面发展，如果他确实相信事情会变糟的话，那么他会疯掉的。相反，他应该做的就是想办法增强自己的身体素质，把自己锻炼成真正的男子汉去投身工作，战胜这种糟糕的沮丧。一个人应该坚定不移地这样做。一直这样努力下去，他就会发现自己的精神越来越足，也就能够从容处理各种烦扰。这样，即使那种感觉依然存在，那种沮丧依然存在，但这些消极因素通过积极的工作而被有效抑制，使得一个人能够正常生活。

如果生活和工作如同过家家一样，或如同牧师的固定形式的布道一般简单容易的话，一个人的事业有所成就那就太简单了。而现实情况不可能这样，肯定比这个要繁杂得多，好事和坏事并非完全对立，正如自然界里的黑色和白色一样，其界限未必十分鲜明。一个人应该懂得完全依靠暗色或黑色是不对的，会容易出现错误，但更应该远离白色，我这里所说的白色指的是令人生厌的虚伪。我认为若一个人理性做事、诚实做人，那他就能够向着正确的方向去发展，虽然他有可能会出现错误和失败，也做不到十全十美。这样的话他就可以获得别人对他的同情。

对于一个平凡的人来说，自己肯定也认为自己是平凡的再不能平凡的人，这样，他其实已经得到了一种平静。他因此会把自己的意识提高到新的发展水平。这样，他的意识就代表了他自己，这种意识很美好，很纯洁，最终平凡的自己会变成高尚的自己。他的身上将不再出现多疑或玩世不恭的性情，也不会令人讨厌，当然更不会去嘲笑别人。

耶稣的发展就是如此，耶稣是木匠出身，后来逐渐把自己的思想提到一个新的高度，最终发展成为一个充满同情、爱怜、仁厚和庄严的人，人们永远崇敬他。一般人由木匠学徒转变为木匠师傅以后，就变得小肚鸡肠、冷漠无情、吝啬虚荣。住在后院的那位木匠也算是我的朋友，他自己现在变成了房东，但他的看法与耶稣的看法相差甚远，他爱虚荣，只为自己着想。

在过去 10 年间，海牙和斯赫维宁根附近的沙丘的自然特色遭到严重破坏，而人造的认识浅薄的特色则日渐增多。追忆 10 年前、30 年前、甚至 50 年前的情形，那时的沙丘还处在自然状态下，艺术家们也刚开始对此进行描绘。当时的情形正如荷兰画家雷斯达尔的画中所描绘的那样。假如我们想要了解更早时期的情形，就需要看看杜比尼和柯罗的画作，那时游泳者还未踏足这片土地。现在的斯赫维宁根是很美，但那儿的美景并非自然之美，当我在卢斯杜农旁边漫步时，发现了一处未经破坏的自然美景，给我留下了非常深刻的印象。

这些年安静的自然美景给我的感受很少有这么深刻的。那些地方完全没有所谓人类文明的痕迹，一切那么完整，这样的地方给了我无比的安慰。

我从这样的纯洁自然中感觉到一种强而有力的能激发人的力量。你到我这儿来，我们一同去那里，我们肯定会十分高兴，因为那里没有被人类文明所破坏——白色的马路上停放着一辆破旧的车架子，路边全是灌木丛。我觉得，我们要是能一同去那里的话，我们会自然地进入到这样一种境界：我们不再会去担心工作，我们会立即决定去做要做的事。

那样的环境能否安抚我沮丧的情绪？以后在那里我能否有同样的感受？对此我不清楚，但当我想要忘却现在，回味由米勒、杜比尼、布雷东、特罗扬、柯罗等艺术家掀起的艺术革命时，我肯定会还去那里的。

我刚回家就想到有件事要和你商量一下，在这件事上我们的意图是相同的。即，有些事我一时拿不定主意，请你不要催促我，因为我需要一些时间来考虑我的决定。艺术是我们之间相互连接的纽带，无论在什么事情上，我们都应该彼此理解。请记住，我们打小就相识，而且，将来还有许许多多的事情要靠我们的亲密关系来解决。

关于我的画作，我说的有些话或许不恰当，从你离开时的举动中我似乎感觉到我对你造成了伤害。

亲爱的弟弟，千万别把我看成是另类的人，而要把我看成是一个有能力克服一般困难的一般画家，若有什么烦心事的话，不可把它看成十分可怕的事情。对未来既不可认为是漆黑一片，也不可看作是一片光明——应该相信未来是灰色的。

自从我注意我的作品以来，我明显感觉到自己的作品技巧单调乏味。近来我还意识到，影响到我作品技巧的一个因素就是我的身体状况很差。我的作品缺乏连贯性，我得采取有效措施尽快进行纠正，这样才可以使我们安心。可是，我想让你相信一件事：若连吃、穿及生活必需品都未得到满足，那么要完成其他事情就很困难了。若一个人所需的东西每件都有一些，那他的心情就会很好，是不是？我总觉得我在工作中需要多花钱，而现实情况是我可能在食品和生活必需品上必须得少花一些。再者，我的生命能值几个钱，我有什么可担心的。

对我的穿着我并不讲究，有什么我穿什么；我穿的衣服都是父亲和你给的，由于我们体型不同，你们给我的衣服经常不合身。所以你别笑话我不合体的衣服。但以后我会向你提及此时我的穿着，比如说："兄弟，你能否记得当年我穿着父亲穿过的牧师长衣散步的情形？"在将来我们成功之后，我们可以以此作为笑料，但现在最好不要说这些。

但愿你别曲解我的好意和热忱。你肯定相信，起码的常识我也懂，因此，相信我，我不会做出荒唐之事，我有自己的生活方式。

与西恩分手

请马上告诉我你和父亲是否同意我和那个女人在一起生活。你们再不要把她赶到街上去当妓女，她说过会痛改前非的，我们应该真心原谅她，忘掉她的过去。我们去拯救她总比毁掉她好。

今天早晨她告诉我，对于她以往的所作所为，她现在根本就不去想，也没有告诉她妈；她很清楚，如果她不得不重新过以往的生活，那是因为她没有钱花，特别是需要钱给孩子买吃的时，若在这种情况下又当了妓女，原因就是她不得不那样做，并非她想去那样做。我告诉她必须要做到几件事：保持整洁，待人热忱，好好做模特，不可以到她妈妈那里去。我当时告诉她，她如果去她妈妈那里，就是一种娼妓行为，原因有三：第一，她以前和她妈妈生活在一起，就是她妈妈逼她当妓女的；其次，她妈妈住的地方无比贫穷肮脏，她更应该离开那种地方；第三，她兄弟的情妇也住在那里。

如今我彻头彻尾地原谅了她，不去计较她的过去，我会和以前一样与她生活在一起。我感觉心中有一种强烈的怜悯之情，致使它主导我的一切行动；我只能选择对她好，就跟去年在医院里一样，我对她说过："不管是现在还是将来，只要我有一口吃的，我有地方住，那我绝不能让你饿着，让你无处栖身。"之前说这句话并不是因为冲动，现在说也并非一时冲动，而是根据一件很重要的事情，即我们之间彼此需要。

兄弟，她现在确实改变了不少，但我还要不断鼓励她，否则她又会重操旧业的。然而，当她想方设法说明她的意图时，她尽量往好的方面说，以此来证明她很纯洁，尽力为做过妓女而辩白。在她的心灵深处、她的心中和她的脑海中，似乎仍然有一些以前的阴影还未抹去。在这个时候，她脸上的表情很像法国画家德拉克洛瓦的《多勒罗萨的母亲》的表情，也像法国画家谢菲尔头像画的表情。这就是我的看法，现在她的这种表情又出现了，但我尊重她的这种感情。

若我们仍然坚持按照自己的感情去行事，我们可能就会犯错；但如果我们认真考虑一下我们自己的义务，即我们应该把她从罪恶和绝望中拯救出来，我们就会知道我们该怎么做。世界上最痛苦的事情就是一个人觉得在思想上有义务去帮助别人，而在现实中却很难争取到此份爱情。我告诉过你，我要做的就是尽义务，这样，我的意思你就明白了。

将来我和那个女人是否能够幸福地生活，我不得而知。或许不幸福——至善至美没有指望。话又说回来，幸福又不是任何一个人的责任。

此时此刻你们正在纽南。兄弟，但愿你们能够叫我回去。我多么希望我们能到那间乡间小教堂旁的墓地去散步，也可以四处转转。我不理解，你和父亲耻于和我一起散步，这是为什么？我认为你们的做法实在有些过头。对我而言，虽然我确实想和你们待在一起，但我还是不得不离你们远一点。每次我和你或和父亲在一起时，我想说的话有时我也就不说了，不管怎样，我们之间的血缘关系是分不开的。因此，当我们在一起时，不要再去说我的行为如何如何，我的穿着怎么样怎么样。你也明白，在所有事情上，我在尽力克制，处处让步，我绝不会咄咄逼人。不要因为这些事而闹僵关系，这会影响我们一年一度的家庭聚会，影响我们的欢乐时刻。

那个女人的性格多变。虽然她答应不再去见她妈妈，但她还是去了。我就问她，如果她连这样的诺言都不遵守，哪怕只坚持3天时间，那她怎么能让我相信她永不变心的诺言呢？她的做法很无耻，我因此得出结论，她应该属于那些人而不属于我。她向我道歉的时候，我心想她第二天肯定还去，但她说不去了。

有一个办法或许可以让她改正，那就是到离她妈妈很远的乡下去住上一段时间。但她在农村又可能会说："农村的房子这么脏，这么小，你为什么带我来这里？"我害怕出现类似的情况，就竭尽全力挽救和她的关系，但这种担心还是存在。

我现在更可怜这个女人了，因为我发现，她现在更加心神不定。我想如今她真正的朋友就只有我了，因此，如果她愿意接受我的帮助的话，我会一心一意地拯救她。但事实上，她不信任我，反而相信那些不三不四的人，这使我白费功夫。我没料想到的是她竟然没有认识到自己的错误，要么就是不愿意承认。

你认为如果她离开我会对她有好处，我认为如果她不再和不三不四的人接触的话有可能对她有好处。这个问题很难解决，她是想和我一起生活，想依靠我，但她搞不清她是如何疏远我的。我问她时，她反而说我不想和她一起生活。

这话还是在她心情好的时候说的，她心情不好时会暴跳如雷，并大喊道："的确，我是个冷漠无情而又好吃懒做的人，我一直就这样，永远变不了。"或者说："的确，我已经被人抛弃了，我的最终结局就是跳河自尽。"

我对她的缺点从去年开始就已经不再生气了。现在我看到她又开始犯错，我已习以为常了，如果我容忍她就能够拯救她的话我会愿意这么做。我对她的观点是，她这人并不坏，因为她从小就没见过好的东西，她能好才怪呢。你知道，我很想拯救她，如果与她结婚能拯救她的话，我会马上和她结婚。但这样行吗？

事实就是这样，我希望你同意我和她在一起。如果她把事情能够处理好，我希望你支持我马上去德伦特。那个女人她是否愿意和我一起去，由她自己去决定；我知道她和她妈妈已经商量好了，他们商量的结果我不清楚，我也没有问，她想来的话我就带上。把她留在此地置之不理，其实就是让她去当妓女。我怎么可能既想挽救她又把她推向娼妓呢？

今天我和那女人都很平静。我认真地和她谈了谈，向她强调我如今所面临的境况，告诉她我不得不过一年更为艰难的生活。因为过去一直入不敷出。我预测，假如我还和她在一起生活，我很快就无法再帮衬她，要正常生活就必须得借债了，这样做肯定是不行的。因此，我们两个都得理智地去思考，只得分手成为朋友了。她应该让她家里人照看孩子，还得找一个住处。

目前的情况已经很明了，我无法在这儿继续工作，哪怕她理解我。我告诉她说："你要做到洁身自好已是不可能，但你尽力吧，我会尽力做到洁身自好。只要我发现你已尽了最大努力，只要你对一切都有信心，只要你对待孩子像我对待他们一样好，只要让孩子们永远清楚你是他们的妈妈，这样的话，即使你只是一个一贫如洗的佣人，即使你只是一个低贱的妓女，即使你有许多缺点，但我眼中的你将永远是很棒的。"

兄弟，事情现在是这样的：我和那女人之间不到非不得已，是不会分手的。我们每次都会原谅彼此的缺点而言归于好。我们彼此了解很深，相信彼此都无恶意。难道这就是爱情吗？我也不清楚，但我们之间真的有一种难以割舍的情结。

随后我到偏远的农村亲近大自然。我步行到沃尔伯格，又走到莱德斯根丹。你知道那儿的景致很特别——高耸入云的树木，庄严而又肃穆，旁边是低矮的、丑陋的绿色别墅，再配以荷兰人以非凡的想象力设计的各种花盆、门廊，这都显得那么怪诞。大部分房子丑陋至极，然而有些房子则显得古老堂皇。那时，在无边无际的沙漠似的草地上空，一团团云朵徐徐飘来，微风从水渠对面的排排村舍和簇簇树丛上面吹过。微风下，那些高大的树木飘逸洒脱。每一个人的经历都有戏剧性，同样，这里的每棵树也有戏剧性。那里的整体风景之美要胜于一棵树的美，因此，此时此刻，就连那些怪诞的小别墅也诗意十足，高低错落有致，得到蒙蒙细雨的滋润。

这种景致对我而言好像是一种象征，它象征着一个所作所为荒诞的人，或者一个性情变幻莫测的人，成为一个独具特色的戏剧性人物，因为我遇到了真正的悲伤，遇到了灾难性的打击。据此，我联想到当今社会的衰败，它时而受到复兴光环的照射，因此而出现抑郁的黑色轮廓。

的确，对我而言，不管是大自然风光的戏剧性，还是人生忧伤的戏剧性，都是能够打动人心的。可是，要突出这个黑色轮廓，还得有一缕光线，一点儿幸福，这样就能够形成鲜明的对比，让其他部分仍处于黑暗之中。

我会果断地、精神十足地继续投入工作，我无法预料这对她和我会有怎么样的结果，如果我自己单独拼搏，我相信自己的创作会越来越好。我说过，我们会以朋友的形式分手，这是真的——而这次分手是也是最后一次，因为我现在更相信命运。我还是相信她还有好的一面我还没有发现，可问题是，似乎这一面应该已经被激发出来才对。

亲爱的弟弟，如果你确实能够理解我的感情，理解我如何把自己的一部分和那女人分享，而忘了其他所有事情，全身心地去挽救她——如果你能够体会我是如何通过"崇拜忧伤"的方式而非幻觉来体现自己的信念的，那么，兄弟，你就会明白，我心中的灵魂和现实生活有如此大的差距，甚至脱离现实，你现在根本无法想象这种方式。

空虚的德伦特

失落的石南荒原

　　每当我在石南荒地里遇见抱着孩子的穷苦女人，我总会泪湿眼眶。因为这种情景会让我想起她，那种无助的样子跟她一模一样。

　　一想起那个女人和那些孩子们，我就莫名地黯然神伤。但愿有人能够帮他们一把！唉！人们说沦落到今天这个地步，是那女人自己的过错。这也许是事实，但我还是很担心她不幸的遭遇。她身上表现出来的恶习都已形成一种脾性，根深蒂固，很难改变。我知道她被惯坏了，但这只使得我更加怜惜她。我对她爱莫能助。我清楚地知道我不能住在那儿，也不能让她待在我身边。但我一看见跟她一样的这样一个神情黯淡、衣着破烂、贫困交加的女人时，我又心软了！是啊！生活中的不如意十有八九，但我们不应该意志消沉！我觉得最适合让自己摆脱这种消沉情绪的事情就是工作。

　　昨天我无意中看见了一块奇特的墓地。这块墓地在一个荒原上。从被一片小松树林包围的乱石滩进去，可以看见很多长满各种植物野草的坟地，有些坟地上竖着白色的石柱，石柱上刻着死者的名字。小松林散发出的松脂香味，使得整个坟地弥漫着一种神秘的气息。将这片隔开星空与地面的

162

小松林跃然纸上并不是一件容易的事。我想如果在画这种荒原景色上加上一些雪景，一定会是十分新奇的。

今天天气阴沉。自从我到这儿，这是第一次没有太阳的日子。天气还是比较舒适宜人的，所以我准备出发去昨天见过的那片荒原，我想去把午后阳光笼罩下那种单调的景色画下来。我以前曾经去画过几次，但都不尽人意，比如我笔下的大海不再是一幅诗情画意的景象。想要了解景色的真实特性，我们必须在合适的时间、合适的地点去深入细致地观察它们。炎热的午后在阳光炙烤下，荒原跟沙漠一样，令人疲惫，而且充满冷漠与敌意。画这时荒原的景色是一种令人厌恶的挑战，想把逐渐消失在远方的地平线表现出来会让人头昏脑涨。但到傍晚，那使人厌倦恼怒的景象会截然不同。你可以想象一下这种场景——暮色中一个小小的身影款款走来，楚楚可怜；淡紫色柔和的夜空与在白天被太阳烤得漆黑的地面相互映衬，地平线上有一条细小的深蓝色分界线，将天地分隔开来——这种唯美，足可以与朱尔斯·杜佩雷的画相媲美。生活在这里的男男女女都有着相同的特点：他们有时候会很无趣。如果你仔细观察他们，你会发现他们与米勒画中的农民有着惊人的相似之处。

我刚到这里的时候请的模特都是不好伺候的主儿。尽管我给他们开出很高的价钱，但他们总是取笑我，对我一点也不友好。所以我一些已经开画了的人体作品就只能束之高阁，没法画完。但很快我又找到了一个家庭同意让我搭伙，跟他们一起生活，我还请他们家里的一位老太太、一个姑娘和一个男人当我的模特。

拉帕德写了封信给我。他在西特尔斯切林混得不错。如果坐船方面的话，我打算今年冬天到他那里去看看，同时画几幅习作。我算了笔账，去西特尔斯切林一个来回大概要花三个盾左右。我希望能用半年的时间攒够这笔路费。在做足功课之前不能轻率地出门去旅游，而且我还想在出发前还清欠拉帕德的钱，这里的花费也比海牙少，所以这段时间我打算待在这个地方。这次旅行可以让我有机会与另一个画家见面，还能消除我的寂寞，这笔花费还是很值得的。

　　乡下的空气和生活对我很有好处。跟我同住的这一家人都非常好。家里的男主人在仓库干苦力活儿，这使得他的脸色总是泛红。女主人身材匀称，人很聪明。他们有三个孩子。他们将房子后面的一间阁楼腾出来给我做画室。

　　上个星期我跑到泥炭地深处。越深入，就越能发现这里的景色之美。这种庄重、朴实的美景，只有精心绘制的作品才能将它们真实准确地表现出来。

　　我一直期待着你的来信。虽然景色很美，但我还是感到压抑，一种绝望、令人丧气的感觉压得我喘不过气来。我特别在乎别人对我作品以及对我个人的评价，虽然我总是不希望自己过于敏感。但一旦我感觉自己被别人怀疑，或者感觉孤立无援，我便会感觉怅然若失，空虚不已。这种情绪会大大影响我创作的积极性。

　　因为心情不好，感觉空虚，我看着周围的环境都觉得难受，所有的一切都显得破破烂烂地缺乏生机。现在正值雨季，这个季节也使人沮丧。当我走到阁楼的时候，心里有种莫名的感伤。阳光透过一扇独窗的玻璃，照在一支已经快要磨秃的画笔上，使得这种让人心灰意冷的景色又显得滑稽可笑，所以还不至于让我沮丧到潸然泪下的地步。

　　的确，我现在住在这风景优美的乡下，几乎也没什么欠债。但我内心依然不能安宁，根本没法舒舒服服地待在这里。甚至看一眼这个小阁楼，我也会觉得它不顺眼。

　　当初我匆匆忙忙地来到这里，现在才发现身边缺少了某些东西，而且越来越觉得我的行动太草率了。但不来这里我又无处可去。去年，那个女人一出院，我就应该带着她一起来这里。这样就不会欠别人的钱，我们两个人也不会分手了。要是我事先知道我们注定要分道扬镳，我早在六个月前就应该做足准备了。我唯一感到欣慰的是我很长时间一直对这个女人很忠诚。我很早就写信告诉她我的地址，但到现在我没收到过她的片言只语。我知道她没有给我回信，说明她没遇上困难，但我还是不放心。

好天气能让我看到很多美好的东西，也能大大舒缓我烦躁的心情。但现在还是持续不断的雨季，我被困在这里，哪儿都去不了。今天早上天气稍微好点，我准备出去画画，但少了好几种颜料，所以没画成，铩羽而归，心里别提有多难受了。

你还记得我们在博里纳日一起待过的那些日子吧？我很担心当时那种穷困潦倒、无家可归、四处漂泊的情形会在这里重现。亲爱的弟弟！我后悔自己当初没有一点把握就冒险来到乡下，现在就要陷入绝境了！

我一直用实际行动证明自己是一个实干家。现在我到了德伦特，但我不敢再往前走了。没钱就出远门儿是非常愚蠢的行为，如果出现意外情况但没钱的话是很危险的。在对自己无论身处何地是否都不会垂头丧气信心满满之前，我就不应该出来。

一想到那个女人和孩子们的悲惨命运，我就心痛不已。我想帮他们，但实在无能为力。父亲写信问我是否需要帮助，但我一点没跟他说我的困境，因为父亲有自己的难处。希望你也能替我保密。

现在的我需要被人信任，需要温暖和关怀。有一种悲观的情绪一直困扰着我：我努力工作，每一项开支都精打细算，但依然负债累累；我从未背叛那个女人，但又不得不离开她；我对阴谋诡计深恶痛绝，但没有人能信任我。我就认命吧！这一切都让我无法承受。在这个美丽的地方，我需要一份工作不仅为了糊口，更是为了填补内心的空虚和无助。我不知道该如何应对这些困难。

新阿姆斯特丹感悟

我坐了很长时间的船穿过荒野，终于到了新阿姆斯特丹，这是德伦特最偏僻的地方。我想不出合适的词来向你描述这个地方。你可以想象一下这里长长的运河，跟米歇尔或卢梭画里的运河一样。

　　平坦的地面上时不时会出现一间小草房或者小农庄，还有稀疏的白桦树或者橡树；到处都堆满了泥炭，还有装满香蒲草的驳船从沼泽地驶过来。船上的人们有着奇特的相貌，但颇具魅力。这些人当中有很多人具有奥斯塔德农村风俗画中的特点，他们大部分人的相貌奇特，但也有一些长相可爱的人，就像盛开在刺丛中的一枝百合花。

　　今天我亲眼看见了一个在驳船上举行的葬礼，那是一种非常奇特的场面：男人们沿着运河跟纤夫一样拉着船走在石南丛中，还有六个将自己紧紧裹在外套里的女人和一个头戴三角帽、身穿马裤的牧师走在运河的另一侧。

　　这次出去远足让我有了很多的见闻。今晚这块荒原美得无法用言语来形容。天空呈现出非常柔和的浅紫色，隐约可见蓝色的天空。在地平线上有一道耀眼的红光，红光笼罩着黑暗中连绵的棕色的荒原；这道红光衬托下，许多低矮的小茅屋显得离奇古怪；在夜空的衬托下，磨坊和一座座吊桥的侧影都显得古怪离奇。夜色中，村庄里闪着灯光的窗户倒映在水中，看起来很温馨。漆黑的原野上流淌着一条白色的运河，这种黑与白的对比也很奇特。荒原上还能看到年代已经很久远的茅草屋，屋子里住人的地方和马厩之间的隔墙都不见了，因此显得屋子很宽敞。

　　我坐船时画的几幅习作，趁着停船的时间给它们涂上颜色。

　　就像你曾经考虑去美国一样，有时我想去西印度群岛当兵。但这种想法只出现在我意志消沉、面对逆境的时候，因为它可以使我静下心来，并给予我更多的信心和决心去工作。我多么希望你也能来这里，在这个清净风景优美的小天国，我们可以一起散步、一起画画，那该多好啊！

　　你说你曾经觉得自己是大自然的一部分，而现在这种感觉已经荡然无存了。兄弟！我也深有同感啊！因为环境影响和神经紧张的原因，我不仅对大自然变得麻木不仁，而且我对人的感情也是这样。别人说我精神不正常。我自己内心深处知道自己处于一种病态而且想要摆脱它。我总会想："让我画吧！我一定会有所作为的。希望我有足够的耐心去改变一切。"但我总是毫无建树地做着无用功，从来没有成功过，我不知道在这种情况下我有什么办法可以改变自己的处境。

我在古匹尔画店干过六年，因此我的根扎在了那儿。我还在画店的时候就幻想，如果有一天我离开了这里，我会想起这六年；如果我去别处找工作，我可以很自豪地提到我的工作经历。但现实根本不是这么回事儿，我只是一个突然失去工作的"失业者"，无论在哪里情况都一样：我想得到一份新的工作，去干一番新的事业，但我的失业经历会让别人产生怀疑。无论我走到哪里，我都像一棵无根的树。虽然古匹尔画店是我不幸遭遇的间接推手，但小时候我认为它是世界上最好、最美、最大的地方，从一开始我就在那里扎下根来。但要是我现在回去的话，那里的人肯定会不会欢迎我。

我觉得我们应该接触大自然，恢复与大自然的和谐关系，远远地跳出我们自己设置的不良情绪的旋涡。精神紧张是我们俩的通病，我对它的害处可是深有体会的。我说你现在精神不太正常，请你不要生气，因为这是事实。试着改善你与自然、与其他人的关系，不要理会各种非议。如果只有成为画家才能让你做到这一点，那就去当个画家吧。去欣赏大自然，心平气和地去描绘它，这才是一种正常的情绪。兄弟，在德伦特，我感觉自己好像第一次发现美术的魅力，我又喜欢上了磨坊。

我感觉美术品的买卖都腐败堕落了。一个时期画作的价格高得离谱，那势必会造成财力耗尽，无法继续维持画作高卖的格局。虽然你和森特伯伯一样都很精明，但他做过的事情你可能做不到，因为这个世界上像阿诺德·特里普那样对金钱贪得无厌的人太多了。我希望我们俩都不是那种因为贪婪金钱而去害人的豺狼般的人物。

虽然画卖了很高的价钱，但画家并没有得到多少好处。即使价格没有那么高，米勒和柯罗他们既不会去画一些粗制滥造的次品画，也不会少画些画。就我自己而言，我宁可当个每月挣150法郎的画家或者画商，也不愿去干别的可以挣更多钱的行当。因为我觉得画家比那些专搞投机倒把而且受各种习俗束缚的人活得更男人一些。就拿巴比松画派的画家来说，我认为他们不仅活得很男人，连他们所做的个人琐事都富有幽默感，焕发着生气。画家们的家庭生活虽然也有不幸和悲痛，但包含着真正的、诚挚的人类情感。画家们与大自然和谐共处，这是文明的表现。

当我把城里的居民和这里的泥炭工放到一起做比较时，我觉得还是后者更好一些，因为在我看来种地的普通农民永远是最文明的人。我和我搭伙的那家的男人最近谈起过这个问题。他问我有关伦敦的情况，他自己以前也听说过很多有关伦敦的事情。我告诉了他上面的话，我还说在城里很少见非常高尚的人，而通情达理的乡下人更多些。一个人离大城市越近，就越容易变得堕落、愚蠢和邪恶。

如果一个人不能意识到自己有多么渺小，那他就犯了根本性的错误。我们从小就有一个一直根深蒂固地根植在我们头脑里的观念，即保持某种地位或者维护某些习俗是极其重要的。如果让我们摒弃这一观念，我们会损失很大吗？我没有仔细考虑过这个问题，我只是凭着自己的经验觉得那些陈旧的、道貌岸然的、狭隘的规矩和观念根本不适用于神秘的现实生活。

有人跟我说："一个人如果没有了目标和抱负，也就没有了原则。"我们必须干些实事才能让生活更有意义。我又没有告诉你们我是否有抱负和野心，你凭什么对我做出这样的评价？

假如我们在这个社会中活得像任人宰割的鱼肉，有一天我们真的会被吞噬掉。我们知道自己虽然具有能让自己过得更好、更富有的能力、知识和品质，但我们却依然生活在贫困中。我并不是视金钱如粪土的人，但我不能理解有些人为什么会那么贪得无厌。

我和拉帕德都是有奋斗目标的人，我们都想成为画家。我们奋斗的过程中会遇到很多的困难，比如我们会和那些游戏人生的人之间产生分歧；有时我们也会感到沮丧、痛苦和消沉。但每经历一次痛苦，我们的性格便能得到一次磨砺，在痛苦中思考也会给我们新的启示和进步。

古斯塔夫·多雷有句名言："我像牛一样坚忍不拔。"我一直非常欣赏这句话，它其中包含着一种坚韧，一种诚实的美德。我们也应该在大自然中磨炼毅力，在看着庄稼慢慢成熟，看着事物逐渐发展变化的过程中，慢慢地培养自己的耐性。我们应该让自己充满生气，一直向前看，一直创造条件不断发展完善自我。

现在我每天都会画一两幅画。我必须前进，每天画的画就是我前进的一个一个脚步。前进的道路不总是那么平坦。你抬头看见了道路尽头教堂的尖顶，你以为已经到了目的地，但这时你目前会出现原来没看见的路，但你离目标越来越近了。不管道路有多崎岖，我都不会半途而废。

提奥，我特别希望你也能拿起画笔画画。从古至今不乏兄弟二人都是名画家的先例，比如奥斯塔德兄弟、杨·凡·爱克兄弟、朱尔·布雷东和埃米尔·布雷东兄弟等。

我从别人那里间接听说了那个女人的事情。我想知道她为什么不跟我联系，于是我写了封信给那个木匠，问他那个女人是否向他打听过我的消息。结果这个蠢货回信说她的确来问过，不过他以为我不想让那个女人知道我的地址，所以就假装什么都不知道。于是我马上写了封信寄到了她父母家的地址，我还给她寄了些钱。我的这种做法也许会引起误会，但我内心深处还是不想跟她断了联系。

兄弟，我特别希望你能来和我一起在荒原上的土豆地里画画，我们一起来观察那些犁地的农民和牧羊人；我们一起坐在火炉旁，看那席卷荒原的暴风雪随意肆虐。我不知道以后会怎样，但我希望你挣脱束缚你的枷锁，试着到这块荒原来闯荡一番。

今天早上你在信里说我根本不是做生意的料，这让我十分惊讶。我的个人和家庭生活全仰仗你的支持和保护才免遭毁灭性的打击，但如果我因为需要你经济上的支持而要你继续留在古匹尔画店的话，那我就太卑鄙了。我坚决反对你留在那里，因为我觉得美术品买卖会把你引入歧途。如果你一直留在古匹尔画店，你可能陷入困境，到时你可能会觉得这是我这个做哥哥的和父母逼你的。我不希望你为了我的成功而牺牲自己，扼制你自己的绘画才能。

金钱在这个社会是必不可少的。我知道绘画这条路刚开始可能会比较艰苦，我们会入不敷出，但它终将让我们获得自由，活得有活力而且还会让我们有所收益。与留在古匹尔画店相比，进入画画这一行是需要冒较大风险的，也许我们会失败。但我一贯主张宁可冒大风险也不去冒小的风险。如果你执意要留在那里，我不赞成，而且希望你不是因为我的缘故。

你先前在信中谈到了我们两个性格的差异，你觉得我更像个思想家。虽然我的确善于思考，但我自己并不认为自己就是个思想家。在我的眼里，你是个非常有个性的人，你是按照自己的丰富的情感和真实想法去做事情的。总之，我觉得咱们俩相似的地方比差异多。

我们俩的性格和在克伦威尔时期从旧大陆乘坐五月花号到达美洲并在那儿定居的那些清教徒之间有明显的相似之处，我们都是想过简单质朴生活的人。但现在我们所处的时代跟他们不同了。他们砍伐森林，而我们则要找着去画森林；他们的历史创举产生了很大的影响，他们不仅是思想家，更是实干家。而我们只想顺顺利利地活着，并不会从哲学方面思考问题。

我越来越明白我根本不适合做个思想家。人们一直认为经常探讨哲理的人是空想家，而我认为思想和行动并不相互排斥，我能绘画，也能进行思考。我思考的是如何将人的头手脚连接在躯干上，而不是我自己到底像不像个思想家。我的目标是尽可能画出又多又好的油画和素描。当我离开这个世界时，我可以带着轻微的留恋和歉意回顾过去，我会想要是我把能完成的画都画完该多好！

现在天气变冷，所以户外画画的季节已经结束了。我画了一幅着色习作和一幅吊桥素描，我还取另外的景色画了一幅吊桥的着色画。我想等下了雪，利用保留相同的线条和结构的方式把雪景衬托得更加逼真。

　　我收到了那个可怜的女人的来信。信里字迹潦草，很难辨认。她在信里说她很高兴收到我的信，她很担心孩子。她和她母亲住在一起，每天出去为人打杂。她对过去的有些事情感到后悔。虽然我知道我们不可能重新生活在一起，但我还是对她有一种深深的怜爱之情。虽然这不是爱情，但依然深深地埋在我的心底。

　　我对你在信中谈到的画家塞雷的事情很感兴趣。这种人是旷世奇才，一生中历尽千辛万苦，终于创作出杰出的作品。他就像一棵老树，逐渐老去的某一时刻，终于开出了美丽娇艳的花朵。

　　像他这样一个粗俗的人最终获得成功的确是一件好事。但在成功之前，他肯定经受了莫大的痛苦与煎熬，那种痛苦是旁人无法体会的。有关画家的生活以及什么是画家的问题，是非常深奥的。

回到纽南家乡

失落的亲情

我决定回家去待一段时间，这也许会让你感到意外。虽然我自己也极不情愿回去，但这几个星期以来，持续感冒和一直精神紧张让我感到身体很不舒服。也许换换环境会让我感觉好点。

两年后重返家乡，发现家还是能让我感受到快乐、亲切和亲情的。但让我伤心的是：在各自观点问题上，曾被我称作是那些愚昧无知的东西一点都没改变。每件事情上他们都犹豫不决。我所做的每一件事情都要算作他们的功劳，才能顺利完成，否则只能半途而废，他们从来没有真正理解过我。这又让我感觉不安，难以忍受但不知所措；让我窒息，严重挫伤我的热情和干劲。我觉得这是愚蠢的行为！

同时，我还隐约觉得父母对我总抱有一种戒备心理。他们感觉我就像一条被收留的粗野的大狗，他们担心这条狗会突然冲进屋子里大声号叫，妨碍其他人。而狗也会觉得他们收留它，只是出于怜悯。

但这条现在被当成畜生的狗曾经也是个人。它有情感，也很敏感，能够觉察出周围的人对它的态度。因为这条狗是父亲的儿子，一个很久以前就被遗弃在大街上，因此被环境所逼，不得不变得像条粗野的狗。

但父亲早就把这事儿忘了，所以提它也没什么用。

你可能会想是我伤害了父亲，所以你狠狠地训斥了我。我能理解你的想法和做法。我们都希望能够和睦相处，但这一愿望似乎很难实现。我担心你和家里人永远不能理解我内心有多渴望我们能和睦相处。

你是我的救命恩人。这一点我会永远记得！你在我心目中不仅是我的兄弟、我的朋友，更是我的恩人。你的大恩大德我无法偿还，唯有铭记于心！

父亲和特斯蒂格都没有给我自由，他们反对我追求自由和真理，这使得我心里始终无法平静。现在没人阻拦我了，但我还是没有看到光明，没有得到我想要的东西。我希望我终究能够实现自己的抱负。面对失败，无论心里有多么痛苦，我从来都没有因为回避而后悔，回避的原因是因为我发现自己对于邪恶的无知。过去的影响使我离大自然越来越远。由于无知，我觉得自己少年时候的生活充满了乏味、沮丧，就跟你的少年生活一样不幸。

一直以来，大家都想当然地以为我做什么事太任性、欠考虑，实际情况是我往往没得选择，不得不做，关于这一点其实你比我更明白。平常我或许看起来跟一块石头一样僵硬刻板，让大家以为我就是一个简单粗暴的人。在我还年轻的时候，我坚信成功的秘诀主要取决于机遇，成功往往是由一些偶然的无关的小事情或者风马牛不相干的误会造成的。但是随着年龄的增长，生活阅历越来越丰富，我逐渐改变了自己对于成功的看法，我慢慢认识到成功是受各种深层次的动机驱动的。

我的观点可能不太恰当，但本质上我的观点对人们的行为具有一定的指导作用。就像风向标其实改变不了风向一样，人们的看法也改变不了事实和真理。有些历史悠久的东西，到今天还依然存在着。

两年前毛沃曾对我说过，如果我继续作画，我会对艺术有更加深刻的认识，然后就会找到自我。最近我经常在思考他的这番话。

兄弟！请不要生我的气，也不要认为我有什么敌意。也许你会认为我这个人在很多方面很顽固。我承认这是事实。不过我的理由是：每个从事绘画、写作或者作曲的人都有着异乎寻常的热情和专注力，我也一样。

我现在也和你一样尊重老人，尊重他们的嗜好，虽然表面上并没有表现得很明显。我知道以我现在的年龄来说，我的感情有点太强烈。我认为这是正常的，我把自己看作是一个"野蛮人"。但当我面对弱者的时候，我就不会那么生气，而且不跟他们计较。

我们自己无时无刻都被残酷的现实驱使着。现实就是现实，它不会理会我们的悲观。夜晚当我躺在床上无法入睡的时候，或者当我身处暴风雨肆虐的荒原上，或在夜幕降临的黄昏，这个问题会不断萦绕在我的脑海里。虽然在家里的这间屋子里，我能感受到友爱亲情，但我内心深处比待在荒原的时候更加孤独无助。

重拾失落的亲情

我和父亲面对面谈过一次。当时我已经决定要离开，可因为我说的一句话使我们之间的关系发生了戏剧性的转变。我说："我已经在家里待了两个星期了，但我们之间并没有更深入的了解。要是我们相互了解的话，我们的事情早就解决了。现在我不能再浪费时间，我必须做出抉择！"然后我建议腾一间房出来，用来放我的东西，而且在我们觉得适合在家搞创作的时候用这间房来做我的画室。我觉得这是一个很好的安排。最终父亲决定把原本当洗衣房的那间小房子腾出来给我。

我在构思另外一幅水彩画。画中是一些正在整理织布纱线的织工。我见过晚上赶织出来的有着各种颜色的布，也亲眼见过织工们在油灯下织布的场景。他们弯着腰整理棉纱身影在织布机机架和白色的墙上投下大大的暗影。他们现在照明工具换成了吊灯。我从一个织工那里弄到了一盏老式的小油灯，样子跟米勒在《守夜》中画的一样。

因为我现在有了自己的画室可以存放东西，于是我从海牙把我的画和画具一并都运了过来。我准备在这间属于自己的新画室安顿下来，并画出新的作品。

我见过那个一直让我牵肠挂肚的女人了。我们两个肯定无法再破镜重圆，但我们都后悔当时没有选择一种两全其美的、更为折中一点的办法来解决问题。

那个女人靠给人洗衣服挣钱养活自己和孩子们，尽管身体不好，但她还是努力尽到了一个母亲的责任。当时她生孩子的时候贫血再加上肺结核，莱顿的医生劝她找个安静的地方休养，所以我把她带回家了。跟我在一起的时候，她的身体很多方面都有了好转，有些症状甚至消失了。但现在她的身体每况愈下，我担心她会有生命危险。我曾经当做亲生孩子一样照顾过的那个婴儿现在身体也不像跟我在一起时那么好了。

我一直在鼓励她，安慰她，让她沿着自己选择的道路继续走下去。因为我同情她，所以对像她这样一个被遗弃的贫病交加的女人，我会一直帮助下去的。

1883 年，尤其年底，对我来说是非常艰难、凄惨的一年。母亲摔伤了腿，大腿骨关节骨折。家里派人把正在农场画画的我叫了回去。我帮助医生接好了母亲的腿。医生说手术比较成功，肯定没什么危险。不过母亲年纪大了，恢复起来比较慢。

我现在没有时间也没有心情写信。我不是陪着母亲，就是在附近的织工家里。母亲出事的时候我刚好待在家里，我很欣慰。发生了这些事情后，我和父母之间存在的分歧也就不那么重要了，我们之间的关系得到了很大的改善，我们相处得很融洽。也许我能在纽南待更长的时间。我可以帮助母亲多做活动。母亲很乐观，情绪也非常平静。前几天我还为她画了一座有树篱和森林环绕的小教堂。

每天我忙着画织工。跟我在德伦特画的那些画比起来，这些画在技巧上更加成熟。我的最后一幅画画的是一个坐在织机前的男人，橡木制成的织机上刻有 1730 的字样。织机旁边的一扇小窗户前放着一张童椅，椅子里坐着的一个婴儿一直盯着快速飞转的梭子看。画中呈现出织机本来的全貌，而在这间破烂的泥地面的小屋子里，所有的一切都显得特别拥挤。

请你把马奈画展的详细情况写信告诉我。马奈的画我见得很少，我特别想看看他画的那些裸体女人。我一直觉得他的画很有独创性，像左拉等人对他的高度赞扬是实至名归了。不过左拉说马奈开辟了当代美术思想新天，这个评论我可不大同意。我认为是米勒，而不是马奈，才能算得上是这样的极其重要的当代画家。我承认马奈是个天才，但还算不上是19世纪最杰出的画家。

作为对你信中提到的钢笔画和水墨画的答复，我准备把我画的五幅织工的画像寄给你。我觉得它们在技巧上，比我画的其他的钢笔画更有活力。我最近还开始画织工的水彩画了。我觉得我已经画完的和正在画的那些钢笔画、水彩画和水墨画看起来还挺富有生机，挺有价值的。

现在，比起受人恩惠得到10个法郎，对我来说凭着自己的努力挣来5法郎更有意义。我们俩是好朋友好兄弟，应该互相尊重。我不能容忍我们之间变成施恩与接受恩惠的关系。

如果我想要我的画更热情，更活泼，那么我自己也要活得更有生气。虽然我讨厌孤独，但除了我被一种宗教思想所迷惑的几年，我的生活一直都处在沉闷、枯燥、冷酷之中。

从今往后我将尽可能少接受你的钱，因为我实在无以为报。我准备每个月都给你寄些画，这样让我感觉自己是通过把画卖给你而挣到钱的，这样也可以堵上那些老说我没有任何收入来源的人的嘴。我寄给你的画你可以随意处置。只要有人肯给钱给我，即使他们对我说："我想扔掉你的画。"或者"我要把它烧掉。"这样的话我也会卖给他们的。因为我实在太缺钱了！

从你那里得来的钱我肯定是要还的。不过现在我还没能力还你。我还想找别的画室，希望你和父亲都不会反对。只要我能赚足够的钱来重新买一栋房子，我就会从家里搬出去的。

这个月我会寄给你一些钢笔和水墨画。有一幅画的是一个正在织红布的高大的织工；另一幅画的是麦田里的一座小教堂；还有一幅画的是一个古老的小村庄的景色。拉帕德见过这些画而且很喜欢，他尤其喜欢《树篱后》《翠鸟》和《冬园》几幅画的意境。还有几幅着色作品，如果你喜欢我就一并寄给你。即使你不喜欢我也想请你帮我暂时保存着。

昨天母亲坐着小马车来看我。最近我的人际关系开始好转起来。人总是需要与其他人来往的，孤独感会影响一个人的工作。也许我跟周围人的关系还会恶化，对此我也有心理准备。也许再过一段时间，我也会跟你一样认为去年发生的变化改善了我的处境。布拉班特是一场梦！对于不得不放弃自己想干的事情，我一直感到非常遗憾。

有关色彩的见解

最近我除了画画还是画画，我完全忘了画家协会这回事。我对那个协会并不感兴趣，而且就像我曾经跟你说过的那样：如果我申请入会，肯定会被拒绝。我得抓紧画几幅新的水彩画。还有我正在全身心地投入到有关织工市内情景的两幅大型的创作中，这也让我更加没心思理会入会的事情。

我刚刚完成了一个织工的画像，画中一名织工站在织机前面。我还画了一幅我们菜园后面那个池塘的风景画。去年冬天你来信说发现我的有些水彩画的色调上比以前进步了很多，希望你回来的时候能在我的画里看到更大的进步。

我的调色板里没有银白色，有的全是棕色调（像沥青和褐色的颜料等）。我敢肯定有些人不太喜欢这些色调。有些画家极其反对我们使用褐色颜料和沥青，但许多绘画杰作都是用这些材料画成的。如果绘画时对这些色彩加以适当的调和，可以画出色调丰满、柔和而浑厚的作品来。

我认为在评价一幅画作的好坏时，我们不能将它的色彩单独拿出来评头论足，比如可以将黄褐色与深棕红色、深蓝色或者橄榄绿混合起来用，以表现草地或麦田那种极其柔和的嫩绿色。我猜德·博克肯定也会赞同这一点，他将某些颜色称为"暗色"。我曾经听他说在柯罗的一些作品里，整体上看画中的夜空颜色非常明亮，但如果你单独拿色彩来看，这种明亮是用一种很深的灰色调表现出来的。

由于色调的问题，所谓的暗色有时可以显得很明亮。其次，在绘画中可以发现真实的色彩。由于相邻色彩的差异，某种浅灰色看起来要比不太红的红色显得颜色更深或者更浅一些，比如蓝色和黄色。在紫色或者浅紫色的旁边，只需要很少的颜料就能画出鲜艳的黄色。

有时候我认为人们口头上经常所说的色彩，其实是指色调（现在很多人更倾向于叫色调）。

我非常高兴能读到弗罗芒坦的《从前的主人》，这本书中多次讨论到了我最近一直非常关注的那些问题。我听说伊斯拉埃尔斯就如何使较深的色彩能显得明亮发表过个人见解，简而言之，就是通过两种或者几种颜色的对比来使像黑色等的深颜色看起来比较明亮。但我至今还不完全相信这种方式能达到预期的效果。我和雷斯达尔、杜佩雷都不喜欢像毛沃那样把灰色的天空永远画成具有地方色彩的作品。

画肖像画和画风景画的方法类似，比如伊斯拉埃斯使用完全不同于勒尼奥或福尔图尼的方法，因而他画出的用白色墙体衬托的人物也很不一样。

我一直在专心致志地画一个纺纱妇女像。这幅画画面很大，并且用了深色调；画中纺纱女人穿着蓝色的一幅，肩上披着一条麻灰色披巾。旁边还坐着一个年纪比较大的男人。我的这些习作当中都没有用黑色，因为我需要某一种强烈的色调效果，因此我将靛蓝与赭色或者将普鲁士蓝与红褐色同时使用，能产生一种比纯黑色调要深得多的效果。有人说自然界里根本没有黑色，听到这样的话时，我会想实际上颜色中也没有黑色。

色彩的规律极美，它们不是偶然生成的，所以它们的美无法用语言来形容。如果你能遇到好的色彩方面的书请给我买一些。我打算认真研究一下色彩原理。

我觉得很难画出夏天的意境，夏景经常要么非常难画，要么就是画出来不好看。能充分而富有美感地表现出夏天意境的作品是非常杰出的。春天里有嫩绿的麦苗和粉红色的苹果花，因而是柔嫩的；秋天有黄色的树叶与紫色的背景相互映衬着；冬天则是白茫茫的雪景，夹杂着许多黑色的侧影。然而，如果把夏天画成在金黄色小麦的映衬下深浅不一的蓝色基调，那我们也可以用各种互补色来表现其他三个季节。

乌德勒克城情事

提奥，我要告诉你一件发生在这里的可怕的事情：玛戈特小姐跟她家里人吵了一架，她家里人说了一些她和我的坏话，于是她在绝望中服毒了。这件事情几乎没有其他人知道，事情的来龙去脉我也无法一下子跟你说清楚。不过你还记得《包法利夫人》中神经病发作死去的那位包法利夫人吗？事情跟那个有些相似，不过要更复杂一些。我们俩私底下散步时，她经常跟我说她不想活了，但我压根就没当回事儿。

有一次散步时她摔倒了。刚开始我以为她是身体太虚弱了，但到后来她的情况越来越糟。原来她一直在小剂量地服用马钱子碱，也许为了止痛，她还同时服用了氯仿或者鸦片酊，这个刚好是马钱子碱的解毒药。

她服毒后被送到了乌得勒克城里的一家私人诊所。她的身体应该会康复，应该不会再轻易地结束自己的生命。但我担心她会受到精神上的折磨，如果她得了脑膜炎或者神经过度兴奋，那后果不堪设想啊。这在很大程度上取决于她所处的环境和她的亲友对待她的态度。他们应该无微不至地关心她、照顾她，就像什么都没发生过一样。当然，目前他们把她照顾得很好。

你应该可以想象到因为这个意外，我有多么沮丧！现在想想我都后怕！我们俩当时在野外散步，她告诉我说她家里人责备她的那些话和对她说话的那种方式都让她绝望，他们说她太老了。唉！你说这些上流社会的人一直要维护的所谓社会地位和信仰到底有什么意义？我觉得这些全是荒唐至极的东西，把整个世界都搞得乱七八糟！

我去乌得勒克看过她，陪了她一天。我去问过她的主治大夫，大夫说她身体一直很虚弱，因此不适合结婚。我之所以问大夫是因为我想知道为了她的健康和前途，我该做些什么，不该做什么，比如是继续跟她来往呢还是跟她断绝关系。不过现在断绝关系很危险，要等一段时间才能做出决定。

尽管这个女人被其他五六个女人搞得又病又累，因此服了毒药，但她还是感觉自己赢得了胜利，找到了安宁，她以前从未真正爱过一个人。因此她带着几分狂喜似的说："终于我也爱过一回了！"这让我感到十分可悲。

可惜我在十年前没有遇见她。当初她就好比一把昂贵的、非常稀有的克雷莫纳提琴。但现在被折磨得像一把被笨手笨脚、不会使用的师傅糟蹋过的提琴。

我宁愿为爱死去，也不愿被烦恼所困。这是我们俩在遇上困难时都会说的一句话。这也让我一开始就感觉她身上有种高尚的气质。但可惜，她生活的这个墨守成规的家庭一直试图压制她那种积极、主动、温和的性格，他们一直想驯服她，因此才会出现五六个女人把她逼得服毒自尽的结果。唉！要是他们没有压制她该多好啊！

现在有人问我们俩同样的问题："你为什么和他（她）好？"也许别人会认为我蠢。但我对他们议论的回答就是：在我的眼里，那些从不做蠢事的聪明人比我更加愚蠢！我们都有很多的不幸和忧愁。我知道她爱我，我也相信自己是爱她的，我们都不会后悔这段感情。

这段感情终将走向何处，我不知道。但不管怎样我们两个人都不会做出愚蠢的事情来。为了保持她的社会地位、顾全她的脸面，我一直很慎重，非常尊重她的意愿。我担心人们对我们固有的偏见会跟多年前那样，再次冷酷无情地毁了她，使她变得麻木、僵化。

说道凯，我唯一一次见到她，是看到她一年后拍的一张照片。她没有变坏，相反变得更加有意思了。在神学家看来，想要一个女人不得安宁，就要她们突然变得不再迟钝，停止思考。有人觉得让她们猛然面对现实和爱情是很可怕的。因为在男人眼里，女人永远是跟他们不同类的妖魔。

提奥，过去我心肠很软，性情温和，内心驯服；但现在我已经变了，我不再那么幼稚。可是我为什么要改变自己呢？长大的日子充满了无法逃避、无法阻止的痛苦。一个人要想成功，就不能害怕失败，不应当怕犯错误。许多人觉得只要不去害别人就能算得上是个好人，这是骗人的谎言，这种谎言使人变得迟钝而庸俗。

我不介意你说我一事无成。征服或者被征服的过程中，人都处于兴奋状态，都会有所行动。假如你面前放着一块空白画布眼巴巴地看着你，那你就赶紧在它上面画点儿什么。如果你眼睁睁地看着它但什么都不画，那你会听见画布说："你什么都不会画，也不懂怎么去画！"听到这样的话，一个画家该有多么有挫败感。不少画家不敢去面对空白的画布，可是空白画布也会屈服于敢冒险的、充满创作激情的画家。

生活总会充满了空虚单调、令人沮丧、绝望的事情。但无论生活多么不如意，一个有自信、有干劲、有热情而且深明事理的人是不会被生活所影响的。他投入地生活和工作，并且不断积蓄着向生活发出挑战的力量。让那些冷酷无情的神学家们说去吧！

最近我过得很辛苦。在各种感情的纠结中，我寝食难安，这使得我过度劳累，身体虚弱。但听到从乌得勒支传来的有关她的好消息，我相信自己会很快恢复的。从她的来信中我能感觉她逐渐增强的自我意识，整个人也逐渐变得正常起来。但她在字里行间流露出一种愤慨。也许她对社会现实的激愤程度不如我深，但她也发现了那些以破坏别人的幸福而取得快感的人。

你曾经说我会永远孤独地活着。我不能认同你的看法。我不会改变我现在的生活方式去，也不会去过一种平淡的生活。也许我会遭遇失败，也可能经常被人误解。可这些又能怎么样呢？我并没有犯错。一点瑕疵都没有的人也并不一定就是最完美的人。

我不在乎别人怎样议论我，怎样看我。也许你会觉得我太过随便了。但如果一件事情证明是我做错了，那我绝不会想自己一开始就不应当做这件事情。失败的次数越多，我就越有理由重新努力。即使有一件事情根本不可能做到，我也会沿着这个方向一直努力下去，因为我是经过深思熟虑的。

我很清楚我的前途并不是一片光明。我知道我要努力奋斗，因为我的作品和我本人将会遭到许多人的反对，在很多情况下都会给人留下不好的印象。年轻人都不喜欢我，但这一切我都不会放在心上。在1848年和1884年的人和画家中，我更喜欢1848年中的革命者，像米什莱和巴米松画派的农民画家那样的人。

我觉得父亲和我一样都认为我们父子之间存在的明显的分歧，并不是因为我们都说话太直率，而是天性所致。但我并不希望伤害其他人，也希望父亲不要总是反对我。

仔细钻研绘画技巧

我越来越喜爱自己的工作了。现在我正在画一个牧羊人的画像，还有一幅柳树的习作。现在我这里正值美丽的秋日。再过两个星期，树叶会在短短的几天里全部掉光，那我们就能看见真正的树叶瀑布。如果运气好的话，那幅牧羊人的画像可能成为一幅具有古老布拉班特色彩的肖像画。

咱们已经讨论过很多有关印象派的话题。在荷兰，我们很难搞清楚这个派别的真正含义。我和拉帕德对目前的发展趋势很感兴趣。有一种新的令人意想不到的新观点正在出现，人们使用的绘画色调和几年前有很大不同。

我画了一幅大型秋天景色的习作，画中有一条小路，路两旁的白杨树叶变成了金黄色，阳光透过树叶照在地面的落叶上，阳光的亮点与枝干的阴影形成对照。自从你来过这里跟我见过面之后，我的色彩使用已经有了变化，你可以从近两三个月的习作中看出这种变化来。这些作品也能证明我在色彩方面已经取得了一些成绩。我想如果我经常画画，一年之内，我在画法和色彩方面会有更大的变化，我更倾向于使用深色。

你来信中提到的那个不幸的消息确实让人感觉不愉快，我们必须努力使情况向着对我们双方都有利的方向发展。我已经在努力与毛沃恢复联系了，如果可能我还想联系特斯蒂格。我想你肯定不会赞成我这样做。我在信中强烈请求特斯蒂格能给我一次在毛沃家里画画的机会，我需要像毛沃这样非常有才华的人对我新学会的东西给予一些指导。时间一长我就没有施展自己新技能的勇气了，而且我已经有一年多跟美术界没有任何联系。当然有可能他们两个谁都不会给我回信。

相比去年，今年我在画画上花的时间多得多。多画的好处是：现在只需一个早晨的时间，我就可以轻松地照着模特画一幅头像；我的色彩运用更为单一也更为恰当，我的技巧也更具特色了。当然画得多了，我在颜料上花的钱也多了。

目前因为画得太多，所以我很缺钱，虽然我也精打细算，但根本没法节省开支。我自己已经决定的事情就要抓紧完成，这是我的性格造成的。

我知道你现在也缺钱，也许有人会说艺术家根本就不善于理财。但我们必须继续下去，情况一定会好转的。

你在信中说如果我能画出好的作品来，我的成就肯定远远超越谈论革命问题的人。你还问我能否指出一些在美术界进行改革的新观念。关于这个问题我首先想请你支持我向毛沃和特斯蒂格表示友好，因为我需要挣些钱。我希望你也能运用你的影响力来帮我摆脱经济困境。如果我能有足够的力量干点事业同时还能挣到钱，那我会很高兴根据我的亲身体验，就什么是妨碍画家进步的、需要改革的美术界问题，尽量给你提供些新的线索和观点。

这几天天很冷，但我依然坚持在室外画好我今年最后一幅室外大型习作。这幅习作画的是位于艾恩德霍芬对岸的根内普的一个古老的水磨坊。在冬天的这几个月里，只要能找到模特，我打算画 50 个左右的头像。现在只要有钱有条件，我就画，作品数量比以前多得多。

你还记得以前我经常跟你谈起我非常喜欢德·格罗的创作吧？最近我时常想起他。我们不仅要看到他的历史画，还应该看到他的那些带有淳朴的布拉班特风格的作品，比如《穷人的长凳》。如果当时德·格罗为了迎合人们的喜好，让他的布拉班特素描中的人物穿上中世纪的服装，那他早就名利双收，财产与利斯不相上下了。但他并没有那样做。而多年以后，人们对那种热衷于中世纪风俗的画法反响热烈。这种个性鲜明、情感严肃的现实主义，当时无人理会，但现在已经受到人们的热烈追捧。

我认为一个人如果注意努力效仿杰出的大师，有时候会发现大师们的创作全都回归现实了。因为如果我们带着同样的眼光和情感去发现的话，在现实中总能找到大师画中的影子。我相信如果评论家和鉴赏家不只是埋在画堆里互相比来比去，而是更亲近大自然，更熟悉大自然的话，他们做出的评价会更中肯一些。在画堆里作比较的做法本身没有错，但如果忽视了自然，它就缺乏可靠的依据。就像你很少甚至没踏进过农舍，很少或者几乎没有跟这些现实中的人交往过，那你还能领会到你喜爱的那些画中描绘的自然风光所包含的那种感情吗？

毛沃和特斯蒂格已经非常礼貌地拒绝跟我联系，不过我并不失望。我认为这跟我送去参展的一幅画遭到拒绝一样。现在我感到高兴，因为我觉得自己最终肯定能说服他们。我会在批评、敌视、甚至反对中变得坚强，而且学到很多东西。

再过两三天我会给你寄去我画的 12 幅小型钢笔水墨画，这些是我根据头像习作画成的。我感觉自己还是最擅长画人物画。但人物总会受到某种环境的影响，在他们身上显现出环境的特征。我还没想好怎么处置这些头像，但我会从这些人物素描本身去构思的。

我听说你这一年干得不错，有人愿意出1000法郎月薪给你，但被你拒绝了。我能理解你，既然已经加入了古匹尔画店，你就愿意一直待在那里了。

1884年10月24日出版的《插图》里有描绘里昂织工罢工的一幅素描，这是保罗·雷诺阿德画的。画里的织机没有开动，还有几个人坐在织工的茅舍里。这幅画里蕴含了深刻的哲理，还有很多的人情世故，我认为这幅画一点都不比米勒、杜米埃、莱帕奇等人的作品差。雷诺阿德一直在大自然中创作，从不模仿别人，一开始就有自己的风格，而在技巧上，他与那些才华横溢的人相比，也毫不逊色。他现在能达到这么高的水平让我相信：只要一个人真实地在大自然中创作，他就会取得越来越大的进步；相反，如果一个人不这么做，就不会成功。

我又画了一些画，我没有办法不去画画。你说："今天我们的作品，也许会在以后得到赞赏。"这句话我不太明白。我要是你，我会明确知道一幅作品现在是否有价值，我会很自信，并且有自己的见解。

即使以后我能画出更好的画来，那我的画法肯定还是一样。就比如一个苹果从生到熟透，但它还是那同一个苹果；起初被城里人当作野草的小麦还是小麦。我一开始的想法到后面也不会有所改变。就像我对自己的一个假设：假如我现在是个没用的人，那将来我也不会有什么用处；同样，如果我将来能成大器，那我现在就不是一个凡人。

你信里说让我把手头合适的作品寄给你，你试着送去沙龙参展，为此我非常感谢你。但现在我好像没有什么想送去参展的作品。最近我基本上专画头像，严格意义上说，这些头像画只能算习作。不过我还是会给你寄些过去，你可以在沙龙里遇见很多人，把这些作品给他们看看也许会比较好。一年多来，我专攻油画，现在的这些油画跟我以前寄给你的着色习作有些不同。如果早在在六个星期前我就知道沙龙参展的事情，我会画一幅纺纱妇女的全身像拿去参展，那现在我只能寄给你一个年轻女人的头像了。

我猜我画的这些头像在你看来是不伦不类的不入流的东西，因为这些都取材于长满青苔的农舍。很多画家都画女子头像，比如惠勒斯、密莱斯和鲍顿。画像的好坏完全取决于画家在作画时的激情和对画像真实度的呈现。只要真实，像艾尔弗雷德·史蒂文斯和蒂索特等人的作品都会很美。

因为我没有很多机会去接触贵族阶层的妇女，她们也不愿意摆好姿势让我画，妹妹们更不愿意做我的模特儿。我不太喜欢穿礼服的女子，我见过最多的是那些穿着短上衣和裙子的妇女。不过就像你说的那样，我们可以把她们画得很真实。夏尔丹是法国人，因此常画法国女人。我觉得那些体面的看似高贵的荷兰女人画出来或者想起来并不迷人，因为她们缺乏法国女人所具有的那种魅力。相反普通的女仆却很有法式的魅力。

雪还没化的时候，我画了几幅花园的习作。我画完之后这里的景色就发生了很大的变化：夜空下，农舍和高高细细的白杨都看起来黑乎乎的，农舍前面是一片颓败的草地，水沟两旁的黑土使得草地显得更加斑驳。

我和很多人一样也认为这是十分壮丽的风景。但我更关注的是一幅画像的比例，我必须先掌握好画肖像的技法。我可以理解像杜比尼、阿皮尼、雷斯达尔以及其他很多人完全陶醉在迷人的景色中，我们在他们的作品中能体会到他们自己对天空、地面活着一潭清水这些所画的景物都怀有一种满足感。

在我眼里，这里的农民是蓝色的，因此我一直在用这种颜色。农民穿着自己织的粗亚麻布料的蓝色衣服，当衣服褪色后，衣服呈现出一种更加柔和素净的蓝色，使得人的皮肤颜色更加突出。在成熟的金黄色麦地里或者在枯黄树叶的映衬下，那种蓝色非常漂亮，令人印象深刻。

现在我白天画画，晚上在农舍里的小油灯下，昏暗得连调色板上的颜色也几乎分不清楚的时候我也画。之所以这样没日没夜地画，是因为我想发现光线是否会产生某种让人意想不到的效果。

非常感谢那幅仿照勒米特制作的精美的木刻。像勒米特这样的美术家，他们在构思作品之前肯定近距离地研究过农民的形象，因而能够轻松自信地创作出这么好的作品。我需要多看看这样精美的作品。我很清楚以我自己的能力现在还画不出来那样的画来。我永远直接仿效自然的创作观点以及在积满烟尘肮脏不堪的农舍里画画的创作方式，让我无法见到精美的作品，因此这幅木刻让我备受鼓舞。目前我几乎连一幅素描都拿不出来。但我确实在画画，这样为的是有朝一日我自己也能轻松自如地搞创作，画习作、画油画等。

农民画家和《吃土豆的人们》

我把自己称作是个农民画家，以后你会越来越体会到我的这个特点。在乡下，我无拘无束，我和矿工、织工和农民度过了很多个夜晚，这让我大有收获。除了画画外，我经常坐在炉旁沉思。我被自己亲眼看见的农民的生活深深地吸引着，我的愿望只有两个：一是生活在农村的中心；二是亲手描绘乡村生活。我觉得我属于这里，我的工作在这里，我应该坚定不移地朝着自己的目标前进。

想要人们接受我的画，我还要继续艰苦奋斗。但是我绝不气馁。我曾经看过德拉克洛瓦谈到他的画曾经被无情地拒绝。他是多么勇敢啊！跟他比起来我根本不算什么，但我也会像他一样继续奋斗！

你信上说人们对米勒的画反响并不热烈。这对画家和画商来说，都是令人沮丧的消息。米勒自己也已经察觉到了。城里来的人画的农民肖像虽然画得非常好，但总会让人看到巴黎郊区的影子。这是不是因为这些画家对农民生活的本质没有深入地了解呢？优秀的大师级画家德·格罗画出的农民很有农民的本质特点，他的画具有米勒的风格。虽然他现在还像杜米埃和塔萨尔特那样是个无名小卒，没有得到公众的普遍认可，但已经有人在按他的风格作画了，比如梅勒里。勒南写过这样的话：如果一个人想要真正地取得一些成就或者干些有意义的事情，他就别指望有很多人能够支持赞赏自己。相反，他应该对也许只有很少的人赞同并参与到自己的事业中来这种情况有心理准备。

我坚信还有一些虽然被城市吸引并被束缚在城里的人，依然保留着有关农村生活深刻的记忆，永远怀念着田园风光和那些农民们。我自己曾经好几个小时在城里逛来逛去，就为能在商店的橱窗里看上一眼具有一丝农村气息的景色，而我根本不在乎是什么样的景色。

这个星期我在画一幅农民们晚上农舍里围在一起吃一盘土豆的速写。我白天在农舍里，然后回来后在油灯下继续画。连续三天我早上很早起来，晚上很晚才睡，不停地画。我把这幅速写画在一张大画布上。我敢肯定科尔叔叔会对它吹毛求疵，不过我反驳这种挑剔的人的说法就是：只有非常灵巧的手才能把自然光的绝妙效果表现出来！优秀的画家既懂得如何画好最关键的画龙点睛的几笔，同时也懂得如何赋予一幅作品生机。我现在还无法达到这种水平，这让我痛心疾首。我现在的水平就只能达到是把自己看到的东西真实地画下来，当然不会一模一样，因为我也是总是按照自己的性格喜好来观察自然并把它描绘出来的。我现在不只想画出一只手或者一个人的头，而且还想把手和头表达的手势和表情传神地描绘出来。总之我想表达的就是真实。

我想把这幅《吃土豆的人们》的速写改成一幅真正的画，这也许可以送去陈列或者参展。我很高兴听见波尔捷评论说他在我的作品中发现了个性。我努力使自己的作品更有个性，几乎不考虑人们是否赞同。我也很在乎波尔捷先生是否对我的作品一直能做好评，因此我会努力创作出能够让他一直对我有这种评价的作品来。

我已经将这幅吃土豆的速写制成一块石版，波尔捷先生要多少就给多少吧。我想向波尔捷先生指出一点，那就是我的画不同于荷兰画家道或凡·斯亨德尔笔下的灯光。他们把原本很暗的黑色画得暗中透着光亮，这是他们最大的成就。

有人评论米勒的肖像画时，说他画的农民好像是用农民播种的土地来着色的。这句话非常贴切，非常真实。懂得如何在调色板上调配出一些叫不上名字的色调，这对绘画来说非常重要，是画一切事物的基础。

我对印象派了解很少，不知道它的先驱和最重要的代表人物是谁。但他们周围聚集了像德拉克洛瓦、柯罗、米勒和其他一些画风景画和农民画的画家。绘画和色彩有特定的规律和基本原理。我可能已经落伍了，与美术界也失去联系很久了，但我特别相信德拉克洛瓦和他那个时代的人，所以我想劝你研究一下德拉克洛瓦关于色彩的理论。作为鉴定人，你应该和画家一样知道色彩和透视的规则，这会对你有实质性的帮助，让你成为一个非同一般的高明的画商。

我认为一件作品中感情越强烈，对自然的表现就越真实，而越容易受到批评和敌视。但最终它将经受住这些批评和敌意。《吃土豆的人们》是我对这种题材的一次尝试。我知道它有很多不足之处，甚至还有某些完全错误的地方，但它非常真实，比那些没有一丝缺憾的画更真实。

想要画好农村题材的画，画家必须掌握很多东西，包括在物质上的努力和对农村生活的亲身体验。春天漫步在绿草之中；夏天仰望蔚蓝的天空或者走在成熟的麦田里；秋天踩在厚厚的金黄色的落叶上；冬天踏着厚厚的积雪或者待在温暖的火炉旁，是非常惬意的。跟割草机和农村姑娘待在一起也是件美事。你会感觉人生一直如此美妙。你可能睡在禾草上，啃着黑面包，但当感觉自己还健康地活着时，你会很高兴。我并不是说不列颠尼、卡特威克或者博里纳日的自然风光比不上这里，我是觉得这里的荒原和村庄是如此美丽，因此今天我散了好几个小时的步。

我又在画《吃土豆的人们》了。我画的人的手部有了很大的改动。我不知道波尔捷先生会对这幅画如何评论，只有确信在他的眼里我这幅画有价值，我才会把画送去给他。我的确也有了一些进步，其中有一些东西是在我以前的画里看不到的，尤其是那种真实感。希望你在其中也能发现不久前你在信中提到的富有个性又具有跟某一流派画家的相似之处。这幅画中的头和手是我用了整整一个冬天才画完的，其他的部分花的时间不多。画这幅画的那些天我感觉自己像是在经历一场战斗，我一直处于兴奋状态。

我想在你生日那天把这幅画送去给你。在这幅画中，我想清楚地表现那些在油灯下吃土豆的人们是如何用手伸进盘子里抓土豆吃，然后又用同一只手挖地的，这是他们真实劳动场景的呈现。我作画的初衷是想让人们对完全不同于我们文明社会的另一种生活方式有所了解，因此我根本不奢望我的画会受到每个人的赞赏。

有些人喜欢画穿着最好衣服的农民，而我觉得画出他们不拘小节的真实状态会取得更好的效果，比如：一个农村姑娘穿上打满补丁、布满尘土的蓝裙子和齐腰的上衣才好看，她那些因为日晒雨淋而褪色的旧衣裙颜色非常柔和；但如果让她穿上一件贵妇的礼服，她就没有那么迷人了。在我眼里，一个农民穿上粗布衣服在田间劳作比让他穿上礼服去教堂做礼拜更具代表性，更能凸显农民的特色。

我认为把农民们画得带有传统的平静和高雅的气质也是不符合农民特点的。如果一幅农民画中散发出熏肉的气味、冒着土豆的热气，这一切都无伤大雅，就像马厩本来的特点就是要有股马粪的气味。田地里散发出成熟农作物的气息，或者散发人畜粪便的气味都是对人类，尤其是城里人非常有益的。

描绘农民生活是一件需要认真对待的事情。我如果不努力创作出能让那些认真对待艺术和生活问题的人进行严肃思考的作品来，会遭受自己良心的谴责。我在沙龙的大批展品中见到了许多画，这些画在绘画技巧方面是无可挑剔的。但它们不能满足我的情感和愿望，所以我十分反感。

一幅画快要完成的那几天是最危险的时候，你知道在画没干透之前，在上面用大画笔涂抹很容易把画弄坏。需要改动的时候要用小画笔轻轻地小心地涂改。为了不把这幅画弄坏，我索性把它拿到艾恩德霍芬的一个朋友那儿去了，让他帮我保管三四天。然后我会去用鸡蛋清洗刷画面，进行最后的修饰和改动。

我制成石版的这幅画画面很暗，空白处几乎没有用白色，只是用深灰色进行了处理，但仍然显得很白。画面里有一间点着一盏小油灯但依然很昏暗的屋子。屋子的墙壁被烟熏得黑黑的，还有脏兮兮的亚麻桌布和女人们干活时戴的帽子在油灯下看起来都呈现出一种深灰色调，而油灯的黄红色的火苗比白色亮得多。

在画人物的肤色时，刚开始我试着用黄褐色、红褐色和白色把他们的皮肤调成人们所说的肉色。在全部头像画完之后，我觉得农民的肤色显然不会那么浅。因此我又重新来过，把他们的皮肤画得像还粘着泥土的带皮的新鲜土豆。

画这幅画时，我全凭自己对那种场景的记忆，我自由地发挥着自己头脑的想象，这是我将德拉克洛瓦的理论第二次进行实践（第一次是有关色彩的理论）。这一次我是按着他关于绘画创作的理论去作画的，他说最好的画是根据自己的记忆画出来的，即"用心画成"。我每天晚上都认真琢磨细节问题，把头像画了一遍又一遍。

现在我已经把画带回到那间农舍里，准备根据原景做些最后的修饰改动。我认为我的这幅画基本完成了，虽然在我眼里它并不是那么完美无缺的。

不知道你是否会在这幅画里发现你喜欢的元素。我当然希望你能喜欢，也能看出我既有保持着自己思想的独立性，同时还有与其他人一致的地方。尽管这幅画与荷兰前辈大师的画风格迥异，时间也晚了两个世纪，但它也源于农民生活，因此具有其真实性、独特性。

我十分欣慰听到波尔捷说他说话算话，我也并不在意他把我后来画的那些习作没有挂出来。但我送给他的画他必须答应展出才行。虽然杜兰德·鲁尔认为这些素描毫无价值，甚至会嘲笑我，这幅画还是一定要拿给他看，希望他能看出我作品中的活力。他也许会说："多么粗制滥造的画！"但我们必须继续画出独创性很强的、真实的作品来。

将《吃土豆的人们》放在金黄色的背景或相框中都很好看。但如果放在黑色的背景下，就很难看，如果背景太过暗淡就根本看不清楚，主要是因为画面上画的是一个本身就很阴暗的屋子内部。装在金色的相框里，会产生光亮的效果，消除了在暗色或者黑色背景下那种斑斑驳驳的效果。金黄色对蓝色的阴影起了衬托作用。

《吃土豆的人们》这幅画是我带着一种激情去画的，我一直不厌其烦地画着，修改着，一直忙碌得连搬家这么重要的事情都忘了。我敢说这幅画将会一直保值，这也是我以后进步的起点。

我很高兴听到波尔捷和塞雷对《吃土豆的人们》这幅画的评论，他们说在其中看到了美。你信中说波尔捷表现得比商人更热心，不知他能否为我的作品做点什么。我也不知道该说什么好，相比较那些自认为对此类事情不屑一顾的人来说，也许热心人会考虑得更全面。

我能做的就是尽最大的努力画出更富活力的作品来。很多人刚开始都极其渴望、非常有激情地去干一件事情，但一旦激情消失，便都前怕狼后怕虎地顾虑太多。真正的画家会只管把颜料往画布上泼洒。所以我们要保持激情，不然当我们的智慧达到顶峰时便会固步自封，不敢往前了。

请你转告波尔捷我的观点是：尽管某些习俗能一时迷惑观众，但巴黎人不会永远被愚弄。虽然我说不出来为什么，但那些使村舍或者田野免受世俗尘土沾染的作品终将会拥有一些非常忠实的拥护者。

你说《吃土豆的人们》中人物画像看不出头的样子。你说对了，我想尝试用完全不同的方式从躯干画起，这样画的结果会跟以前很不一样。这些人的坐姿也不会跟杜瓦尔咖啡馆里那些坐在带扶手椅子上的人一样。

也许你会说那些农舍是模仿米歇尔画的，但其实不是。我发现茅屋特别漂亮，于是画出了一些农舍出来。农舍的里面很漂亮，我忍不住画了好多张大大小小的室内情景画。米勒住过的那间小屋我没亲眼见过，但我想应该跟我画的这几间是一样的。其中一间农舍住着一位绅士；另一间住着一位有涵养的女人，她做的事并不神秘，上次我去她家时，她在自己动手挖土豆窖。我希望能在石南荒原上见到更多的茅草屋。

对色彩的思考

我和拉帕德是多年的朋友，他隔了三个月后给我写了封信。信里有很多傲慢而带侮辱性的话，很显然这封信是在他去过海牙之后写的，我认定我们不再是朋友了。今天一个来自乌得勒支的画家文克巴赫来看我，他和拉帕德是朋友，他们在伦敦一起得过奖。我告诉他我很遗憾自己和拉帕德之间存在着误会。我给他看了拉帕德曾经喜欢的人像，还给看了我新画的人像。我告诉他我在某些方面确实改变了，我一直在进步，以后还会有更多变化和进步。他说他相信拉帕德会就信里所说的话向我道歉的。然后关于色彩问题，我告诉他我不会总是喜欢画暗色，我把有的农舍画得很明亮。但我一直希望用红、黄、蓝三种颜色来表现光亮，而不用灰色。

你知道我特别喜欢能画出色彩明亮的作品的画家，但我又觉得他们太极端了。他们在表现强光或者阴暗部分的时候都喜欢用极端的方式。他们好像从来没有在清晨或者黄昏日落时分出来散步，欣赏那时的美景。似乎他们的眼里除了白天、煤气灯或者电灯外，就容不下别的！我有时候很想见到一幅老利斯或者迪亚兹的画，你可能会想我总是站在相反的立场看待问题，但这就是我的个人喜好。

我很想见识一下色彩明亮的绘画，但我至今连一幅都没见过。柯罗、米勒、杜比尼、伊斯拉埃尔斯和杜佩雷的画虽然色调很深，但色彩都很明亮。毛沃心情好的时候和其他高水平的荷兰画家使用的明亮的色彩，跟当今法国画家几乎一模一样。而在荷兰，人们用得最多的还是白色。

说画光线时可以或者根本不需要用白色，那是骗人的话，就像酒里没有水一样都是假话。但在我们画阳光灿烂的晴天时，则不需要掺进太多的白色，以免使景色显得沉闷，而减弱了画面整体的效果。

你可能认为我不喜欢色彩明亮的画面。当然不是！我见过巴斯蒂昂—勒珀热的一幅画，一位棕色皮肤的新娘的皮肤被画得很白，也很好看。人们可以随心所欲地作画，比如雅各布·马里斯的画有时色彩很明亮，而有时他也用最阴暗的色调来表现城市的夜景。

提奥，我并不是一个对什么都持怀疑态度的人。我不喜欢乌德的画是因为一看到他的作品，就像待在新盖的砖房里或者卫理公会教徒的学校或教堂里的那样让人浑身发冷。他的画法是正确的，但非常枯燥。我觉得他的《救世主》那幅画画得简直糟透了，他怎么能把光临小学校的圣诞老人画成那个样子。他自己肯定也知道自己这样画不好，但为了能在那个国家生存下去、为了填饱肚子，他就必须画出一些能让那些贵族找到话题来消遣、打发时间的画。

你说乌德画中的银灰色很美，但我不能认同你的观点。灰暗的画法用得太多了会让画家走向另一个极端，会让色调明亮的画家后面的作品变得油彩浓重，画面含糊不清。不过我手头也有一幅灰暗基调的画，这幅画也许会让你相信我对乌德的评价是中肯的。

文克巴赫喜欢那幅古钟楼画，他说他喜欢那幅画的色彩和新奇的画法。他也同样评价了水磨坊、牛拉犁和秋日中的小路，他很喜欢那些人像。

我已经写信告诉拉帕德希望我们不要再相互指责。我们应该团结起来，因为我们都是画农村生活和平民百姓的画家。

幸亏我在这里经历的风风雨雨让我的身体跟农民一样强壮，不然我根本受不了这种困窘的生活。我并不是贪图安逸的个人享受，我只是需要钱去买颜料，请模特儿。我也很担心你的窘迫状况。我又没办法帮你减轻经济负担。我希望能多请些模特多卖些画出去，结果总是不尽如人意。我有时会有点心灰意冷，但看到别人的成功，我相信我们的努力奋斗也会有成功的一天！

德拉克洛瓦和他那个时代被人称作"勇士"的其他一些画家也遇上过我们的这种境况，面对那些既不懂欣赏画作又不肯掏钱买画的鉴赏家时，他们选择了继续画画。我们也要继续画下去。我现在被逼无奈只好向人要钱。我们还需要时间，因为我觉得卖画的事情不是立刻能解决的。

最近一段时间我经常在太阳下坐上一整天之后回家就没了写信的心情。今天是星期天，我终于提笔写信给你了。

我面前摆着几幅农村女人的画像，她们有的手里拿着铲子，有的在弯腰拾麦穗，有的在捆麦子，有的干活时脑袋几乎接触到地面了。这半年为了抓住农民的个性特点，我一直在观察他们的姿态和动作。现在肖像画不仅仅要求在理论上准确无误，并且符合习俗，更多的艺术家和观众都在提倡个性。

所有那些历史题材的绘画，像摩尔式、西班牙式的、画着红衣主教的绘画，几年之后会变得迂腐不堪，毫无趣味，画那么多这样的作品有什么用呢？站在一幅邦雅曼・贡斯当的画像前面，或者一幅不知道出自哪个西班牙人之手的红衣主教举行宴会的画前，那些评论家们都会带着哲学家的神态大谈特谈这些画作高超的技巧。

许多人看着这些画似乎都凝结了作画者的心血、感情和激情，但这个作画者是个什么样的人，有什么样的人格，评论家们对此一无所知也不会考虑到，他们只会在"技巧"这个层面大放厥词。他们可能走到一幅农村生活画前，摆出同样的架势评论起它的技巧来。尽管有人对其大加赞扬，但我自己对意大利人和西班牙人这种极其缺乏表现力、陈旧不堪的技巧毫无兴趣。

一幅农村生活画，或者一幅像拉法埃利那样根据城市工人的感情所画出来的画，其技巧要求的难度与雅凯或邦雅曼・贡斯当的画的不一样。

在巴黎，只要给钱，你能找到任何类型的模特儿，各个国家的、不同人种的都有。而要想画好巴黎捡破烂的人，画家会遇到很多的困难，比如深入到那些人的栖身之所去。因此他的画主题也显得更加严肃。

也许你觉得我的这个批评不正确，但我觉得那些外国画全是在画室里画出来的。

要是走出画室去现场实地作画，画家可能会遇上各种情况。就拿我即将寄给你的那四幅画来说，我在画它们的时候，要赶走成群飞舞的苍蝇，还要清理上面的灰尘和沙子；我一连几个钟头背着这些画和画具穿过荒原、钻过树篱，画也被划破；在烈日下步行好几个小时到达目的地时，我又热又累，筋疲力尽，而且那些人不会像职业模特儿那样一直站着保持好姿势让你画，你前一天想画的形象第二天又变得不一样了。

直接源于生活的创作绘画就要求我必须天天生活在那些农舍里，农民在田间劳动时你也得一起去；夏天要忍受烈日的炙烤，冬天要不惧霜雪，天天待在户外。我想说的是：画农民、拾破烂的人和其他各行各业的劳动者看起来很简单，但其实任何绘画题材都没有画这些普通人物这么困难！

据我所知，任何一家美术学院都不会教学生画矿工、种地的农民或者女裁缝等这些人的画像。城里的美术学院都会让学生们画那些没有真正存在的历史人物、阿拉伯人等。

当你和塞雷看到我的那些矿工或者农村妇女除草、拾麦穗的习作时，你们可能会发现其中不完美的瑕疵。但我想说明非常重要的一点，那就是虽然凭空想象画出来的肖像都完美得无可指责，但它们是空洞的，不能给我们展现出任何新的东西来。

在美术学院学会画画的巴黎人，可能会用一种教条式的模式准确无误地表现出一个农村妇女的四肢和身体结构。那些栩栩如生的人物画，像伊斯拉埃尔斯、杜米埃、莱尔米特或者德拉克洛瓦等人画的肖像，虽然人物的形态令人印象深刻，但它们的比例有时几乎是随心所欲的，在某些学究们的眼里，结构是非常不恰当的。

我并不是说把一个挖地的人一定要画得有个性，我是说要画出其本质，这样的人物才是独一无二、无可替代的。现代艺术的核心就是要描绘出动态的人物，这是史无前例的，希腊人或者文艺复兴或者以往的荷兰画派都没有这么做过。在以前的荷兰画派中我们从没见过挖地或是播种的农民画像。前辈们的作品中人物没有一个是劳动者。奥斯塔德和特伯格首先开始画农民和工人的画像，但毕竟不能把农民和工人表现得不加修饰、裸体而且现代化。

现在是收割麦子的季节，但只持续几天，这是我能见到的最美的场景之一，我要抓紧把它画下来，所以我很忙。对艺术的坚定信念让我即使冒着生命危险也要努力达到希望在自己作品中表现出的东西。从长远来看，那些画农民和平民百姓的人，也许比那些画上流社会的贵族生活的画家更能被后人记住。

你来信说塞雷很肯定地对你说了《吃土豆的人们》在人物结构上存在着缺陷。我说过许多个夜晚在昏暗的灯光下我仔细观察了农舍，画了四十多个头像之后我画出了这幅画，我的出发点跟塞雷的不一样。

你可以告诉塞雷，虽然米开朗琪罗的肖像画脚太长而臀部太短，但我很崇拜他。米勒和莱尔米是按着他们自己的感觉来做画，并不是一味地教条式的按照事物的原来模样画画，这才是我眼中真正的艺术家。我非常希望自己能够学会他们那些不正确的画法，这些对真实的偏离、重塑和改变实际上使作品能够获得深入本质的真实感。

昨天我收到了拉帕德的一封信，我们已经冰释前嫌了。他信里已经完全没有了当时的那种口气，还给我寄了一幅他正在画的一座砖厂的油画的草图。我知道为了画这幅油画，他在砖厂附近租了一间屋子，并叫人给屋子装了天窗；有一段时间他天天画裸体人像，我还知道他又去了一趟德伦特，还要去特谢林。不知道他有没有卖出过画，可能他自己有一点钱，但他旅行的花费肯定是他家里人或者朋友资助的。

　　这个星期我去阿姆斯特丹待了三天，只去看了看博物馆。看了大师们的作品后对他们的技巧我有了深刻的理解。在这里我匆匆忙忙地画了两幅小油画，一幅是在火车站的候车室画的，另一幅是在早上去博物馆之前画的。它们在路上被淋湿了，后来烘干的时候又翘了起来，还沾了灰尘。我把它们寄给你。一口气很快把画画出来是一件很让人开心的事情。

　　我第二次观看荷兰古画时印象最深的就是它们大多是匆匆忙忙地赶着画出来的。弗朗茨·哈尔斯、伦勃朗、雷斯达尔等人的作品大部分都是一口气画完的，很少润笔，如果看起来画得还不错，他们便会就此搁笔。欣赏弗兰斯·哈尔斯的作品真是一种享受！他的作品与那些脸、手和眼睛都光滑发亮的作品非常不同。他跟韦罗内塞、鲁本斯、德拉克洛瓦和委拉斯凯兹一样，都是非常善于运用色彩的画家。我一直很喜欢杜佩雷，因为他也非常善于运用色彩，他的画总是非常引人注目。而米勒、伦勃朗和伊斯拉埃尔斯等人的作品只能算是色彩和谐罢了。

　　我还见到了鲁本斯和迪亚兹两人的速写。他们都认为如果运用恰当的话，可以用色彩的协调来表现形态。远观技巧完美的画能看出景色，而如果近看的话就只是一块紧挨着另一块的颜色。

　　我还想说说现在越来越多的另一种类型的一些作品。十几年前人们开始关注明亮的光线，也用它创作出了好的作品。但现在这种方法被滥用，整个画面到处都充斥着相同的光线，人们称之为白日色调或地方色彩。他们现在所谓的光亮指的就是它们自己在画室里看到的一种难看的画室色调，而且他们似乎只能表现出正午（中午 11 点到下午 3 点）这段时间里毫无生气的光亮，而对清晨的曙光或者黄昏的暮色却无法描绘。为了迎合那些所谓用"高雅"光线色调作画的画家的喜好，他们特意推出了由纯白色调和而成的色彩。

　　荷兰前辈大师教我们将绘画与色彩融为一体，但许多画家的作品中并没有表现出这种特点，缺少和谐的色彩是这些画的共性。

伦勃朗的作品虽然都给人感觉遥不可及，但都是对自然的真实体现。《地方长官》是他最美的一幅画，但如果他不是仅仅追求表面的真实，而是按照自己的想法去自由发挥的话，他可以画得更好。他将自己的强烈的想象手法在《犹太人新娘》中发挥到极致，虽然这幅画并没有享有盛誉，但还是受到人们的喜爱。

你有没有觉得鲁本斯在宗教题材中表现的概念和情感非常戏剧化？就拿米开朗琪罗的《彭斯罗索》来说，其表现了一位既是思想家又是实干家的人，他的思想专注而又敏感，他手脚利索，有点像狮子的脚爪。伦勃朗的画法又与前者不同，他在《埃莫斯朝圣者》中画的耶稣劝导人的姿势非常有气势。

你今天的来信中对我那张一篮苹果习作的评论非常中肯，你看到了其中色彩的结合，这正合我意。你以前不喜欢这些东西，但现在在色彩问题上我们的看法越来越一致。我那张习作用了红绿两种互补色，还用这两种颜色调成了粉红色，使得颜色更为和谐，红色、粉红色的苹果旁边有些绿色。

你说把阴暗部分用深色，比如黑色表现出来会很不合适。这一点你可能完全理解错了，或者你对色调的了解还比较模糊，我不能认同你的说法。在《赞德沃特的渔民》和德拉克洛瓦的《但丁》中，都有蓝色或紫色的阴暗部分，这正是它们最出彩的地方。伦勃朗、哈尔斯还有委拉斯凯兹都用黑色，而且用的很多。

通过研究色彩，人们可以分析大师作画的一种信仰，进而明白自己的喜好，也能判断出一些专横而肤浅的批评是否恰当。如果你碰上有关色彩理论的好书，请给我寄一些来。我自己作画时在处理色调时，我会理智地保持自然，我不太在意我的色调是否完全相同，只要画面看起来好，跟大自然中的美景一样就可以了。就比如我画的一幅秋景，树叶上的叶子黄了。我没管我画的黄色与树叶的颜色是否一致，我把这幅画想象成一首黄色交响曲。之所以这样处理，是基于我对各个流派色调多样化的理解。

你会认为我具有倾向于浪漫主义而背叛了写实主义，我对色彩专家的调色板的喜好远远超过了对大自然的喜爱，是吧？但像德拉克洛瓦、柯罗、杜佩雷、杜比尼等不胜枚举的这些人都是19世纪绘画艺术的精英。他们远远超越了浪漫主义，但都源于浪漫主义。浪漫主义是我们的时代特点，要求画家必须具有丰富的想象力和感情，而写实主义和自然主义并没有受到其影响。无论是画肖像还是风景，画家总是想给人们一种他的画不是模仿，不是再创造的印象。米勒的作品既逼真又有象征性，跟那些被称作"现实主义者"所画的画不一样。

但库尔贝的一幅肖像画就真实了很多，他比你喜欢的任何一个画家都画得好。这幅画极具男子汉气概，神情潇洒；画中以黑色为背景，用红棕、金黄和冷色调的紫色等各种深色调画出阴影部分，还有一小段映出各种色彩的白亚麻布，整体显得很和谐。他不像其他画家拘泥于模仿面部的颜色，他们会画一个悠闲自得地沉浸在思考中的人的头像，画得美若天仙，其他人则费尽心机一丝不差地模仿，但整个自然色调却极其不和谐。想要取得自然色调的和谐，就必须用一种相似的色彩区域来表现，这可能与原物完全不同。

韦罗内塞的《迦拿的婚宴》中在表现上层人物肖像时，使用了各种华丽的色彩。然后他把浅天蓝色和珍珠色这两种截然不同的色彩调在一起涂在背景上，这与周围的大理石宫殿和天空和谐地融为一体。这么美丽的背景完全是对色彩仔细研究的结果。这种画法将建筑和天空都看成是人物的附属物，都是为了完美地突出人物而特意设计安排的，这才是真正的绘画：以一个事物为中心，然后让周围的事物从属于它并衬托它。

不过人们效仿自然的努力并不总是成功的，失败后人们只好根据自己的调色板进行创作，而创作中自然而然地适应并效仿了自然。这个过程使人与自然的关系更加密切，对事物的理解也更深刻、正确而可靠。

请你不要介意我在画面上留下的一道道画笔印。这是我为了保持画面的色彩，所以将明亮的部分特别画得厚了些。将它们保留一年后用刀片刮掉，会得到比薄薄的涂一层更为单一的色彩。这种做法从古至今很多法国画家都在使用。

你也说过再有一段时间后我的习作颜色会变得更好看了。这是因为油画画完一年后，颜料中有少量的油分挥发掉之后留下了固体成分。绘画中一个十分重要的问题就是如何让色彩能够持久，这都取决于颜料的好坏。不过像深蓝色那一类比较持久的颜料价格很高。我想《吃土豆的人们》之所以颜色不好就是颜料的过错，这是我在画一幅大型静物习作时发现的问题。我试图获得相同的色调但并不令人满意，所以我又重新画了一遍。然后我发现我现在使用的矿物蓝比以前用的好得多。我知道要画美洲的日出，需要进行特殊的着色处理，因此会使用铬黄和深胭脂红，但这种颜色不耐久。

最近我喜欢用画笔作画，连画草图也不用炭笔了。我画了一幅很大的速写，画的是在夜空衬托下，贫瘠的荒原上一座古老磨坊的黑色的轮廓。

前几天我收到勒尔的一封信。他说特斯蒂格和维塞林已经看过了我的画，但他们不是很喜欢。不过我相信我寄给你的那些头像中，肯定有一些好的作品。

为了我心爱的绘画事业，我甘愿永远受穷。人生在世不是为了追求个人安逸享受，所以没必要去跟富有的人做比较。我们无法留住悄悄逝去的青春，但能保持一颗年轻青春的心，会让我们真正地感到幸福。我认为平民阶层有很多机会可以让自己变得强大并发展自己。我努力在绘画中寻求我的幸福，别无他念。

假如想赚钱，我多画些肖像画就可以有可观的收入。在城里很多有身份的人，也有不少妓女很喜欢画肖像画。米勒还发现船长们甚至对会画肖像的人非常尊重，因为这些人会为他们岸上的情人画肖像。所以在勒阿弗尔，米勒就以画像为生。

　　我相信你会喜欢我寄去的那幅画黄叶的风景画。这幅画画面用天空白色和蓝色的明亮条纹为背景，地平线是一条黑色的条纹。在黑色条纹中有红色、蓝色、绿色或者棕色的屋顶和果园的轮廓。还有绿色的原野，灰色的天空，黑压压的小树和黄色的枯叶。在黄叶覆盖的前景中有两个小小的黑色人影和一个蓝色的人影。画面的右边是一棵白桦树干，白中透着黑，还有一棵挂着几片红棕色的叶子的绿色树干。

短暂停留安特卫普

安特卫普一瞥

提奥，我现在安特卫普给你写信。我在画像街一家画店楼上租了一间小房子，一个月租金 25 法郎。

我非常喜欢这里，我在这个城市的各个地方都转了一圈。我在码头上走过好多次，因为以前一直生活在沙地和石南荒原或者寂寞的农村这样宁静的环境里，这里的景色让我非常好奇。我很希望能和你一起在这儿散步，交流我们的观点和看法。这座城市像一座深不可测的迷宫，到处都有不同的趣味。

透过一间酒吧的窗户，我看见了非常肮脏的泥潭和一艘海船，高个子的码头工人或水手正在卸货，还有一个长相清秀的年轻的英国姑娘正站在窗前向外张望。

船上还有佛兰芒水手，他们有着健康的肤色，宽厚的肩膀；还有吃着蛤贝、喝着啤酒的典型的安特卫普人。街上人来人往，人声嘈杂。在人群中，有一个身穿黑色衣服的小小的身影一声不响地沿着灰色的墙根悄悄走了过来，她的两只小手紧贴着身子。乌黑发亮的头发，一张小巧的瓜子脸。有一瞬间她抬起头向斜上方看，一双乌溜溜的眼睛。这是一个中国姑娘,神秘而文静。

我时不时地会看见一个非常健康的姑娘,样子看起来很忠厚、单纯而快乐;一会儿又会看见一张让人害怕的、非常狡猾、虚伪的面孔。而看到这些被天花毁掉的脸更让人恐惧,那些人的脸色像煮熟的虾,眼睛苍白灰暗,眉毛光秃秃的,稀疏的头发呈现出猪鬃般的颜色。

在这儿画画会很不错,但我不知道如何开始。

相比较这些繁华喧闹的场景,哈尔威奇和勒阿弗尔的码头尽头的景色就显得非常沉闷,除了一望无际的快要被水淹没的一片农田外,我能看到的就只有随风晃动的干枯的灯芯草。河面上只有一条黑色的小船。灰蒙蒙的天空显得阴冷,沙漠一般死寂。过一会儿这种景象变得比刺篱还乱,到处都是让人眼花缭乱的色彩和线条,混乱古怪得让人头晕眼花,根本分不清两件东西是什么。不过你可以走到某一个地方站在那里,就可以看到一些最美、最柔和的景致。

我到这儿来已经逛过不少地方,但还没有遇上什么奇特的人和事。我坐下来跟好多不同的姑娘交谈过,我们很谈得来,她们似乎把我当成一个船长了。我觉得如果我给她们画头像并付给一定的报酬,我肯定会找到合适的模特儿的。

安特卫普是一个十分奇特的地方,是适合作画的地方。有时我会坐在这里美丽的公园里画画。上个星期我画的三幅习作中有两幅就是在公园里画的,其中一幅已经摆在一个画店里了。这里的画店都是由画商们开在自己家里的,沿街没有橱窗。我把乡下带过来的画交给两个画商代卖了,我还在另一间画店陈列了一幅码头风景画。安特卫普的这几个画商都不算大,他们都抱怨说生意非常清淡。这也不算什么新消息,因为做生意就要承担风险。荷兰有句俗语"永远不要绝望",很适合安慰这些生意人。

我去了利斯的餐厅,观赏了几幅画,还参观了近代博物馆。在那里的近代绘画艺术馆里,我见到了亨利·德布拉克莱尔的几幅杰作。他像马奈一样非常有创意，他的画奇妙、有趣、真实不夸张。令我印象深刻的肖像画有哈尔斯的《捕鱼少年》、伦勃朗的《萨斯琪亚》和鲁本斯的许多或微笑或哭泣的人脸。

一幅画应该画得简单朴素一些。在观察生活时，我觉得工人比绅士更有意思。在这些普通人身上充满了力量和活力。他们那种独特的性格，必须用有力的笔触、简朴的手法来描绘。

我常去博物馆看鲁本斯和约尔丹斯画的几幅头和手的画，其他的基本不看。鲁本斯用纯红色，简单的几笔就勾勒出人脸上的纹路，他也会用同样的笔法把手指画得栩栩如生，这让我非常着迷。他不像哈尔斯和伦勃朗那样注重细节，但他画的那些头像极具生气。虽然他的人像有时不够真实，但他善于利用色彩的组合来表现人的各种情绪。

我在这里画的着色习作比在乡下画的颜色深，难道是因为城里的光线都没有乡下那么明亮的原因吗？还好它们并不难看。

泰克是我认识的这里最好的颜料制造商，他很耐心地向我介绍了一些有关颜料的知识。用一支较好的笔，再蘸上各色颜料去绘画是一种乐趣。颜料的使用让绘画富有生气。

安特卫普有着美丽的色彩。有天晚上我在船坞遇上一个非常有趣的为水手举行的大众舞会。舞会上有几个美女，还有一个长着一张难看而且不匀称的脸的丑姑娘，她有点像委拉斯凯兹或者戈雅笔下的人物。她身穿黑绸衣裙，很可能是个酒吧侍女。但她的舞姿轻快活泼，美极了！有一回她在和一个跳华尔兹时腋下夹着一把绿色大伞的小农场主跳舞。其他的姑娘衣着普通，围着红色披巾。很多水手、船上的服务员和退休的老船长们都来观看了舞会。

在这里见到各种不同类型的人让我想起伦勃朗和哈尔斯所处的那个时代。我经常去这些大众舞会去观察人。我花20生丁的门票钱，然后要上一杯啤酒便可以在那里待上一整晚。看到人们真的过得快乐让我也变得开朗起来。

　　要是我名气更大些我就能找到适合的模特儿了。不过我想我在其他地方能找到，在这儿也会找到的。那些女人的形象让我印象十分深刻，我主要是想把她们画下来，当然我也想占有她们。这个城市里有很多漂亮的女人，我觉得画肖像画肯定可以挣到钱，我还想画些广告招牌，比如为鱼店画一些鱼的静物画，为花店画花，为饭店画蔬菜等。

　　我注意到这儿许多照相馆的生意都很好。在他们的相馆里我也看见有肖像画，但都是照着相片画出来的。五官的画法总是千篇一律、因袭守旧，就像蜡像一样冰冷，毫无表情。真正的画像应该表现出作画者内心深处的活力。

　　今天我第一次感到失落。我把原来画的《赫特·斯泰恩》拿去给几个画商看。他们有两个不在家，一个不喜欢，而另一个抱怨说已经两个星期没有一个顾客光顾画店了。我又拿给一个画商看，他虽然喜欢画的色调，但他正忙着盘点，叫我新年后再去。这太让人泄气了，再加上这有阴又冷的天气让人心里极其难过。我只剩下最后五法郎了，接下来的两个星期我都不知道怎么活下去。《赫特·斯泰恩》这幅画是我用心画出来的，画面精细，这正是那些在安特卫普买东西的那些外国人想要的东西。为了迎合他们的喜好，我打算画更多这种城市风景画。

　　跟画教堂比起来，我更喜欢画人的眼睛。因为虽然教堂庄严雄伟，但人的眼睛里有教堂所没有的东西。不管是可怜的乞丐还是妓女，人的心灵是更有意思的题材。

　　我发现我的作品跟别人的比起来也不逊色，这让我有了极大的绘画热情，感觉自己能干一番大事业。画画是需要很多投资的，但我必须多画。像波尔捷和塞雪那样的人，既不肯帮忙推销我的画，也不会想办法让我有工作可干。波尔捷对我的画似乎已经不感兴趣了。当初他对我的作品印象很好，为什么现在态度转变这么大呢？

　　这里一直在下雪，早晨城市的雪景美极了。十字街头一群人在扫雪，场面非常壮观。

　　我找到一个曾经在巴黎住过的老女人，她以前经常为谢菲尔、吉古·达拉克洛瓦和一个画过弗赖尼的画家提供模特。现在她是个洗衣女工，但认识不少人，可以介绍一些过来当我的模特。

　　我雇了一个模特儿，很漂亮。我先给她画了一张真实比例的头像。浅色的头像在黑色的背景衬托下很显眼。我还在背景中加了一丝金色的光亮。这个模特是咖啡馆的歌手。前几天晚上她很忙，还用法语跟我说了很有个性的话："香槟不再让我愉快，它使人伤心。"于是我极力将她的妖娆和悲哀同时表现了出来。我画什么希望能画出神采来，比如画农村妇女就希望把她们画得像农村妇女；同样画妓女，我也希望能画出她们的表情。这就是为什么伦勃朗的妓女头像令我印象深刻的原因。

　　然后我画了她的侧面像和一幅我自己的头像习作，这是我答应她的。那个模特儿还希望我再为她画一幅肖像。她答应我，她会尽快找个机会让我在她的房间里画一张她穿舞蹈服装的画像。她现在不能让我画是因为她工作的咖啡店老板反对她做人体模特儿。我殷切地期盼她能来继续做我的模特儿。她有一张富有个性的脸，人也聪明。我现在渐渐习惯了一边画画一边与模特儿交流，以便把她们的脸部表现得更生动。

　　模特儿有时候非常美，当前人们对这种美女的画像需求也越来越大。画人是源自意大利的、有着悠久历史的艺术，很多人都在从事着或者曾经从事过，比如布雷东和米勒等。而画好人的关键是画出人的心灵，表达出人的情感，这才是高尚的艺术。而仅仅画好人的帽带和蝴蝶结这是短暂的艺术形式。

身体和经济的双重困境

　　你说如果我病倒了，我们的日子就更不好过。这可不是我希望出现的结果！我希望自己永远充满精力和朝气，因为作画是一件很累人的事情，需要极好的体力。不过艾恩德霍芬的凡·德洛医生说我身体十分健壮，还没到必须创作出最重要的遗作的地步。

我知道你的经济状况也不好。但你肯定比我好一点，至少这十几年是这样。这种艰难也让我明白如果没钱雇模特儿的话，我就只能去乡下，在那里什么都干不了。

有多少人一直活得无忧无虑，在他们的想象中一切事情都有很完美的结局，根本不会想到还有很多人饿着肚子，生活过得一团糟。我自己处在困境中时，一想到这个我就悲伤不已。要是能把绘画中那么丰富的色彩延续到生活中该多好！

要将自然真实地表现出来，画家必须有更多的知识，比如如何灵巧地构图以及对人体的知识等。我自己辛苦这么多年还是有收获的，无论我走到哪里我都会画我见到的和了解的人。越来越多地的人都开始画肖像画，很多的新人不断涌现，但我觉得人们必须对这个艺术有很深刻的理解才能取得成功。我将沿着自己选择的道路一直走下去。

这儿的天气很冷，我的身体经常不好。我的牙齿已经掉了。上个月我胃痛得厉害，而且还不断咳嗽。我看上去呆滞笨拙，好像刚蹲完十年大狱似的，整个人就像已经过了四十岁。五月初我回到纽南，住在自己的工作室里，吃了不到五六顿热饭。为了减轻空腹的饥饿感，我抽烟抽得很凶。这让我身体更加糟糕。我如果再不注意身体，我也会跟其他画家一样要么病死，要么变成疯子或者白痴，以前这样的例子可不少。

不过身体不好的人还是可以继续画画的，病痛并不会影响我的艺术创作。神经紧张让我的思维更加敏锐缜密。而且我经常呼吸新鲜空气，饮食也非常简单，所以我的身体还是可以扛很长时间的。

德拉克洛瓦一开始就注意保养身体，他的夫人一直精心照料着他，这才让他多活了至少十年。他说过人要是没了牙齿，也就没了痛苦，这是他领悟到的绘画的奥秘。

我也去了一趟拉雪兹墓地，特意找到了贝朗瑞夫人的墓碑，并在墓碑旁肃然静立。跟柯罗夫人一样，这些女人对大师的作品产生了很大影响。在大师们诗歌的字里行间或者画作表达的情感背后，都能感受到这些女性对他们的影响。

很多杰出的艺术家即使面临着忍饥挨饿、物质匮乏的境况，他们也要为了艺术而创作。鲜为人知的伊斯拉埃尔斯在一贫如洗的时候依然想去巴黎，还有坚忍不拔的龚古尔兄弟。但整个社会并没有认同他们这种终生追求艺术的精神。

在巴黎，当我住在某个偏僻的便宜的小房间里或者旅馆的阁楼上时，我就非常满足了。手头紧张，租用工作室的想法只能暂时搁置。而且有些画家抱怨说自己租用了豪华的画室想让更多的人来看他的画，但谁也没来，这让他待在画室里也不自在。所以我打算这一年先待在科尔蒙画院，等你对整个生意行情了解清楚了再作打算吧。

开一间画室不是一间容易的事情。因此我们必须做好心理准备，对自己充满信心，至少在临死时我们会想：该闯的我都闯过了，我也是一个了不起的、敢作敢为的人！我们现在可以自己创作一些好的作品并收集经营其他人的作品。我还希望我们俩能马上找到另一半，先成家才能立业，这是我们过好日子的前提，而且在婚姻生活中，我们还能学到很多跟艺术相关的东西。

你说你打算到科尔蒙画院去，我听到这个非常高兴。据说巴黎是一个崇尚自由的城市，你可以随心所欲地选择自己的生活。也许科尔蒙和维尔勒特一样，要我必须画裸体或者素描一年，因为我一向是画写生的。这样我就能熟练地画出人的体型。

仅靠记忆画人体的人更加多产些。这里的画院几乎不用女模特，甚至在古文物课上，十一个塑像中，只有一个是女性塑像。巴黎的情况可能会好一点吧。我觉得在对男女体型的反复不断比较中，我们可以学到很多东西。这种比较会很难，因为男女体型到处都不一样。但假如没有困难，艺术就不能成为艺术，生活也失去了本来的颜色。

在室外作画是那些在学校里或者画室里作画的人不擅长的，因为他们无法观察现实生活。他们对裸体比我知道得多。我自己是画写生的，所以能很快脱稿，把握整体。

我现在开始画素描。我对素描的技巧领悟上手比较快，所以画起来也不费事。素描能够更彻底地表现出一种新的概念，所以画素描的乐趣也多些。

我昨天才画完一幅格曼尼克斯的形体，准备拿去参加夜校班举办的素描比赛。其他人的作品都差不多，大同小异，而我的作品显得格格不入，所以我估计自己会是倒数第一。我亲眼看见了被其他人视为佳作的作品是怎样画成的，这幅素描笔法正确，但缺少生气。其他的素描作品也大致如此。我正在画一名妇女的半身像，这幅画比起我刚开始画的那些塑像素描来显得精致多了。以前不管我画什么人物形象，都看起来像农民或是樵夫。

这里的课程在三月底结束。然后我就去巴黎，要么到罗浮宫，要么在美术学校画画。这样我可以抓住一切机会向古代艺术家学习。在科尔蒙画院学习的课程会让我在巴黎作画时尽情发挥，游刃有余。

我对安特卫普这个城市非常喜欢，它跟巴黎一样商业繁荣，人们在这里过得很开心。希望以后有机会我能再来这里。

今天春光明媚，乡下的人们应该能听到云雀的叫声。城里到处都有罢工出现，靠工作养家糊口的人们生活极其艰难，而且情况一年不如一年。心情悲观凄凉的人们根本无心体会春天的气息。我看到了云雀在蔚蓝的晴空中翱翔，我还看到貌似健康的二十几岁的妙龄女子因受不了肺结核的折磨而投江自尽。那些有身份有地位的资产阶级根本不会注意到这些。而我这样过着苦日子的人，把这些苦痛都看在眼里。

这里有一个法国朋友跟我做伴，他是个老人，冬天对他来说简直就是折磨。我曾经给他画的肖像还得到了维尔勒特的表扬。在这个世界上，人永远是最有意思、最值得研究的。屠格涅夫这样伟大的艺术家，他们教会我们怎样来观察事物。

柯罗的一生极其平凡，但是他的内心却平静超然，并不是他不关心别人的苦难生活。在他古稀之年，他肯定还在仰望晴朗的天空，也参观过躺着奄奄一息伤员的野战医院。高尚的人将永远活在人们心中。我想即使一个人对一切都持怀疑态度，他也不会怀疑柯罗、米勒和德拉克洛瓦的人生，即使他们对大自然不再感兴趣，他们的内心依然是仁慈而博爱的。

你说你的生活非常不顺，闹心的事情太多，而幸福和成功太少，你自己心情也不好。其实当处在逆境、被人孤立、误解，无法享受到物质幸福时，一个人唯一可以赖以生存的就是信念。就像暴风雨来临之前，我们会感觉令人窒息的沉闷。但只要我们有信念，情况总是会改变的，我们的后代会呼吸到暴风雨之后的新鲜空气。屠格涅夫和都德的作品都具有高瞻远瞩的地位，这是左拉和龚古尔这两个严谨的分析家做出的准确判断。

一个人为实现自己的事业努力着，而当他的事业成功后，他的力量和幸福感也随之增加。属于我们的这一时刻迟早会到来。那时我们会明白一切物质的享受都是无足轻重的东西，而成功带给我们情感上的满足感会补偿我们的一切。

我们无法丝毫不差地对尚未发生的事情做出准确的预判。但只要稍加分析，我们会发现这个时代最伟大的大师的作品和其性格是截然相反的。无论绘画还是文学，他们的作品都是源于个人的创新，他们一直坚持不懈地去创作，没有金钱，没有赞誉，有的只是骨气、冒险和创作的热情。像米勒、森赛尔、巴尔扎克和左拉等人就是具有这样的性格特点。

艺术家们往往不能在一起和睦共处并合作共事。而龚古尔兄弟取得的成就是巨大的，这也是一起思索创作的最好榜样。我想起这兄弟俩最后的人生历程，还想起屠格涅夫的晚年生活。他们像女人一样对任何事情都很敏感，包括自己的疾苦。他们总是很自信，而且充满活力。他们重视生活，一直关注外界，没有墨守成规。

而这种境界并不是我们这种普通人能达到的。我们首先为了解决生存问题而去工作。虽然画画能让人焕发激情，但当我追溯了卡莱尔等人的人生后发现，我和他们有着相同的经历。卡莱尔也是一个勇于担当的实干家，对事物有着非同一般的洞察力，但跟我一样一直身体虚弱，没有钱，还受到别人的非议和孤立，心情从来没有舒畅过。

我一直专心致志地想要按自己的想法规划自己的人生，这意味着我要克服重重困难，不能轻言放弃。但令人遗憾的是：虽然我总结了很多经验，但却青春不再。如果既有丰富的阅历和经验，又青春年少，那该多好！

巴黎和阿尔的困境

困境中对人生的思考

请你不要为我突然造访巴黎而生气。我把你的那些花画成了组画：有粉有白有绿的百合花用黑色做背景；一束橘红色卷丹花用蓝黑色做背景；一束大丽花用黄色做背景；还有一束插在蓝色花瓶里的唐菖蒲花用浅黄色做背景。

我们需要素描和油画，所以我很想得到伊萨贝的人物水彩画，还有你能不能想办法帮我弄到奥托·韦伯的那幅有关秋天的画，我愿意用我的四幅画来交换。我没钱买，因为我身上只剩下两路易了，我连自己的生活都快维持不下去了。

我昨天看到唐居伊把我的一幅刚画完的油画挂在橱窗里。从你走后到现在我已经画好了四幅，还有一幅大的正在画。我知道目前人们对这种长形的油画还欣赏不来。但以后他们会明白这些画里有独特的自然风景，具有高雅的情调。这些油画适合用作室内装饰。当前富人的日子要比穷人的日子幸福得多，虽然花费很大，但身体健康，心情舒畅。十几年前你发誓说无论如何都要让我们的家庭兴旺发达起来。我相信如果你现在找个合适的人恋爱结婚，将来你也会像其他画商一样那么富有，拥有自己的乡间别墅。你结婚的话，母亲也会很高兴，对你的身心健康和工作也有好处。

而我现在已经没有了结婚生子的欲望。快要步入中年的我早该成家立业，有老婆有孩子，但黎施潘的那句："毕生追求艺术就意味着失去真爱。"仿佛一个魔咒应验在我的身上。我认为爱情和艺术无法同时拥有。我有时恨透了画家这个职业，无法拥有真正的爱情让我心情沮丧。现在我只能算是个爱好画画的人，而不是真正热心地投入到绘画事业中的人。

一个人必须有远大的抱负才能取得事业上的成功。虽然我有抱负而且在绘画这一行中取得了一些成就，但我总有种得不偿失的感觉。现在我其他的什么都不想，就想减轻你的负担。我希望有一天自己能功成名就，到处都有我的作品展出，又有良好的声誉，然后我就淡出人们的视线，到南方某个没有这么多画家的地方待着。

阿尔推广印象派画作

我已经离开巴黎在去往阿尔的路上。我一个人待在巴黎工作很难，因为我的身体每况愈下，而我也在巴黎找不到一个可以休养生息，能让我康复并获得宁静的地方。时间长了我也许更受不了，于是我只好离开。

相比巴黎，阿尔的生活费用就要低得多，每天 5 法郎差不多就够了。

高更来信说他生病卧床两个星期了，急需用钱还要还债。他想问一下你他的画有没有卖出去，为了尽快得到钱，他愿意将自己的作品再次降价出售。

我很担心可怜的高更在这种情况下，身体更难康复。他不是那种特别能吃苦的人，如果他特别辛苦的话，他就无法专心搞创作。老天爷！我们还能找出一个身体健康又有艺术成就的人吗？高更经常为钱所困，缺钱折磨得他要发疯了，他甚至认为自己天生穷命。我们已经劝特斯蒂格买了高更的一幅画了，现在能帮他的就是向罗素求援。还有你能不能买下他的那幅海景图，这样他就能暂时宽裕一点了。

我们很多人的日子都不怎么好过，这种艰难的日子还要持续很长时间。即使最终我们取得了成功，但我们还是会看到很多烦恼的日子，除了想到后面的艺术家日子会比较好过，我们的心灵会有些许安慰外，我不知道成功还会给艺术家带来什么好处。

那个英国画商雷德送了一幅非常精致的油画给我们。他很仗义地高价购买了蒙蒂塞利的画作。这样我们手里五幅蒙蒂塞利的作品的价格也都水涨船高了。

我们要想办法把印象派画家的作品推广到英国去，这比雷德买蒙氏的作品更有意义。你必须先取得公司其他人的支持，并马上把这事儿告诉特斯蒂格，他非常熟悉英国的行情，可以让他在英国开办印象主义主题画展。并告诉他雷德的事情，让他知道雷德是他的竞争对手。特斯蒂格在荷兰卖出了五十多幅作品，所以他是我们的首选。如果他不愿意帮我们，我们就可以退而求其次地请雷德或者威瑟林作我们的英国代理。艺术家与其把作品以低廉的价格出售给画商，不如联合起来选择不会欺骗他们的画商作自己的代理。

倘若德加、莫奈、雷诺阿、西斯莱或者毕沙罗等这些法国印象派的大师们愿意每人每年画十幅画，而且愿意与像我、吉约曼、高更等这样的小画家们合作，这样其他人就不会说他们将靠自己的声誉获取的利益都据为己有了。虽然这些声誉是靠他们个人奋斗和天赋获得的，但想要保持这样的声誉，则需要更多的画家的作品来做后盾。这些大师也一直在贫困交加中坚持自己的创作。

我很高兴你雇用了小柯宁，他可以给你做个伴儿。巴黎的人们都像被束缚在马车上被迫拉车的马一样垂着头，一脸不甘心。而想要不被束缚，就只好忍受孤独，这也让人受不了。

今天早上万里晴空，阳光明媚，雪也化得差不多了。但凄厉的北风还刮个不停，又干又冷。我在山上发现了一座旧教堂遗址，还有很多高大的松树和橄榄树，杏树也开花了。我准备把这种景色画下来。

我刚画完一幅橙子树。像这样的习作我已经画了八幅了。但我还是不能给自己争取一个舒适温暖的画室，所以我还算不上取得了成就。

我今天画了一幅油画，是一座供马车通行的吊桥，蔚蓝的天空，湛蓝的河水，河的两岸是绿色的草坪。还有一群穿着罩衣，戴着各种颜色帽子的妇女在河边洗衣服。我有一幅画一座乡间小桥的风景画，画里的妇女比这幅里面还要多；还有一幅画了车站附近的林荫道，两边全是梧桐树。

当前我的花销很大，作品又卖不出好价钱，这让我心烦不已。但我一直心怀希望，希望有一天我能靠卖出自己的作品养活自己。虽然我尚未成功，但我一直进步着。

我很赞成你在个人画展上展出两幅蒙马特区的风景画，我希望今年能创作出更多更好的作品。我也非常感谢你为这次个人画展所做的努力。我希望有一天我的大名：文森特能赫然出现在目录册上。我之所以不写梵·高，是因为这里的人不知道这个名字怎么发音。

祝贺你买到修拉的作品，你用我稍后寄给你的画再去跟他交换一次吧。我还准备写信给罗素，谈谈对他作品的看法并交换画作。

我去逛过阿尔了，街上人来人往，景色很美。我有一次参加罪行调查时趁机混进一个妓院里。在那里我见识了士兵、妓女、身材矮小的阿尔人，还有身穿白衣的牧师。所有这些人都跟我格格不入，似乎是生活在两个世界。这里有低调的女人，也有令人生厌的博物馆。

我一直在一个果园里画一幅油画，画里在淡蓝色天空下有一块丁香花地，一席芦苇，两棵桃树。在画这幅画时，我刚好收到姐姐寄来的一份荷兰语写的毛沃的祷文，于是我在画上写了："纪念毛沃——文森特和提奥"几个字。

如果你同意，我想把这幅画寄给毛沃夫人。之所以选这幅画，一来是因为这是我画过的最好的风景画；二来是因为我觉得悼念他的作品主题应该是亲切而欢快的，伤感严肃的作品不适合。他的去世给我很大的打击，下面这句话也许能表达我的悲伤：故去的人与人类一起永存。

值得庆贺的是特斯蒂格终于来信了。他让你给他寄去一些你认为最好的印象派的画作过去，你把我马上要完成的一幅也寄过去吧。那幅作品画的是上面有一辆黄色小车的吊桥。我想特斯蒂格应该不会拒绝收藏这幅画的，因为我让他相信我是一个暂时不出名的印象派画家。我想借此机会把这幅画和那幅为毛沃画的画介绍到荷兰去。一旦印象派作品地位得到提高，现在很多标价很高的画作就必然贬值。所以那些一直靠卖昂贵画品为生的商人为了不让自己破产，一直在压制受米勒、杜比尼等人重视的印象派。

特斯蒂格说准备买一幅蒙蒂塞利的作品来收藏。其实我觉得蒙氏的作品为了画一束鲜花，会把一些最鲜艳协调的色彩一股脑儿全部堆砌在画布上。你到德拉克洛瓦那里找出一些能比得过他的画作的作品寄给特斯蒂格，看他还能说些什么！我们自己收藏的作品中有一幅鲜花作品就比迪亚兹的还好。

为了感谢海牙留给我们的美好记忆，我想为荷兰做点事情，把那两幅蒙马特区的风景画赠送给海牙博物馆。

这个月是我们俩最难熬的一个月。我作画使用了很多的颜料和画布。希望我们的付出会有好的回报。如果你有钱，我想尽量多画些鲜花盛开的果园，从中我会受益颇多。

我刚画完果园里的杏树，刚刚发芽的杏树呈现出跟桃树一样美丽的浅玫瑰色。吃完饭后，我又开始画那幅准备寄给特斯蒂格收藏的小桥画。如果我能创作出取材于大自然的作品，销路肯定会很好。

我订购的颜料有橘红、黄、柠檬、普鲁士蓝、宝绿蓝、绯红、孔雀绿等在荷兰画家的调色板上找不见的颜色，在马里斯、毛沃和伊斯拉埃尔斯等人的作品中也从来没有发现过。而德拉克洛瓦的作品中能经常见到这些颜色。他非常喜欢的柠檬黄和普鲁士蓝色经常遭人诟病，但我认为他这两种颜色的使用非常独特，印象派画家也应该大胆地使用这两种颜色。

我越来越觉得为养家糊口而去画画更有意义，生儿育女比创作和做生意更有价值，人是大自然一切事物的根本。一想到自己还没有成家我就特别悲观，但又一想还有人也跟我一样，我心里又平衡了，浑身又有了创作的劲头。

也许你会说如果没有艺术和艺术家也是件好事。但艺术在获得新生前必然要经历颓废，而且很多人也已经接受了艺术。因此我们对艺术和艺术家不能存有偏见。一个人如果能在他从事的工作中找到动力、发现希望，那他就会有更多的创作热情和积极性。

一个关注民生的人，或者关注画家的人不仅具有热心肠，而且非常具有艺术性。关爱人民具有极其重要的意义。所以为了我们的绘画事业，我们必须在荷兰建立我们的人际关系网，尤其要推销印象派的画作就必须有良好的社会关系。

莫泊桑的《彼尔与琴》一书写得很好。我已经看了一半。这本书在序言中说艺术家可以自由自在地进行夸张的创作，因此他的书中塑造的世界比我们生活的现实世界好很多，那是一个没有欺诈的世界。他还诠释了福楼拜的一句话："恒久的忍耐才能塑造一个天才，坚强的意志和认真的观察才能有所创造。"

我认为如果在创作时有这样一种信念：将艺术与生活结合。新的艺术创作必须要有独特的颜色和设计，这样我们才能取得期盼的成功。

我打算为你画开满鲜花的果园场景。我正在进行中的两幅画中最难的部分是画粉红色的桃树。我还有一幅油画上画的是小梨树，这个画面用白杨树和蓝色的天空做背景，还有立于紫罗兰色地面的一堵墙，跟地面同色的树枝上开着白色的花，有一只黄色的大蝴蝶停在白花上面。我还想把普罗旺斯生机勃勃的果园场景画下来，那将是一个令人惊叹的场面。这里的夜晚美极了，所以我也想画一画繁星满天的夜景。

画完果园后我就主要待在室内画画了。我们有二三十幅油画已经足够了，虽然我还能画个二三十幅出来。

待在这里比在阿涅尔乡下好得多。那些在果园里完成的画作和那幅小桥画正放在阳台上晾干呢。这是我第一批作品，希望今年能有更多的收获。卢梭的作品看似很符合作画的标准，但他着色时喜欢将各种颜色的油彩混合在一起，随着时间的推移画面会褪色，颜色越来越黯淡。这真是鱼和熊掌不可兼得，不可能既合乎标准，又兼顾颜色。

拉马丁广场被欺

我将芦苇秆削尖之后画成的十二张钢笔素描画刚刚给你寄出去了。削尖的芦苇秆就像鹅毛管一样好用，将六支、十支或者十二支合起来很快就能画成速写。我还想画两本速写集给高更和巴纳尔各一本。寄给你的这些素描中有一张是在黄纸上画的，画得很潦草。画中是镇子广场上的那块草坪，背景里有一栋房子，今天我刚把这栋房子右侧的带两个厕所的两间房子租了下来做画室。

住旅馆的什么费用都很高，尤其他们看我是个画家，就借口我的作品比其他人占的空间多而让我掏更多的钱。本地人的便宜他们占不上，他们就想尽一切办法来排挤和压榨外地人。

我又想去马赛，你能跟我一起去吗？我想去那里画画海景，还想租一个橱窗用来展出印象派画家的作品。从现在起到去马赛之前我的通信地址是：拉马丁广场 2 号。

我一直想在海牙和纽南租一间画室，但没有租到。希望这次我能在广场这里安顿下来。纽南小镇上能住人的地方很少而且都不卫生，唯一能让人感到开心的是能看到对面的花园。

在这种艰苦的环境里，我经常会觉得自己的前途一片暗淡，看不到希望，尤其是在自己身体不舒服时我更会问自己还能不能承受这些困难。我基本不喝这里的劣质酒。上个星期我牙疼得受不了，就只能停止画画，而且不吃不喝，几天下来我的身体极度地虚弱。但这里的当地人从来不会给我做我想吃的食物，连煮土豆、大米饭、通心粉这样最基本的吃食都没有。要么他们就把吃的拌上黄油弄得根本没法吃，要么就一整天不做饭，借口是炉灶都被占用了没法做。我的身体正是被这些荒唐的理由弄垮的。

在这种压根不是人住的环境里，我唯一能做的就是寄情于画画，这种算不上真正的艺术生活的日子对我来说是至关重要的。除此之外我别无他法。要是能离开这里，我一定要干一番大事业。为此我戒了烟，戒了酒。

我同病相怜的兄弟啊，我们的疯癫病都是我们这种艺术家的生方式造成的，也可能是遗传。我觉得格鲁比大夫很擅长治这种病。他认为最好的治疗方法是：吃饱睡足，不近女色。现在想起格鲁比大夫说的那句话："女人不能要！"我觉得特别有道理，因为如果你每天绞尽脑汁地去盘算一些事情时，你的神经会难以承受这种压力。现在我们必须无畏艰险地向前看，就像德加一样。

听到你去找格鲁比大夫看病的消息我心里既难过又高兴，我宁可不去画画也不愿意看到你玩命似的赚钱。你如果能在乡下待上一年，多接触大自然，多呼吸新鲜空气，多晒晒太阳，康复起来就快得多。

要是没有工作，或者无法与大自然接触，我就会闷闷不乐。如果你也能有一份吸引你的工作，或者能与印象派画家和谐相处，那会对你大有裨益的。精神上的孤独、忧虑、痛苦和失望等等对我们的伤害，远比酗酒寻欢对我们造成的伤害大。

这里画肖像画还是很有前景的。这里的人虽然对绘画知之甚少。但他们比北方人更注重仪表和生活质量。穿黑色的衣服时，他们会别上一朵小玫瑰花。他们也会穿上很有设计感的各种颜色拼接的衣服或者撞色的衣服，很有艺术感。

阿尔的女人遭受很多非议。她们现在颓废堕落，打扮风格也跟以前不一样。但她们的外表依然美丽。

　　我给妇女和儿童画肖像，但在我并不是很擅长画肖像。我希望自己能像莫泊桑一样，用轻快的笔触描绘这里的一切。但我自己目前在咖啡店里混日子，带着假牙，还到朱夫妓院里鬼混。虽然日子过得很不像样，我还是会继续我的绘画生涯。我希望今后会有更多的艺术家来这个美丽的乡间创作。

　　我感觉善于运用色彩的画家未来将会大有前途。莫奈已经意识到这个趋势并为此积极努力着。印象派画家的作品色彩更加鲜明。我们也必须朝着这个方向画下去。我认为我的这个感觉是正确的。

　　莫奈非常善于画风景画，我希望自己有一天能在肖像画方面成为佼佼者。现在你会觉得我寄给你的作品很差劲，当然我也承认这一点，我对自己的作品也不满意。

　　我运气不好，目前也付出了很大的代价。但我一直在努力。希望到今年年底的时候我会成个家，过着平静的日子，身体也逐渐恢复健康。我也能很快画好几幅新的油画。但看到自己努力工作挣到的钱却被自己讨厌的人拿走，我感觉非常失望。

　　我打算把我所有的习作装箱寄给你，画上先不署名。这些画中你把那三幅玫瑰色庄园、白色果园和小桥的画留下来收藏起来吧，不要卖掉，将来我想它们每幅能卖到五百法郎。我把给毛沃和特斯蒂格画的画放在箱子的最上面。

　　我们要大量创作印象派画作，因为我相信这些作品价格会上涨的。我们要静下心来，集中创作一些高质量的作品，不能浪费时间。这样努力几年，我们就能有所收获了。

　　这两天这里刮北风了。这个星期我画了两幅静物画，一幅画的是插着野花的陶罐。还有一幅画我要重点介绍一下，因为这幅画画得栩栩如生，让其他的画作都黯然失色。画中画的是盖着蓝色桌布的桌子上放着一个蓝色的咖啡壶，壶的左边有一只品蓝金黄相间的杂色杯子，还有一个蓝白格子的牛奶罐；壶的右边是一个灰黄色的陶瓷盘子，盘子里放着一只白色的杯子，上面有蓝色和橘红色的图案；一个蓝色的陶罐，上面有红绿褐等杂色的图案；还有两个橙子和三个柠檬。我认为这幅画确实画得很好。我还画了两幅习作，一幅主要画公路旁边的农场，另一幅画的是公路旁的小桥。

旅店的老板扣留了我的行李，我训斥了他，而且还要回了十二法郎。我不能像来游玩的外国人那样任人欺诈盘剥了。我是个劳动者，不能再那么懦弱无能了。

我像上足了发条的钟表一样一直不停地在创作。我浑身热血沸腾，我脑海里构建的成功的画面也越来越清晰。我不需要那么多的娱乐也能安心地画画。我不再让情感左右自己，　个人单独待着也不会感到孤独乏味了。

这就是我的生活，时不时地会梦想能过上那种永远都过不上的生活。有时候我沮丧地感觉自己没有一心为了艺术而牺牲其他一切的愿望。艺术家就像拉车的马匹，马车上坐着与自己毫不相干的人。拉车的马与在草原上其他的马儿不能比，永远不能自由自在、随心所欲地驰骋。处在这种两难的境地，既无力去抗争，也不愿意屈从于现实。内心的挣扎让我们生病，身体也变差。

要根治这种病并不容易。但如果我们相信艺术一直在发展，不断有新的艺术形式和新的艺术家出现，我们就会始终对未来抱有希望。老好人柯罗在临终前说他自己在梦里看见了一幅风景画，画中的天空呈现出玫瑰色。像这种玫瑰色的天空在印象派的作品里已经出现过了，而且还出现了其他颜色的天空。这让我们更加相信一个人感受的东西迟早肯定会出现。

我们这些尚活在人世的人会感觉自己毫无价值，为了能被称作艺术家而努力地奋斗着，甚至不惜付出高昂的代价，比如我们的健康、青春和自由。我们从未感受到快乐，就像拉车的马匹，麻木地载着一车踏青春游的人。

你和我都一样，眼睁睁看着青春不再，痛苦不堪。但我们要坚信艺术会继续富有朝气地发展下去，我们必须继续心平气和地奋斗下去。如果我们能在有生之年看到自己所从事的事业能够焕发新的生机，那我们就无所谓失去。拥有创作的能力就意味着我们还年轻。

我想在这里建一个小型的疗养所，好让我们这几个可怜的为了印象派而努力的人们能够有机会喘口气，休养生息一下。

创办印象派协会

我收到高更的一封信说他已经收到你随信寄去的五十法郎，他非常感动。他似乎心情很不好，他想能筹点钱开一家经营印象派画作的画店。我认为高更最大的财富就是他的油画，这也是他最赚钱的生意。接受他的作品是有风险的，我们必须考虑清楚。他需要的是长期的帮助，卖出他的几幅油画并不能彻底帮他摆脱困境。短期内印象派的作品是无法有很高价值的，高更等人的成功是需要时间的。我知道你想帮助高更，得知他生病的消息我也很难受。除了帮助他，我们不知道还能为他做点什么。

我想创建一个印象派协会，能够让我们共同为印象派创作，共同承担风险。为了成为真正的艺术家而努力也许是无法实现的理想。但人生苦短，作为一名画家就得抓紧时间搞创作。

我一直觉得单身的画家生活是不尽如人意的。所以我想找个女人，最好是有钱的女人，或者找一些愿意跟我一起合作的人。两三个人干活要比一个人轻松得多。

我们的协会就算开始了。巴尔纳也来参加了我们协会的第一次活动。你可以当一个法国印象派画家协会的会长。我之所以把这些人召集起来，是希望他们就像高更所说的那些水手一样，在干活时齐声喊着号子，鼓足干劲。艺术家所欠缺的就是齐心协力。

祝贺你举办的莫奈画展，很遗憾我不能参加。莫奈在二月到五月这个四个月的时间里就画好了十幅作品，他可真了不起！多产并不等同于不严肃认真地创作，这主要看一个画家的经验和自信。

今天我给你寄三幅素描过去。有一幅画着农家院里堆放的干草垛的画是我急匆匆赶出来的，可能看起来有点古怪。而《收获》这幅作品可是我认认真真画出来的。我觉得它是除了静物画之外，画得最好的一幅了。它能和谐地融入周围景色中，我把它放在铺着红砖的地上，它也毫不逊色。

我想画得更自然一些，毕沙罗说对色彩产生的效果要大胆地进行夸张表现，所以我夸大了基本部分。如果画出来的色彩太真实，那这幅画就像一张照片，并非是本质的东西。

我想起鲍蒂尔曾经这样评价自己收藏的塞尚的作品：单独地看塞尚的画根本觉得没什么名堂。但一旦把他的画和其他人的画放在一起，其他的人画就根本没什么看头了。他还说塞尚的画色彩很浓，像用金子画成的一样。

说起塞尚，我这几天不禁回想起见到他的情景。他深切地体会到普罗旺斯恶劣的天气状况，但还是对这里的农村钟爱有加。现在这里天气热了，到处都是黄色或者古铜色，与蔚蓝的天空相互映衬，这是一种让人惬意的色彩，与德拉克洛瓦画里使用的混合色调异常一致。

我正在画一幅玉米地的风景画，它的内容风格独特，画出来肯定与果园一样好看。每次当我带着画完的作品回家时，心里就会想这样下去我们的日子肯定会好过。但有时候画不出好的作品，还要吃饭睡觉花钱，我就觉得自己特别没用。

上周我去了一趟地中海岸边的圣玛丽海滨，在那里待了一个星期。像这里的海滨风光，我们那个当水手的叔叔不知道看过多少回了。地中海的颜色很难描述，因为它总是变化无常。在那里我用随身带的三块画布画了海景和村庄，还有一些素描。早上我准备回家之前又画了一幅船只的素描。在巴黎我根本不可能在一个小时的时间里画出这样的素描来，而且不用画框。我现在画画都不用量尺寸，而是尽情发挥。

我想挣很多钱，然后请很多优秀的艺术家都到这里来，让他们不再为生计所迫。

我想过些时候你肯定会想到这里来看看，人的想法是不断变化的。

现在正值收割季节，我顶着烈日在玉米地里画了一个星期的画。我还想画一些海景。我的画里，果园是玫瑰色和白色的，玉米地是黄色的，海景则是蓝色的，再找点什么绿色的东西画下来，这样才完整。

到目前为止，我就画了一些玉米地的风景画，还有一幅速写。速写画的是在紫色的土地里播种的劳动者，天空中有黄色的太阳，地平线上有一片成熟的玉米地。这是一幅非常注重色彩的作品。

我雇佣一个轻步兵做我的模特儿。他的脸窄窄的，但脖子很粗，目光炯炯有神。我很喜欢画这种普通的，在别人看来有些粗俗的肖像画。这些画让我能明白我的作品的不足之处。

我刚把一幅已经画好的习作刮掉了。这幅画画的是在一个橄榄园里，一个耶稣和一个天使的形象。当时我画的时候还没有模特儿，而我自己坚信画人物必须有模特儿才能画出神韵来。

大家觉得我画画速度太快，所以可能缺乏激情，和对大自然真实情感的流露。但我说工作时，如果非常有灵感，就会笔下有神，龙飞凤舞地不断画下去。但也有完全没有灵感，极其烦躁苦闷的时候。我希望你能理解：我想用我作品的质量，而不是数量，来证明我的成就。这些高质量的画作是我和你共同努力的见证。

你还记得莫泊桑小说里的那个人吗？他人生的十年时间都在打猎中度过。而当他有一天没有力气再去追赶猎物，想要结婚时，却发现自己已经老得不中用了。这让他非常苦恼和恐惧。

我觉得虽然我关于婚姻问题的想法和这个人有点不同，但本质上我跟他一样。虽然我需要伴侣，但如果我这辈子单身，我也没办法。我不断地购买画布和颜料，就是因为我不得不寄情于工作。我现在趁着自己还能干得动，赶紧多画一些。等我找到了自己的伴侣，我就没必要这么拼命工作了。

但画画需要不断地花钱，这让我头疼不已。我想从别人那里直接买一幅还不错的作品，也许都比我买画画的材料便宜。我准备寄三十幅习作给你，这样能更容易地为高更筹到钱。

所有的艺术家，包括诗人、音乐家和画家在物质上都遇到了困难，这是艺术界的怪圈。这也让我们不得不反思一个问题：我们现在看到的是不是生活的全貌？还是看到的仅仅是死亡？画家可以接受死亡，然后将他们的作品留给后世。我越来越觉得上帝就像一幅没有画出的作品，因此我们不可以对他评头论足。

已经很晚了，我要睡觉了。亲爱的弟弟，晚安！祝你好运！

贫病交加，精神分裂

与高更交往

你来信说高更已经同意跟我们一起合作，这真是个好消息。两个人在一起工作，住在画室里也能节约开支。我和高更的创作能力都处于顶峰，但我们的经济状况并不令人满意。因此我们要尽可能多画画，尽可能少花钱。

我又完成了很多习作。虽说物以稀为贵，所以皮卡和达·芬奇的画很有欣赏价值，而蒙蒂塞利、杜米埃、柯罗等人的作品虽然数量很多，但也不难看。我画的风景画里，有些匆匆赶着画出来的反而成了我最满意的作品，比如《收获》和《草垛》。

在费尽心思调和基色后，我经常想起蒙蒂塞利。据说他嗜酒如命，经常喝得醉醺醺的。我认为蒙蒂塞利是一个进行逻辑思考的画家，他创作时往往在进行非常复杂的思考，因此会用脑过度。唯一能让大脑休息的就是在工作之余喝酒或者抽烟。虽然不起作用，但如果不喝酒他们的精神会崩溃。龚古尔兄弟也曾说过自己抽那种很呛的烟，用来在紧张的创作中麻痹神经。

在农民收获的季节里，我也忙着大量画有关收获的画。这就是我的艺术生活，我对此无怨无悔，过得非常充实。有时想到自己还孤身一人，我心情也会沮丧。但这种心情不会影响我太久，因为大自然有着奇特的魔力吸引着我。别为了让我摆脱孤独老催我去办跟高更合作的事情。

说到与高更合作，我根本没钱。我只能以画画的方式表达我对此事的关注。虽然画这些风景素描让我感觉很累，而且环境也很恶劣，凛冽的北风不停刮着，蚊虫不停地叮咬着，但我内心充满了对辽阔平原的热爱，让我忘却了烦恼和劳累。

巴尔纳还有一幅习作没给你，也许是因为在巴黎工作很艰难的原因。巴黎是一个只要活着就要拼命的城市。我刚看完雨果的著作《艰难岁月》。那本书里讲述了命运和希望。但每个人的命运都是不同的，如果人生可以重来，那该多好！

如果我们的油画可以被很多中产阶级用作家里的装饰，这样我们的日子就会好过很多。我经常想起昔日荷兰的情形，记忆中那遥远的流逝的光阴，令人心碎。

星期天一整天我都在给你写信，但还是感觉很多话都没说完。

我很高兴收到你的来信。收到你这封信的时候我正在画一幅大型的油画，阳光炙烤得我晕乎乎的，我还画了一幅素描和其他两幅油画。

你可以把我们这个时代看成是一次真正的艺术复兴。陈腐的官僚做派快要消失了，新的艺术家性格孤僻，生活贫困，懦弱无能。

当你成为不了一个画商时，你就很有可能成为艺术家。我也一样，越是耗尽自己的力气，身体越差，神经越疯癫，我的作品就越有创造性。绘画这门古老的艺术焕发出新的生机，或者说这门艺术的复兴都是很抽象的概念。

如果你能让我相信艺术是有生命的，而不是陈旧的破烂玩意儿，我会相信你的艺术的爱好程度超过了我。我年龄大了，唯一能让我对艺术有信心，而且能让自己心境平和的方法就是画出更好的作品。虽然我身体不好，但我用来画画的手却越来越灵巧了。我画好的画比空白的画布值钱得多，我付出的代价就是每况愈下的身体和精神分裂。我的这种付出本来可以让我有权利享受生活，但我依然入不敷出，我预支的一万五千法郎已经用完了。我们在艺术上的花费提醒我们已经深陷艺术，无法自拔。

普林森赫叔叔终于不用再受痛苦了。你去参加了他的葬礼，我认为这是对逝者最大的尊重。无论他生前从事的是什么行业，从他离世的时候开始，我们所记得的只是他们人生中辉煌的日子和优良的品质，他们是用尽可能美的语言才能描述的人。生命脆弱而短暂，因此我们要关心艺术家。在人活着的时候，我们就要理解他们。

父亲和叔叔他们信心满满地相信人有来世。你若刨根问底，他们就会生气。一个艺术家把自己的作品留给后世便能流芳百世；德拉克洛瓦点燃了印象派画作的火炬，这是传承还是终结？一位年迈慈祥的老太太，思想被基督教的教义束缚着，她内心深处深信自己能够得永生。德拉克洛瓦或者龚古尔兄弟，身患重病，虽然思想伟大但无法得到永生。既然生活在最底层的人们在内心中感觉这种希望会出现，那些艺术界的人更应该具有这种自我意识。

医生总是说人们都是疯子：不管是被人们奉为先知的摩西、穆罕默德、基督、路德、班杨等人，还是像哈尔斯、伦勃朗、德拉克洛瓦以及像我们的母亲那样思想狭隘的所有妇女，都是疯子。那我想请教一下这位医生：不疯的人都在哪儿呢？

我刚画了一幅普罗旺斯的一位正值花季的少女，这幅画花了我一个星期的时间。这幅少女手里拿着一支夹竹桃花，画面以白色为背景，她穿着鲜红和紫罗兰色相间的背心，品蓝色的裙子上面有橘黄色波点；皮肤白皙，头发呈紫罗兰色，黑黑的眉毛，而睫毛是橘红色的，还有普鲁士蓝色的眼睛。我还画了一幅马夫兵的画。

我一个人住在这里时间太长了，没人跟我交流，我的头脑变得迟钝了。要是高更在就好了，他的想法多。如果我们相处融洽，我们的声誉和地位也会提高。

我租的房子到九月十二号米迦勒节就到期了。我还不知道是否还要再租半年，我想等高更看过之后再决定。这周生活快要过不下去了，我连房租都没钱付了。

我用同一个模特儿画了两幅肖像画，一幅是穿着蓝色制服、满脸络腮胡的邮递员，另一幅画的是很多有趣的人。我想画更多的人物画，这是能很快提升自己作画水平的方式，也能让我的画更有深度。画肖像画时，我总是很有信心。这种创作让我养成了辨别事物的能力，也让我感觉生活很美好。

巴尔纳寄了十幅速写给我，其中三幅具有雷东式的热情，这是我完全没有的。有一幅极具伦勃朗韵味的妇女沐浴画，还有一幅奇特的人物风景画。

为了能够博采众长，一个画派的所有人都要互相学习，取长补短。也许你会说就让我们为自己而去创作吧，不要理会别人。我希望我的作品能不仅仅拘泥于印象派，而且能画出被像德拉克洛瓦、米勒等前辈们理解的作品来。马奈已经快要达到这个目的了。如果创作顺利，我们也许能期盼好日子的到来。

巴黎人根本欣赏不来朴实的作品。我逐渐淡忘了在巴黎学到的东西，思想又回到了以前住在乡下时的状态。我虽然称自己为印象派画家，但我的创作方式受到了德拉克洛瓦思想的影响，我随心所欲地使用色彩，想把自己的思想很有力地表达出来，不会受某种理论的束缚。所以真正的印象派画家可能会不太赞同我的作品。

我正在画一位艺术家的肖像画。画里夜莺在歌唱，他在创作。他是一个心地善良纯洁的人。我想在我的作品里表达我对他的敬仰之情。我用夸张的手法以及像橙色、铬色和浅柠檬黄色这样夸张的色彩表现他的头发，我把他的画室画得很开阔，背景是蓝色，我想用浓重的蓝色来衬托他的头发，这样看起来很神秘，有点像蔚蓝色天空中的一颗明亮的星星。我在画农民时，采用的手法也跟这个一样。我以南方收获季节忙碌而艰苦的场景为背景，使用了鲜明的深浅不一的橙色，阴影呈金色。

绘画材料和生活费用极其昂贵，我几乎快要没钱请模特儿了。但我还是得请，我就要做一个优秀的画家，这是我唯一的希望。我觉得绘画的费用应该由公众来承担，不然艺术家的负担就太重了。但是公众对绘画一直漠不关心，他们会说画画是我们自己的选择，他们没有强迫我们。

在缺钱的日子里，南方比北方好的一点就是：这里天气很好，阳光明媚，富有生机。我希望高更能到这里来常住。

我还得继续画画。前几天我发现了一个非常文静可爱的女孩儿，她的皮肤是咖啡色的，她穿着玫瑰色的紧身衣，隐约可见她匀称结实的小巧的乳房。这样一个女孩儿在宝蓝色无花果树叶的映衬下，有一种独特的童贞的美。她的体型奇特，有着质朴而与众不同的容貌。她答应做我的模特儿，她很高兴能赚到几便士的钱。

有某种动力驱使着让我尽可能多画人物画。如果我能把模特儿画好，我就有可能成为一个杰出的画家。我能感觉到自己有创作能力的日子在逐渐逝去，正如一个人感觉自己渐渐变老一样。

昨天晚上，我和那个轻步兵少尉朋友在一起。他准备去巴黎，可以把包裹带给你。包裹里共有三十幅习作，其中一张是我的自画像，画中我背着绘画用具走在洒满阳光的大道上。还有一幅罗纳河风景、一幅播种者和一幅洗衣女的画。

如果我继续这么拼命画下去，我会变成一个出名的疯子。我现在还是个默默无闻的小人物，没有惊人的壮举。不过我这辈子就这样了，我希望下一代画家在肖像画上能取得像莫奈在风景画上取得的那样辉煌的成就。我知道青出于蓝而胜于蓝，因此让我们为下一代画家们敬杯酒吧！

你能在我的油画中看出独到之处，也能看出我那些画给大众的画一文不值，因为我没有别人那样清晰明快的笔法。这也跟我的创作环境有关：经常刮着北风，处于赤贫状态。不过我安于现状，能继续画画，我就心满意足了，这并不是颓废的表现。人们在印象派画家身上是看不到颓废的。

我收到高更的一张便条说他有机会想来南方。虽然南方天气很好，但我想他更愿意和他的朋友们待在北方。运气好的话，他可以卖上几幅作品。他不光跟我合作，他还另有打算。他永远不会放弃在巴黎打拼，他相信自己会取得成功。如果我也像他一样野心勃勃的话，我们俩就根本无法合作。他的成就或者幸福都不关我的事。我关心的是印象派画家的创作热情和活力能否继续传承下去，他们每天是否能吃饱睡好。

高更说巴尔纳把我的速写装订成册拿给他看。高更对巴尔纳的作品有很高的评价，巴尔纳的信中也大力赞扬了高更的天赋。巴尔纳说高更因为没钱买绘画材料而不得不放弃很多好的创作，他为此很难过。

我在画一幅秋天的景色，以大朵的向日葵为主题。我画这幅画时热情高涨，一边吃着炖鱼一边在画。我现在还有三幅油画。第一幅在淡雅的背景下，有一个插着三朵鲜花的绿色花瓶；第二幅是在蓝色背景衬托下的三朵鲜花，一朵含苞欲放，一朵尽情绽放，还有一朵已经结了果实；第三幅画的是插在花瓶里的十二朵鲜花，我希望这幅画是最漂亮的一幅。我现在在画第四幅，画面是用黄色背景衬托的一束鲜花。

你还记得莫奈画的那幅牡丹图吗？画面上的牡丹呈粉红色，虽然整个画面用了极其浓稠的油彩，但技法极其简洁，感觉是在室外完成的画作。

我想画一些能让人一看就明白的油画，也许不会使用印象派的技法。点彩画和涂晕圈是很独特的技法，虽然不会被当成绘画的理论，但现在已经被很多人所使用，总有一天用这种技法创作的作品会更具个性，更加独到。

绘画需要付出高昂的代价，但作品却卖不出去。想用作品来借点钱吧，即使是十分不错的作品也借不了多少钱，你根本赚不了钱，因此就沦落成了牺牲品。假如我们能为我们后世的画家准备一种比较富足的生活，也算我们现在的付出没有白费。

左拉的著作《左拉全集》中邦格兰·瑞德这个角色说的话让我触动很深。他说："一个艺术家在功成名就之后并不能高枕无忧。如果他后面的创作的东西稍微有点瑕疵，就会受到嫉妒他的人的大肆攻击，然后让他又变得声名狼藉了。"而卡莱尔的言辞更加激烈。他说："大家都知道萤火虫在夜间会闪闪发亮，因此女士们就用发夹将它们串起来做装饰。名望虽好，但有名望的艺术家就像发夹串起来的萤火虫，虽然闪亮但不自由，而且也不长久。那些追名逐利的人们，你们知道自己的渴求是什么吗？"

他们的话让我对成功和名利心怀恐惧。但想到自己画的画现在还不名一文我就心里非常沮丧。如果我的画能有好的销路，那我就不会为钱所困，即使付出代价我也愿意。而现实就是我依然经常因为没钱买颜料而不得不停止画画。成功的希望太渺茫，绘画只是我逃避现实生活的一种方式。

我多么希望能有一个安定的地方能让我安心画画。龚古尔一家花了十万法郎买了一栋房子总算安定了下来。如果你二十岁时还在流浪，也没什么；但如果你三十几岁还居无定所，那就凄惨了。如果我们首先考虑自己是否富有，那在弥留之际我们会觉得自己精神极度空虚。

我渴望不愁吃穿的生活。如果一份工作能让我无忧无虑地在画室里画一辈子的画，我就心满意足了。

这个星期我画了两个模特儿，其中一个是农民。我画他的时候背景用了鲜艳的橙色，我是想让人联想到夕阳西下，红霞满天的场景。

亲爱的提奥，我很清楚我需要什么。我可以没有上帝，我自己的身体和创作是我生活中最重要的东西。

我想在画中表现一些让人愉快的或者永恒的东西，我一直要画并且要画好的就是包含着模特儿思想和灵魂的肖像画。

我一直希望通过两种互补色或者相近色调的变化来表达爱情；用幽暗的背景和浅色的色调光彩来表现思索的表情；用星星表达希望；用夕

阳的霞光来表达渴望。虽然这些东西是真实存在的，但在立体视觉写实主义中没有体现出来。

我虽然孑然一身，但我脑海里涌现的全是各种创作想法，因而我没有时间去思考别的事情。我每天没日没夜地辛勤劳作着，因为只有多画画，才能让我的画室充满生机。

在经过几个星期的沮丧之后我终于画出了一幅最好的作品。在我的这幅《咖啡馆之夜》中我想表达的意境是：咖啡馆是一个让人发疯、堕落的地方，因此我用了红色和绿色来表达疯狂的情感。相比较《播种者》来说，《咖啡馆之夜》是一个进步，鲜艳的色彩抒发了我内心强烈的感情，我并没有按照立体写实主义的方法运用色彩。毕沙罗认为《午轻姑娘》很有意思。《播种者》是我首次尝试用这种夸张的风格，但我觉得它们很难看，非常糟糕。《咖啡馆之夜》和《吃土豆的人们》都处于同一水平。

我把你的房间安排在楼上，我尽量把它布置得漂亮一些，像一位女性艺术家的卧室。白墙上装饰着大朵的向日葵。窗户外面就是绿油油的花园，还能看见去往镇子的马路。如果高更来就让他先住这间房。我的卧室非常简单，有几件白桦木做的又大又结实的家具，床和桌椅等等。

我把楼下的一间房当成了画室，地板上铺着红砖，墙壁和天花板都是白色的，还有一张白桦木的桌子。我准备在墙上再挂几张肖像画装饰装饰。以后我们必须建一间可供后世画家居住并作画的画室。我们所从事的不仅是要花费毕生精力的艺术工作，而且还是要考虑传承的工作。

我之所以在南方建一所画室是因为从这里出发，我会发现色彩之间美丽的对比：红与绿、蓝和橙等都是与北方不一样的。配色大师德拉克罗瓦认为想要配好色，就必须去南方或者非洲，所有的配色师都应该来体会一下这里的美丽色彩。

我在画室里创作感受到无与伦比的喜悦，我想把这种喜悦与你、与所有人分享，喜悦也能激发我的创作热情。

最近我画了一幅三十平方英寸的油画，我用丰富的色彩来表现秋色。

画面上是花园的一角，有垂柳、草坪以及经过修剪的雪松和夹竹桃。画中的天空呈柠檬色。我还画了一幅画来描绘咖啡馆外面的夜景。蓝色的夜空富有生机，还有一盏煤油灯照亮了咖啡馆的露天平台。第三幅是我的自画像。当模特儿不在的时候我就对着镜子画自己，能画好自己的话我也能画好其他人的头像。自画像的画面用了浅石绿的底色和灰色的基调。

我画了这些画，还有向日葵、肖像画、工厂上空的太阳、卸沙子的劳工、古老的磨坊和其他一些作品。于是今天我所有的颜料、画布和钱都用光了。

今天早上我写完信后就在阳光下画一幅花园的画。这里的大自然美得令人窒息，蔚蓝色的天空，阳光柔和又可爱，好一派迷人的乡野风光！大自然吸引我一直画下去，不考虑规则，没有任何的迟疑。我现在跟刚来的状态完全不一样，我正在努力实现去巴黎之前所追求的一切。

不知道之前有没有人谈到暗示性色彩的问题，但德拉克罗瓦和蒙特塞利确实有这方面的画作，而且我能在印象派画家的作品中看到德拉克罗瓦的影子。我之所以称自己为印象派画家是因为我喜欢不受束缚地自由自在地创作。印象派不仅仅是一个把自己限制在光学实验范围的流派，我认为这个流派会存在下去。

这些日子里我有很多感慨，我有一种强烈的感觉，觉得虽然批评家们还在指责我的画还没画完，但我们将会一直努力奋斗下去。

我深知想要把一幅南方特色的画真正画好，必须经过长时间的观察、成熟的构思和深刻的理解。我希望自己有一天能几笔画好一张人物画、一匹马，快速而协调。

我收到高更的一封信说他变卖一些东西后就会来找我，他好像过得不怎么好。我已经将我的画室用各种画装饰起来了。

我画了一幅这栋房子和周围环境的油画。这幅画不好画，但我还是要想办法克服困难。米勒认为我这幅画很可怕。他不能理解我在画这样死气沉沉的杂货店和房子时怎么还能乐在其中，我却很喜欢挑战难画的画。

托尔斯泰写了一本名为《我的信仰》的书。他不相信人的肉体或者灵魂能够复活，他也不相信有天堂，但他相信人类的生命是可以一代代延续下去的。他原来是个贵族，但他现在学会了做很多东西，他还会扶犁耕田。我非常敬重这些有能力把自己变成新人的人。

很多人都忙着为1889年的画展做准备。我要坚持在画室里创作出大量的作品，但我不想把这些作品拿去展出，我只是用工作来证明自己还是个有用的人。恶劣的天气马上要到了，这意味着我的身体又要出问题了。

《星夜》和《翻耕的土地》两幅画在技法上愈加熟练了，比其他作品更显朴实。如果我能一直创作这样的作品，我的画肯定会大受欢迎，咱们也不用为钱犯愁了。

我画了十幅新的油画。这些画用一层油彩画成，色彩交融在一起，没有截然分开。我的作画方式有点像蒙蒂塞利。有时我觉得自己是蒙氏画法的继承者。

德·拉雷比·拉洛盖特夫人曾经对我说过蒙特塞利完全有资格在南方主持一间画室。其实我和高更所做的事情就是为了筹建这个画室，这与蒙蒂塞利追求的艺术是一致的。我们想要证明蒙氏依然活在这个世上，他的艺术魅力并没有随着他在加涅比埃尔咖啡馆桌子旁的与世长辞而消失。我相信通过我们的努力，能在南方创立一个新的流派。在我看来，北方人作画靠的是运用画笔的能力和美丽的景色，他们并不会用色彩来表现某个主题。

我越来越体会到画画就是根据自己的兴趣、信念以及从大师那里学到的东西去创作。创作的过程充满了艰辛与苦恼。

我当下有两个目标，一个是想办法赚钱还你；二是想要高更能够心平气和地画画。我要让他意识到他是我们这个画室的领导，这样他才能安心地尽快养好身子，然后开始创作。

　　我的画越画越好，我想鼓励每个跟我接触的人都进行创作，我要为他们树立一个榜样，那就是坚持创作。创作吸引着我，我相信只要我坚持下去，肯定会有所收获的。我已经将一幅耶稣和天使在橄榄园的习作刮掉两次了，我能看到真的橄榄树，但是没有模特儿，因此我就不愿意画人物。

　　这个星期的前四天我主要靠咖啡和面包生活，面包是赊来的，星期四我把钱都花光了。今天我中午吃了一点东西，下午可吃的东西就只剩下一块面包皮了。我再不好意思向你要钱了。

　　我辛辛苦苦创作的葡萄园终于画完了，这幅油画可以拿去装饰房间。今年冬天我想画很多的作品，只要我能凭记忆画人物，我就有画不完的画。

　　巴格买了高更的那幅画，他太伟大了。我有一些具有浪漫色彩的风景画，很想让他看看。

　　我的画布都用完了，我还需要二百法郎买油彩。你可能会问怎么又买油彩，我感到非常不好意思。我想让我的作品能给高更留下深刻的印象，而且他可能会改变我的作画方式，所以我想在他来这里之前尽可能画更多的画，这都是我的虚荣心在作怪。

　　一想到我画画的所有费用都要由你承担，我就于心不忍。所以我急切地想要改变现状。

　　我又画了一幅油画，我给它命名为《秋日的花园》。画里有两棵酒瓶形状的柏树；三棵栗树，一棵有着柠檬色叶子的紫衫，两棵长着绯红、紫色叶子的灌木，还有一些沙土、野草和蔚蓝的天空。我发誓再不画画了，但每天遇到一些自己的喜欢的东西又情不自禁地把它们画下来。

　　我计划画一幅很值钱的油画，卖出去的钱可以用来买房子。如果我的计划失败了，我打算要么去经商，要么就跟龚古尔兄弟一样当个作家，去写作。

　　我刚画好一幅马车画，你曾经有一幅莫奈画的四艘船的画。虽然主题不同，但构思方式跟莫奈的差不多。这幅画会招致很多的非议，但只要我能从中感受到热情，它就是一幅好画。我还有两幅铁桥的油画。

我最亲爱的兄弟！要是没有你的资助，我什么都画不出来。要是我们没有创作能力，而是悠闲地抽着烟，就不会有苦闷。既然我们无法改变这种现状，那我们就认命吧。你一直辛辛苦苦地做生意，经常被人责难，而我也在辛辛苦苦地搞着创作。唉！一言难尽啊！

我最近画了一幅油画，画里是一排绿油油的柏树，玫瑰色的天空挂着一弯新月。这幅画会成为《诗人的花园》系列的第四幅，用来装饰高更的房间。

曾经，阿尔城里的妇女都衣着光鲜华丽，使得整个小城都显得光彩夺目。但现在却千疮百孔，破败不堪。你如果在这里待久了，也还隐约能看到昔日那华丽迷人的风姿。虽然这里的妇女身姿婀娜，肤色迷人，身上穿着令人羡慕的服装，线条极具魅力，色彩栩栩如生，但我想要把她们画下来时，却感觉很有难度。

我刚收到高更和巴尔纳各自的自画像。他们不约而同地都在自己的自画像里用挂着对方的画的墙做背景。他们两个人的画我都很喜欢，都具有粗放的色调，但高更的画画得更加细腻含蓄。我非常高兴能得到这两幅肖像，因为他们诚实地反映了这类人的现状，不过他们不会一直像现在这个样子，他们会过上一种更加平静的生活。

我寄给高更作为交换的自画像的画面用孔雀蓝来衬托灰色。棕色的衣服镶着蓝边，头部用厚厚的颜料涂成，背景淡雅，几乎没有阴影。我把我的嘴唇画得稍微有点歪，就像日本人的眼睛。我在信里告诉高更：我的自画像里不仅想要表达我的思想，而且还想传达一个印象派画家的思想。我把高更和我的画做比较发现我的画色彩黯淡，但还没有达到令人失望的地步。巴尔纳说他还想要一幅我的画，这让我非常高兴，他赞同我在肖像画上的夸张画法。

今天我身体感觉好一点了，于是我又想把自己的卧室画出来。我想用简单的色彩表现出一种华丽的风格，一下子能让人想到休息或睡眠。

我准备把墙壁画成紫罗兰色，地上的瓷砖是红色的，床和椅子用黄色的木料制成，床上铺着鲜红色的床罩，还有绿柠檬色的床单和枕头；窗台是绿色的，房门为淡紫色，还有橙红色的梳妆台、蓝色的脸盆等。墙上挂着肖像画、镜子、毛巾和几件衣服。这个画面里没用白色，因此我就为它选择白色的画框。

我的整个构思非常简单，就用水彩自由涂抹，没有点状，没有线条。我准备明天早上就开始完成我的油画。

高更已经到了。我看他的身体还不错，至少比我好。他是个很幽默的人，我对我们俩的合作充满信心，我们一起也许能创作出很多作品来。

即使创作让我身心都受到极大的摧残，我也必须继续下去，主要还是想赚点钱，减轻你的负担。

我一直感觉自己要生病了，但高更到来后我相信我的病痛会好的。我内心十分痛苦，害怕你又因为我做出一些自己力所不能及的事情来。我已经说服让高更跟我们一起干，这是我办得最好的一件事情。希望我们的小画室半年后就能建成，这间画室可以让艺术家们尽情领略到南方的情趣。

要是你手头宽裕些，我的画就可以留着不卖，它们会像酒一样在地窖里慢慢醇化一样。

高更已经找到了他需要的妇女模特儿，而我还只能到室外画写生。我准备去妓院了解一下那里的情景。

我们每天都画画，到晚上画累了就去咖啡馆喝个咖啡，然后早早地上床睡觉。

这里的冬天已经到了，我很满意我目前的生活状态。

以前你要我画画时注重质量而不要注重数量，现在我总是会不受约束地画很多的习作，有时甚至是乱画。这些作品会是我以后的一笔财产。过段时间我会给你寄一些油画过去，像播种者、向日葵和卧室等这些油画很受高更的喜爱。

高更除了画肖像画以外，还画一些风景画。他还画了一幅洗衣妇女的油画，我觉得画得很不错。我估计很快就会有人指责他不像个印象派画家了。

高更被邀请到万提斯特家去开画展了。为了跟他的丹麦妻子团聚，他想在布鲁塞尔定居。

迪雅尔丹来信说要是我愿意用一幅油画做交换，他答应在他的小屋里为我办个画展，我十分反感他的这个主意。我们很少搞画展，我认为这种仓促举办的画展一点用也没有。我们可以认真筹划一个严肃像样的画展。

现在这个季节这里的天气经常刮风下雨，但我有个伴儿，所以并不孤独。高更鼓励我发挥自己的想象力，于是遇上坏天气，我就凭着自己的记忆画画，画出来的画更富有神秘的色彩。

高更画完了他《收获葡萄的妇女》的油画，这张画跟《女黑奴》一样画得非常好。他还画了一幅颇为独特的画，画的是一个女人裸体躺在干草上，周围有几头猪。这幅画很有可能会成为享有盛誉的佳作。高更是个杰出的画家，也是个有趣的朋友。

我也画了一幅葡萄园的油画。我寄给你，你可以将它与蒙蒂塞利的风景画放在一起。我还找机会画了一幅阿尔妇女的肖像画和一张妓院的速写画。我最近画的两幅画很奇特。一幅画的是白天，一堵墙里面有一把黄色的椅子放在红色的瓷砖地上，椅子上铺着灯芯草编织成的椅垫；另一幅我画的是夜景：在一张粗糙的画布上，用糊状颜料画了高更的带扶手的椅子，上面放着两本小说，旁边还点着一根蜡烛。

高更刚教我如何将画面上留下的污点清洗掉，因此在高更给你寄他的画的时候，我满屋子都是刚清洗完还没有晾干的油画。我怕画没干就寄给你，会影响画面的色彩。

前几天高更说他见过莫奈画的一幅插在大花瓶里的向日葵，画得很好。假如到我四十岁时，我也能画出像莫奈的向日葵那样水平的人物肖像画，那我就可以跻身于杰出的画家之列。为此，我要继续努力！

我和高更经常会激烈地争论德拉克洛瓦和伦勃朗，经常争得面红耳赤。有时争论过后，我们会筋疲力尽。

我觉得高更有点不适应这个地方。他不太喜欢这个黄色房子，也不喜欢跟我在一起画画。由于高更精力充沛，喜欢创造，因此他需要更安静的地方。

割耳风波

（注：平安夜高更给提奥发电报说梵·高在极度兴奋和发高烧的状态下，割下自己的一只耳朵送给妓院的一个妓女。邮递员罗林把梵·高弄到家中，但警方发现后插手此事。他们发现梵·高躺在床上，因为失血过多昏了过去，便把他送进了医院。提奥去看他，并守护着他过了圣诞节。然后高更与提奥返回巴黎。月底梵·高好转。）

亲爱的提奥，我现在是在雷伊大夫的办公室里给你写的这封信。大夫说我这种过度兴奋是暂时的，几天以后我就可以康复出院了。出院时我不希望惊动任何人，我想悄悄地回家。罗林夫妻俩一直在帮我看管屋子，也一直关照我，他们是我真正的朋友。

我盼望着赶紧出院，那样就可以去那条熟悉的小路散步，而且在晴朗的天气里看见鲜花盛开的花园。

你专程来看我让我心里十分过意不去。我不能让你也担惊受怕，我一直希望能让你看到一个风景优美的阿尔，没想到却是这样的状况。

我希望别人只把我看成是一个行为怪异的艺术家，因为一根血管被切断而引起大出血和持续高烧。

我今天出院回家了。罗林过来跟我一起吃的晚饭，他马上要去马赛工作了。

连续好几天我都没法写信，但现在我又可以提笔给你们写了。我先给高更写了封短信，叙叙旧。我在医院里会经常想到他，即使在发高烧时也会想。他肯定被我吓坏了吧？可是他让我看不到人生的希望。你一定看到他的自画像和给我画的肖像画了吧？

我给母亲和威都写了信，让他们不用担心我。

明天我准备开始画画了。我打算先画两幅静物画来练练手，等有感觉了再画雷伊大夫的肖像画。

今天早上我去医院换药时，跟雷伊散了很长时间的步。我的身体看上去还不错，伤口在渐渐愈合，失血过多的状况也有所好转。现在唯一就是失眠特别严重。这次的经历我现在感到后怕。在这场磨难中我一直都会想起德加，我和高更经常会谈到他。德加很了解我，他说我这么精打细算地过日子，是为了能画阿尔妇女的肖像画。但现在请你告诉德加我目前还没有能力去画。告诉他不要相信高更说我的画画得好之类的话，那些画都是出自一个病人之手。不过在一定程度上，的确生病时我的画是画得最好的。

今天早上我收到你未婚妻的信，她告诉我说你们订婚了。我在这里向你们表示衷心的祝贺。我担心因为专程来看我，会耽误你订婚。这样美好的订婚情景是我一直梦寐以求的，但我已经不可能有这样的机会了。

你在我们家里的地位以及在社会上都是有地位的人。母亲一直希望你能成个家。你应该尽快结婚，有妻子陪伴，你就不会孤独。

我非常高兴你举办婚礼。为了能让你们的婚礼办得好一点，你把我的画放到古匹尔画店去吧。只要你愿意你也可以把那两幅向日葵的画拿去展出。这两幅画色彩变化大，富有视觉冲击力，肯定会引起极大的关注。

你知道就像芍药属于让南，蜀葵属于科斯特一样，向日葵属于我。

高更走了。这个月我们只能拿一百五十法郎过日子了。虽然我为绘画付出了很多心血，但我的画不名一文。我住院居然花了一百法郎！

我想报答在我住院期间那些跟我一样穷的人对我的照顾，于是又花了不少钱，这样到8号我就没钱了。在17号收到你的信之前的几天我几乎没有饭吃。

虽然情况很糟糕，但我还是重新开始我的创作了。我画了三幅习作，还画了雷伊大夫的肖像画，送给他当做礼物了。

高更发电报给你又问你要了一笔钱，他这真是个聪明的做法。我们的这个朋友，尽管我再三邀请他，坚持马上要见到他，但他总是借口说他的出现会让我难堪。请你告诉他：我们俩都希望和他继续保持交往。

我非常赞同你付钱给高更的方式，他会庆幸跟我们打交道的。他应该能看出来我们没有占他的便宜，相反我们很想为他找一份体面的、可以解决生计问题的工作。如果他还是找借口说这些都不是他想要的，那他是否应该考虑一下他稀里糊涂地带给我们的麻烦和额外的支出呢？

我之所以抱怨高更是因为我不想再去想这些事情。高更认为南方的景色很美，他的脑海里也有对这种景致完整的构思，但他却带着这样的构思去了北方，这真是太可笑了！

他想用他留在画室的习作跟我换一幅向日葵。我肯定不会同意。我打算把他留下的习作寄给他，向日葵不会给他的，因为他已经有两幅向日葵了，应该知足了。他把我的画拿到巴黎去展出。他很有经验，也很精明，这是你我都比不上的。

病好了之后我又将我的油画比较了一遍，发现最好最满意的还是那幅卧室画。今天我画了自己那把没有坐人的椅子，还有高更的那把坐了一个人的椅子。在这两幅画中我想用明快的色彩来表现光线的效果。

因为觉得自己的绘画技巧还没有很精湛，所以我还没有太多地考虑卖画的事。但我的画作是一直有进步的，而且我又开始认真钻研技巧了。

我最近画了一幅自画像打算送给你。我觉得我刚画完的一幅油画可以达到你说的那种美的水平了。我认为我的作品会让我倒霉，也会让我走运。如果收藏家们认为蒙蒂塞利画的花束能值五百法郎的话，那我画的向日葵也能值那个价。

跟一个月前相比，我现在的身体状况和我的画作都还不错。冬天能使我安心地搞创作。我停不下来，因为只要一拿起画笔，我的脑海里就会很快涌现出一幅画的构思。

现在我也不会反对去精神病院，但我也可以选择在注意身体的同时，继续我热爱的绘画事业。我从早到晚一直不停地画，目的是想向你证明，像蒙彼利尔画的布里亚斯那样能够让南方画派形成的、具有很强感染力的作品已经出现，我们很快就能看到希望。

二月至三月间我一直不停地画着，我想画一些能让别人将我看作印象派画家的作品来。

我们必须为你的婚事做一些安排，在婚期之前要有两个月的绘画时间。

过完春天，你们夫妻一定能找到一栋大房子，可以住几代人而且还可以做生意。你一直忍受着贫穷来资助我。我想把钱还给你，所以代人作画我也愿意。

罗林昨天走了。我给他妻子画的肖像画还没有画完，我很想把这幅画画完，但我担心罗林一走，他妻子就不愿意再做我的模特儿了。

你来信说高更在巴黎初步打开了局面，已经应邀去比利时搞画展了。我很高兴他基本已经站稳脚跟了。

我很喜欢在热带创作的作品，但我本人因为年龄和身体的原因，尤其戴着一个假耳朵，不能亲自去热带。高更会去吗?

我们都是凡人。作为老朋友，高更和我都非常了解对方。我们是真正的艺术家，我们的画作所传达的神韵是有力佐证，而且足以驳斥那些认为我们是疯子的言论。我们所患的只不过是艺术家所特有的疯癫症，那些治疗和安慰是对我们的补偿。

昨天我去了阿尔妓院，当时普罗旺斯的一个文学社正在唱圣歌来纪念中世纪的基督教剧院，昨晚也是我头一次睡着以后没有作恶梦。

别人说我看上去病情明显好转了，这让我内心充满了希望。再加上今天的天气非常的好，于是我有一种强烈的画画的欲望。在这之前我从来没有过这么强烈的欲望，以至于我的言语中又流露出以前的那种亢奋，不过其他人也不感到惊讶。因为我们都是同类。

如果我们俩的身体都垮了，那我们就只能承受痛苦与无尽的烦恼，我们的理想和抱负也会变成天方夜谭。所以还是要多保重身体。

你那个圈子里的人能理解你吗？也许他们只会怀疑你。有时我甚至怀疑印象派是否能组织起来并坚持下去。

你我都尽力做好自己能做的，就算是为印象派做出实质性的贡献了。我一直处于亢奋状态，但我并不惧怕疾病甚至死亡。

高更寄给我一封写满了各种计划方案的信，我还没给他写回信。他已经找到了自己的财富和方向。高更和我是好朋友，将来有机会我们肯定还会再度合作。

高更特别喜欢我画的向日葵。我想让他送给你两幅他自己画的高水平的画作当做贺礼，然后作为交换，他可以从我这儿的两幅向日葵中挑选一张。

我下决心要画一本包含三十幅或者更多好作品的画册来。希望你看到这些作品后会对我们的未来更加乐观，更有希望，至少能得到一种心理安慰，我正在画这些画，加上我寄给你的那些，数量也算可观了。但这些画难免要七零八落，这确实让人遗憾。那些无须为生计而奔波的人，你可以卖给像《普罗旺斯姑娘》、《收获》或者《播种者》等这样普通的画作，我无所谓。

我很容易受别人思想的影响。我在这里经常听到有关高更、我以及有关绘画的各种难听的话。医院里的人都认识我，一旦我犯病，他们会处理的。我猜我的这种荒诞怪异的行为和思想里面可能暗藏着真理也说不准。

你不要太为我担心，我的病情就让它顺其自然地发展吧。我们无法提前预知自己的命运，所以不管发生任何事情，我们都要坚强。我这辈子最大的目前也是唯一的愿望就是能自己挣钱养活自己。

以前我会大肆嘲笑乡下那些在我看来是乌七八糟的东西，但现在我不这样了。一想到很多画家会跟我一样患上疯癫症，我就能得到些许的心理安慰。我清楚地知道高更会遭遇什么。在热带，他也得了过分敏感症。

鉴于我自己的遭遇，我不能劝说画家们到这里来。他们也有可能会失去理性。所以就让他们去昂蒂布或者尼斯吧，可能门通对身心健康更有利。

谢谢你让我去巴黎的好心的提议，不过我觉得自己不适合待在大城市。

你的来信让我知道我们兄弟俩面临的无尽的烦恼。警察局收到八十多位市民签名的集体请愿书，说让把我关起来，不能让我证明自己是无辜的。我内心深处很想为自己辩护，但我知道当前这种情况，自我辩护就等于指控自己有病。

我知道我精神上受了很大的刺激，现在我要努力让自己平复下来。如果我不控制自己的脾气，别人立刻会把我当一个危险的疯子。病情反复发作让我不由地有种自卑感，我现在没有了自由。

我告诉市长：如果我的消失能让那些善良的人们感到开心，我会毫不犹豫地跳进河里；但是如果那些人看到我心里受到创伤而感到高兴，无论如何我都不会接受。我从未伤害过他们，他们为什么要伤害我？

我已经三个月没有画画了，这比让我去死还难受。不过我多说也没用，默默承受折磨而不去抱怨是我应该学会的教训。我们可以藐视我们这种无关痛痒的遭遇，也可以嘲笑人类历史上的那些大灾难。我们要像真正的男人一样勇敢地接受挑战，坚定不移地朝着既定的目标走下去。艺术家不是什么高尚的玩意儿，只有那些能直面惨淡的人生的艺术家才是伟大的。

医院管理层的人都非常精明能干。他们很擅长盘根问底，即使是一些鸡毛蒜皮的小事也要问个清楚。我对他们的回应就是保持沉默。

我在南方的境遇比在北方好不到哪儿去。我只是个中庸的、一知半解的、不入流的评论者，所谓"真正的南方"需要那些身体健康、神志清醒的人去体会。

　　我感觉现在自己的言行完全是正常的，我不发病时创作的油画非常严谨，我对绘画的热情完全能让我克服疲劳感。要是没有这些干扰，我现在的作品肯定会跟在果园里画的画一样出色，甚至更好。我多么希望在我想画画、吃饭、睡觉或者逛妓院的时候没有人来干涉我！

　　我见到了西尼亚克。他给我感觉是一个沉默寡言、头脑清醒、充满自信的人，并不像别人说的那样暴躁。这是我第一次跟一个印象主义者自由地畅谈。

　　亲爱的兄弟，谢谢你让他到这里来鼓励我。我送给他一幅画着两条熏鲱鱼的静物画当做留念。这幅画曾经让阿尔城里的军人很生气，因为这是别人给他们起的绰号。

　　我买了一本卡米耶·勒莫尼耶写的《大地的女儿》。这本书简直太有吸引力了，我一口气看完了两章。好几个星期以来，这是我第一次阅读，这对我的病非常有好处。

　　我是否能忍受被监禁或者被关进疯人院？像罗什福尔、雨果等许多人在被放逐时创作出了不起的作品，罗什福尔甚至是被关在监狱里呢。我的情形和他们的类似，我想坦然地做一个疯子，但我觉得自己没有足够的能力去演好这个角色。

　　在医院里，他们对我照顾有加，但这让我局促不安。最近这三个月中我有时候心情极其苦闷，但有时又能看到一点希望的曙光。就是因为感觉希望一息尚存，所以我现在只能接受这种貌似灾难性的现实。这样我就可以尽早继续我停了很久的绘画工作。

　　我在医院的病房里放着木刻画《人的自画像》，还有从别人的写生簿上撕下来的《草叶》、德拉克洛瓦的《圣母玛利亚哀痛地抱着基督尸体》和《善良的撒玛利亚人》以及梅索尼埃的《读书人》。

　　我正在看巴尔扎克的《乡村医生》，书里的女主角有点神经质。我邮购了一些其他书籍，我还读了《汤姆叔叔的小屋》和狄更斯以圣诞节为题材的小说。

我已经好几次拿起那张《手摇摇篮的妇女》画。这幅画是从廉价商店买来的一张彩色石印图，非常不值钱。我想画一张一名水手大脑之中的妇女形象，他不会画画，但非常想念岸上的妻子。

罗林来看望我，他让我转达对你们的祝贺。我猜你们现在应该在阿姆斯特丹举行婚礼。我不善言辞，在这种场合不知道怎么表达我的祝愿，但我的内心是带着诚意地想要祝福你和你的妻子。

罗林的到访让我感到很开心。虽然他负担很重，但他看上去还是很健康乐观的。与别人交谈能让我体会到生活并不会随着年龄增长而过得越来越舒适，这教会了我如何去应对今后的生活。罗林话里话外都流露出对今年冬天在阿尔人中普遍存在的焦虑的不满。今年经济不景气，资源枯竭，人们心情低落，有些失业的人开始捉弄别人。

虽然罗林的年龄不足以当我的父亲，但他就像对待自己的儿子一样关心爱护着我。他没有明说，但所有的行动都似乎在向我说着一句话："我们无法预知明天。但不管发生什么，请一直记着我。"这句话对所有人都有用。他是一个那么善良、有见识、可信的人；虽然他不完美，也不幸福，也并非总是正确，但他从来不抱怨、没有忧虑。罗林想在马赛待几天。

每当我想起我在阿尔令人难忘的经历时，我就不会抱怨阿尔的一切了。我相信不久我就能恢复自由。除了心里有股难以言状的忧愁之外，我其他一切都感觉很好。我的身体比以前强壮，而且我也开始工作了。如果我必须一辈子都待在精神病院里，那我就安心待下去，也许我还能在这里发现新的绘画题材。我过去的形象不体面，而现在我这样的年纪，肉体和精神的激情渐渐衰退，即使我现在的情感再丰富，表现力再强，也不可能重新塑造出一个完美的形象来。所以未来对我而言就跟现在一样，最终命运会了结一切的。

这几天天气晴朗，阳光明媚。这种天气能让人暂时忘掉忧愁，重新充满了兴致和幻想。

现在我的画架上有一幅梨园画，以阿尔卑斯山为背景。我还画了六幅春景。我觍着脸向塔塞要了十米油画布和一些颜料。这当然只是权宜之策。谢谢你寄来那么多的笛子和画，这些画让我这里的家当都蒙上了一种忧伤的感觉。

不管是在阿尔还是其他地方，我都不能忍受继续过画家那种画室、咖啡馆以及饭店三点一线的单调生活。

我开始很坦然地把疯癫看作是普通的疾病，而且我感觉在发病时，我的那些幻觉都是真实的。

在医院里我们一直都被告诫要老老实实地待着，不能撒谎，不能偷东西。但如果我们只允许善良与美好的东西存在于这个世界上的话，事物就会变得更加复杂。

我胆子很小，而且经常处于焦虑状态，容易小题大做。

现在我能少画一点素描，因为这个不需要太多疯狂的热情，如果可能，我很想在白天出去创作。这个应该可以实现，因为我每天能出去放放风。

请你不必为我难过。虽然最近搬家收拾东西的日子很让我难过，但更让我难过的是这些年你一直为我这个兄长默默地付出，而且除了向你表达内疚之外，我其他什么都做不了。我内心的那种歉疚无法用言语来表达。

我们就听了雷伊和萨勒大夫的话吧，我们迟早都是要生病的。但如果可以选择的话，我一定不会选择精神病。要是得了这种病之后，再能继续画画，或许我心里还能稍微好受一点。

你对我有莫大的恩情，我们兄弟的情谊就像钢铁般坚不可摧。请你不必烦恼自己没有得到回报，你的善良是永恒的，你可以继续爱你的妻子。

在稍微清醒的时候，我就意识到自己以前一直身心都不健康，但却没能正确认识和对待这一点。有些人出现了精神错乱的症状时，会自己调节，不像我一直自我感觉良好。意识到这个之后我就不会把自己的思想强加给关心我的人。但很遗憾当我内心开始反省自己的过去时，有些太晚，历史已经无法改写了。

这次去疯人院就是个形式而已，我的病情不能再反复发作了。我渐渐地能够进行思考了，但目前我还是没法集中精神，也没有生活目标。我是个自私的人，虽然我觉得大自然也许比任何药物都管用，但我还是想马上就去疯人院。

在这里，我基本上都是清心寡欲的。但有时候，我会有一种强烈的欲望想要拥抱一个家庭主妇型的女人。这不是一种梦幻，而是一种歇斯底里的发泄。雷伊说爱情有时候也像一种病菌，这个比喻很贴切，但这种病菌并不会伤害仟何人。勒南心目中的救世主能给予人们实实在在的安慰，这是那些形形色色的教堂里宣扬的虚幻的救世主所不能给予的。爱情也能给人很多安慰。我经常反复拜读勒南的《反基督者》。

这里的橄榄林太美了！跟北方的橄榄树不一样。要是你也能过来看一看该多好啊！那银中带绿的树叶映衬着蔚蓝的天空，还有橙黄色的大地，有点像荷兰草原上的柳树，也有点像荷兰沙丘上的橡树。风吹过橄榄林发出的声音似乎在诉说着某种秘密。

今天我整理了一下我的作品。有一幅油画的油彩开始脱落了，这是我最好的习作之一。在我发病住院时房子进了洪水，到现在墙上还在渗水。这对我来说简直是场毁灭性的灾难，工作室被毁了，这些习作也未能幸免。我有种强烈的创作欲望想要极力挽回这种毁灭。也许我这样的想法是与命运抗争，也有可能是命运捉弄了性格软弱的我，空留给我无尽的懊悔。我也说不清楚。因为想保护自己，但又无能为力，这大概就是我发病时歇斯底里地大喊大叫的原因吧

世上不幸的艺术家不止我一个。蒙彼利埃的布里亚斯耗尽毕生钱财和精力来搞收藏，却没有成就。在市美术馆一间冷冷清清的屋子里，你能看到他悲伤的面孔，还有许多上好的画。那些画就像快要凋谢的花，就连德拉克洛瓦的一些作品也得不到认同。这让我们不禁会感慨画家有

何价值?

在与萨勒大夫谈话后我就筋疲力尽了。如果没有你的关爱，我肯定会绝望地自杀。虽然我懦弱，但我想用这种方式来对这个社会表示抗议，我想维护自己的人格。

我生活极为艰难，精神也处于麻木不仁状态。我没办法改变我的生活。只有在像医院或者部队这种需要循规蹈矩的地方，我才能有安全感。

请你一定不要为我再付出了。我一直想要的并不是有人接济我，而且我根本不配接受别人的救济。如果你冒着没钱维持家庭生活的情况下，还继续供我画画，这实在是一种罪过。我不可能成功了，我感觉有种无法抗拒的力量来阻挠我取得成功。

现在我在自己力所能及的范围内去画一些画。你在信中对我的安慰对我的身心康复有很大的帮助。我答应去圣·雷米。不管你得到什么或者没有得到什么，你都可以用一个艺术家是无足轻重的这样的话来安慰自己。社会遵循其自身的发展规律，它不可能为了我们某个人的个人利益而做出改变。

我希望有一天我能重返画坛，即使是在疯人院里都可以。我对巴黎艺术家们那种虚假造作的生活毫无兴趣，我可不想自己被那种生活给毁了。

虽然作为印象派画家是必须有激情的，但这可不适用于你和我。我的好朋友罗林说要当铺路石，但至少我们要知道为谁、为何充当铺路石吧。

我们的身心状态不允许我们做十足的印象主义者，我们应该看到事物好的方面。印象派画家一直都试图不断地完善色调，即使迷失方向时也没有停止尝试。可是德拉克洛瓦对色调的运用不是比他们更娴熟嘛，又能怎样呢? 米勒那些基本不讲究色调的作品不是照样很出色吗? 所以一切的模式都是应该被摒弃的。不过话说回来，疯癫在一定程度上还是对作画有帮助。

我们必须要承认并欣赏像茹尔丹、佩林，以及我们很早就知道的那些不属于印象派的画家。我们要重新审视他们作品中无法比拟的精华，我侧重从技巧上考究色彩理论。我认为德拉克洛米勒和其他一些雕塑家在人物塑造方面比印象派画家强很多。

我们已经算不上是年轻人了。但这不妨碍我对米勒、布勒东等才俊的热爱，因为只有在他们身上，我才能看到未来和希望。

虽然我对印象派还是存有热情，但我的见解已经退化到去巴黎之前的状态了。现在你成家了，我们就没必要再有宏伟的抱负，只需一点小小的抱负就够了。这是我活着的安慰。

我赞同你说皮维和德拉克洛瓦证明了绘画的价值这样的话。但遥远的将来，人的性格、文化修养和生活环境等情况会发生什么变化，我们还不得而知，因此我们不能轻易地对重大的事情下定论。

有时我后悔自己没把调色板上的灰色调保留下来，也后悔自己轻率地抹掉了蒙马特尔的风景。我又想重新用芦苇秆削成的笔来画素描，这种笔成本低，也能让我过画画的瘾。

今天我画了一幅素描，但我感觉画得颜色太沉重，不能表达春天的意境。

很多画家都疯疯癫癫，这是公认的事实。可能是因为画家的生活经常让人心神不宁的原因吧。如果我能重新工作那该多好，但我害怕自己一直这样疯癫下去。

圣·雷米疯人院坚持绘画

我想到这里来的选择是正确的。看到被囚禁的疯子们真实的生活，我就不会再莫名其妙地感到害怕了。换个环境会对我的身心有好处。

我自己有一间小房子。墙上贴着浅绿灰色的墙纸，窗帘是海蓝色的，上面有玫瑰花图案。我猜这幅窗帘可能是一个破产了的富人留下了的遗物。还有一把破旧的椅子也可能是遗物，现在重新被涂上了各种颜色的油漆，五彩斑斓的颜色像迪亚斯或者蒙蒂塞利画的画一样。装了铁栅栏的窗户外面是一片麦田。清晨，灿烂的阳光洒满了麦地。

曾经一想到像特鲁瓦永、马沙尔以及蒙蒂塞利等那么多画家都殊途同归，我心里就焦虑不安。但现在想到这些我心里非常坦然。这也是我在这里的一种收获吧。

宽厚待人的人也能得到厚待。我听其他人说发病时他们也听到奇怪的声音，出现了幻觉。这让我感觉发病并不是那么神秘莫测的，那些都是精神疾病的症状，我对它的恐惧感也就减轻了。在没有来这里见到其他的疯子之前，我一直处在深深的焦虑中。

很奇怪这次我发病后，我脑子里没有任何日常生活的欲望或者说希望了，就像我虽然一直很思念我的朋友们，但没有去看看他们的欲望。这是不是激情消逝的原因，我不得而知。

可能是我独处惯了，没法适应外界的生活，我一直看不出别人是否也有想换个地方的想法。南方人整天无所事事，这是南方颓败的根源。这里的景色确实很美，但现在我只能透过窗口看看外面的景色。

我希望到今年年底我能明确地知道自己能做和想做的事情，这样我才能为自己重新创作做好心理准备。

绘画到底有没有美感，有没有用处，这可真是难以说清。像画家虽然疯疯癫癫或者身患各种疾病，却热爱自然；有些人却喜欢绘画作品等这些经人类的双手创造出来的东西。

我看到花园里高大的青松，绿油油的草坪和杂草，这些都可以让我去画，我至今一直待在花园里。

如果我有一天把手头的这四幅画寄给你，你会体会到我在这个大花园里过得很开心，至少我能看到灿烂的阳光。

昨天我画了一只很大很少见的夜蛾，它的体形硕大，身上色彩分明。很遗憾为了画下它，我不得不把这么美丽的蛾子弄死。

在某种程度上，有了彩色石印画就能让普通百姓满足。这些听到手风琴声就会和声歌唱的老百姓，比那些经常出入沙龙的城里人要真诚得多。我新画了一幅油画，画中象征永恒爱情的常青藤不仅缠绕着粗壮的树干，地上也爬满了它的藤和花。我想让这幅画富有个性。

今天早上天还没完全亮我就透过窗户欣赏这儿的乡村，我看到了很大的晨星。这种浩瀚的寂静与威严在杜比尼和卢梭的画中出现过，我很喜欢这种景致独特的、令人心碎的情调。

为了纪念我们的友谊，你可以送一幅《手摇摇篮的妇女》的临摹品给高更和贝尔纳。我从阿尔寄给你的那些画，你认为不好的可以随意处理，把那些你认为好一点的挂出来。我不想拿自己的作品去参加自由派的画展。或者为了不至于表现得太漠不关心，可以展出那幅《星夜》和黄树叶的风景画。这两幅画都是用对比色画成的，也许能给别人一点灵感，从而画出更漂亮夜景来。

一想到我的工作对实现我自己的目标没有起到什么作用时，我就沮丧不已。希望这种沮丧能让我变得更成熟。

明天我准备去乡下看看。现在正是鲜花盛开的季节，我想把它们画下来，因为这些花的寿命不长，很快就被黄色的麦田取代了，也许多给我寄几米画布是很有必要的。我希望能在这儿发现比阿尔更美的景色。这儿的北风没有阿尔那么凛冽，山似乎也比那边的柔和些。

有人曾经陪我去过一次乡下，这里的人和自然景观给我强烈的触动，刺激得我几乎都要再次发病了。我身上肯定有某种暗藏的激情一直在刺激着我。一看到大自然，我就有种强烈的想要绘画的欲望。

我手头有两幅最近画的风景画。其中一幅画的是我从卧室的窗户向外看到的乡村景色，这幅画色调简朴，可以成为那幅已经被毁了的《卧室》的姊妹篇。一件艺术品能有鲜明的个性，有一个要素就是所画之物的特征跟作画方法有机融合。这也是为什么查林的笔下的一块面包特别出彩的原因。

《卧室》这幅画是我最有感情、投入了很多心血的作品，我想把它能完整地保存下来，所以我现在打算重画。在我头脑混沌的时候，我认为它已经没法重画了。但现在我有信心也有能力把它复原。

我看到了印象派画展的通知，名单上有高更、贝尔纳和其他人。我把这个看作是一个有生命力的新流派诞生的标志。我的画不会送去这种画展的。为了不得罪他们，你就说我还没好。这是不参加这次画展的最好的借口。

每次我看到一幅自己感兴趣的画时，我总会想把它挂在哪里最合适。哈尔斯、伦勃朗和范·德·米尔的画只适合挂在古老的荷兰房子里。印象派画家认为一幅画如果与其创作的时代和环境不相符的话，那它就不能称作完美，就像一间缺少一件艺术装饰品的房子也不完美一样。

在一些印象派画家给自己冠以"原始派画家"的称号之前，他们至少应该体会一下原始人的真实生活。

高更和贝尔纳他们年轻有活力，想方设法要闯出自己的一片天地来。他们的油画前途一片光明。在咖啡馆里开画展是一种很好的尝试，会引起轰动。我曾经在普罗旺斯的舞厅和克利大道搞过画展，没想到会让阿尔城中的人以及他们的市长感到惶恐不安。

我应该为自己无意识中闯的乱子受到指责。我想贝尔纳和高更都不会像我一样，通过这种见不得人的途径来办画展的。

那幅常青藤绕大树的画已经画完了，最近我还画了一幅橄榄树和星空的习作。虽然我没见过高更和贝尔纳最近的作品，但我感觉我这几幅画的格调与他们的一致。如果仔细琢磨这些画，也许它比语言更能准确地表达我和高更、贝尔纳曾经讨论的问题，至今这些问题还没有找到答案。通过向德拉克洛瓦学习以及运用色彩，画家们照样可以用自然的手法表现出质朴的乡村本色。

人们也应该想办法画出比杜米埃画的更自然更具本色的人来，而不是一味地模仿他。每个人都有自己不同的手法。

高更、贝尔纳和我就只能停留在现有的水平了，我们不会妄想还能再超越。我们只求能给后来的创作者铺平道路，好让他们能够创作出能慰藉人们心灵的画作。但我们也清楚地知道有些人已经走在我们前面了。

伊萨克森说从我托付给他的物件中找到了一些好东西，让他很高兴。他和德哈恩保持着在当今社会很难见到的忠诚的伙伴关系。我听说有人在看那张黑黄色的女性人体画时感触颇多，这让我非常高兴，但我也并不感到奇怪，因为那张画里的模特儿很美。

我觉得自己再找不到那样的模特儿了。如果我能找到那样的模特儿，或者能找到在《手摇摇篮的妇女》那幅画里给我当模特儿的那个女人，我肯定会画出出色的画作来。不知道是不是因为觉得全部用彩色油料画的画不美了，我又想重新使用单一的颜色来画画了。

在我们的家乡一年四季都能见到劳动的人和牲畜，但在这个乡村很少有劳动者的形象。偶尔见到的劳动者也不像北方的工人，似乎他们的双手软弱无力而又笨拙，看起来无精打采。我希望我看到的都是一种假象，并不是这个乡村的真实情况。

最近天气很好，因此我又多画了些油画。我也像蒙蒂塞利一样，先把这些画的前景地面用厚厚的浅铅色画出来，看上去地面很厚重，然后再涂上其他的颜色。我最近连续几天出来在附近画画。虽然我的身体还有些虚弱，但我工作的速度还是在我身体允许的范围内的。

我收到一本罗德写的书，可能是我们的哪个妹妹寄来的。书本身还凑合，但取名叫《生存的理性》就真的有点与内容不符了。此书并不吸引人。作者可能患有严重的肺痨，除了他说自己从妻子那里找到了些许安慰，能给我一点积极的启示外，书中没有教会我任何的生活观，我认为他的观念都过于陈腐。在当今这个时代这样的一本书竟然能够出版发行，而且还标价 3.5 法郎，这着实让人费解。相比较而言，我更喜欢阿方斯·卡尔、苏维斯特和德罗兹的作品，他们的书更有活力。估计我们的妹妹们很喜欢这本书，她们出于善意地想用这本书来开导我。

我很高兴能够读到伏尔泰的《查地格，命运在何方》一书。虽然在这个世界上，事物并非会尽如人所愿，但伟大的伏尔泰能让读者在书中领悟到人生的某种可能性。

　　我不知道自己的目标是什么，是在这里画画还是去别的地方好像都差不多，所以我只好安心待在这里。日子每天都那么重复性的单调，除了麦田或丝柏还能引起我些许的兴趣外，我脑袋空空如也。

　　人们学着去忍受而不去抱怨，学会正视痛苦而不去仇视它，冒着迷失自己的风险，终于能看到一丝生活的希望。痛苦是有理由的，它一直充斥着我们的生活，简直能让人毁灭。我们对此无能为力，只能去看看麦田或者去看着画中的麦田。

　　我坚持在一天最热的时候在麦地里画画，这对我的身体也没什么影响。我看到在强烈的阳光下，麦子很快就成熟了。

　　这里的粮食种类比我们那儿少，人们从没见过荞麦或油菜。我很想画荞麦花、油菜花或者亚麻，也许以后去别的地方会有这种机会。这里的人也没见过那些屋顶长满青苔的简陋的房子，没见过用山毛榉的树干编成的篱笆，从未见过石楠和白桦林。南方最美的风景是葡萄园。我也很喜欢葡萄园。这里的山上虽然长满了臭烘烘的植物，但依然美丽。在蔚蓝的天空下，站在高处可以看得很远。

　　我画了迄今为止我的油画中最明亮的一幅麦田油画。我的画中总会出现丝柏，它的比例就像埃及的金字塔一样富有美感，有种独特的绿色，它具有能在明媚的风光中最能引起人们兴趣的色调。在蓝色天空映衬下的丝柏是最美的。不管在哪里，要想画好大自然，画家就必须对大自然有着长期的体验。

　　我想把我眼中的丝柏画成类似像向日葵那样的油画，我认为我现在画的这幅丝柏画比已经画成的那幅要好。画中有又高又粗的树木，前景画的是悬钩子和低低的灌木丛；紫色的群山后面是挂着一轮新月的天空。这幅画要费一番功夫。

　　今天我准备挑十幅素描给你寄过去。这些素描色泽很淡，有一部分原因是因为纸张太光滑了。《麦田》这幅素描是我近期画的，画中有一部收割机和一个大大的太阳。一幅取材几乎一样的油画色彩却大不相同。

这幅素描整体呈浅灰绿色，天空呈淡蓝色。

我还画了几幅丝柏油画。我想用这些画作向赖德证明，继续跟我们做朋友是不会让他失望的。

每次读到莎士比亚的作品时，我总会情不自禁地思念起利德来。我在身体不好的时候也会经常想起他，我过去对他太刻薄了。我很不赞同那种主张只关心画家而不管他们的画的观点。

这个时代的人都面临一个令人苦恼的问题：活着的画家没钱来维持生活，更没钱去买油画颜料；而已经去世的画家的作品却卖出了高价。这种状况也令我迷惑不解。我刚在报纸上读到一个希腊文物收藏家写给他一个朋友的信，信中的一句话我觉得特别精辟。原话是这样的："你酷爱大自然，而我爱好人类双手创造的一切。我们各自看似不同的爱好，其实本质上是统一的。"

莎士比亚真是个伟大的作家，我现在开始研读他的历史剧。

生活在他那个时代的人的思想跟我们的思想应该是不一样的吧？如果他们站在共和主义、社会主义或者其他任何主义的对立面，他们的命运会改写吗？莎士比亚描述的那些人的心声，时隔几个世纪才传到我们这里，这让我感触颇深。他们都是鲜活的、人们耳熟能详的人物形象。莎士比亚历史剧中那种独特的温柔情调，我认为只有伦勃朗才具有，在他的很多作品中都能体现出这种情调。

能有时间读到这些剧本，我深感幸运。我还希望能有时间去拜读荷马史诗。

带病为家人作画

今天早上你来信说你们有孩子了。虽然你们俩的身体状况不是很好，但你们对即将出生的孩子的怜爱并不会比健康的父母给予他们孩子的少。虽然处境十分艰难，但罗林的孩子也是微笑着，健健康康地降临了。因此，顺其自然，耐心地等着吧。

　　在巴黎，你的性格有所转变。你还在竭尽全力地经商，虽然身体不像农民那么结实了，但你农民般淳朴的天性没有变，你深爱你的妻子和即将出生的孩子，这让我感到无比的欣慰。我打算从阿尔寄一些油画给你，以此来向你灌输一些农民意识。

　　明天我会寄一卷油画给你，还有一些大自然的习作，如《鸢尾草》、《圣·雷米疯人院景致》等。

　　下次寄给你的大多数画都以麦田和橄榄园为主题。我最近画了一幅山景油画。曾经一度辉煌美丽的南方城镇现在变得死气沉沉，而那些被苏格拉底当做宝贝的蝉在这样衰败的自然界里存活了下来，它们在古老的草地上依然大声地鸣叫着。

　　从阿尔返回来后，有一天刮着风，在麦田里画画时，我的旧病复发了。但我还是坚持画完了这张画，这是一幅用红、绿和赭黄几种颜色混合画成的，看起来比较严肃。

　　我经常去请求大夫允许我画画，但这些天来大夫不让我靠近画室，我快受不了了。我感觉画画能让我好得更快些，能让我意志坚定，从而让我精神上能够强大起来，这比其他任何事情都让我开心。能让我安心地画画，对我来说是最好的治疗。

　　这里的大夫说蒙蒂塞利总认为自己是偏执狂，只有一点点疯癫。但蒙蒂塞利最后那几年受尽了折磨和苦痛，我们很有理由相信他是不堪重负最终屈服了。谁也无权说他的艺术事业是失败的。

　　毛斯想邀请我和小贝尔纳举办下一届的画展。你说他已经看过我的油画了，这让我非常想念比利时的画家。我试图再回想整个佛兰芝派艺术家的形象，往事一幕幕在脑海里闪现，竟然让我十分思乡。这样是徒劳无益的，我们只能往前看，没有回头路可走。

　　虽然与这些比利时画家相比，我的作品显得粗制滥造，但我还是很想去参加那个画展。我想尽可能在今年秋天干成一番大事业，希望能成为像梅乐利那样的大艺术家。

　　我经常怀念那些事业有成的布列塔尼的同行们。如果我当时有着现在的丰富经验，我就不会去南方了。如果我是个喜欢自由的人，就应该继续满怀热情地画下去。

　　这里炎炎夏日里的蝉鸣声，听起来就像故乡乡亲们炉旁的蟋蟀叫声一样亲切。细腻的情感会影响我们的生活，左右我们的思想。唯一能够彻底治愈我的办法就是需要我自己从以前的失误中解脱出来。我们要清楚地知道我们不能让所有的恩怨、忧伤和感触左右我们，支配我们的人生。你也肩负着重任，所以我们彼此不应该有太多牵挂。

　　要把自己画下来就如同要了解自己一样都不是件容易的事情。现在我正在画两幅自画像：一幅是我能从床上爬起来那天开始画的，当时我身体瘦弱，脸色苍白，头发白中略带点黄，整个人看起来就像个幽灵。另一幅是我体力逐渐恢复的时候画的大半身肖像，画面背景颜色明快。身体逐渐恢复的过程中，我有时会担心自己的精力不是有点太过充沛了。

　　昨天我又开始画我从窗户向外看到的景致，农民们正在耕收割后的麦田。我还有一幅油画还没画完，画的是月亮升起时麦田的景致。我生病前几天就已经开始绘制的《收割者》我也准备把它画完。这幅画全部用了浓重的黄色，题材简单生动。这个收割者模糊的身影在烈日下挣扎着想要完成他的任务。这幅画跟我以前画的那些播种者截然不同，它象征着死亡。这种死是轻于鸿毛的死：在金光灿灿的阳光照耀下慢慢倒下。

　　我又开始创作了，我准备在新的画布上重新开始作画。希望又闪现在我的眼前。

　　我有两幅很不错的油画，如果可以的话可以拿去参加万提斯特史的画展。一幅是《收割者》，一幅是我的自画像。不过如果他们确实忘了曾经邀请过我的话，也没关系。正是他们的邀请给了我清晰地追忆那些比利时画家的灵感，这是最积极的影响，至于参展是次要的。

　　把我刚画完的这幅背景色调明亮的自画像和我以前在巴黎画的那张自画像摆在一起，可以明显看出我现在的神智清楚多了。虽然画面上我的神情呆滞，但脸部还是比较自然的。这幅自画像花了我很多功夫。有机会的话，请你把这幅画给毕罗莎看看。昨天我开始画一个看守长的肖像画。他曾经在马赛医院得过两次霍乱，是一个经历和目睹过很多痛苦和死亡的人；他的脸上总是带着一种镇定的、若有所思的表情。他是个普通人，具有典型的南方特点。

现在我很想画肖像画。我和高更曾经谈论过关于肖像画的问题，每次我们俩都会情绪激动，谈论得很投入很激烈，最后筋疲力尽。不过谈论过后，往往能创作出好的肖像画。

请你务必替我珍藏拉塞尔为我画的那幅肖像画，我特别喜欢这幅画。

《收割者》我已经画完了。我想让你把它放在你家里收藏。它表达的是笑着死去的意境，除了有一条象征着紫色山丘的淡黄色线条外，画面全是浓烈的黄色调。很奇怪，我透过密室的铁栅栏看到的竟然是这样的颜色。

我希望你能从家庭中汲取到爱、安慰和健康，而我则拥有大自然、泥土、草地、麦田和农民。

亲爱的提奥，我当时来南方发展的绘画事业是有很多理由的：我希望能在晴朗的天空下观察自然；希望能看见这里炽热的阳光。只有看过了这里的太阳，人们才能懂得欣赏德拉克洛瓦画中所用的技巧和手法，而在北方，七色的阳光被雾霾遮住了。

医院里那些可怜的病人过着一种古板单调的日子，这种状态对身心健康有害无益。在南方温润的气候中，人们普遍养成了一种闲散的毛病，而我想要拒绝这种有害的东西。

我深知内心的坚强对康复起着重要的作用。但我无法抵制绘画对我的诱惑。我不乐意享受真实生活，也不愿吃苦。我内心虚弱，痛苦可以打倒我，在身体不适时，我根本受不了。但我却很有耐心坚持绘画。

悲伤的情绪不应该一直深藏并沉淀在我们心中。

我很想为母亲重新画一下《收割者》，我相信她能看得懂。如果不行，我打算另外画一幅画送给她做生日礼物。我还想为母亲和妹妹们画些荷兰画，我将兴致勃勃同时又沉着冷静地去为她们作画。我从十二个主题中挑选了最好的一个，这样才能为她们绘制最佳作品。

在室外，你可以尽情地、随心所欲地创作，画笔一笔一画地将事物真实和本质的一面描绘出来，真是太神奇了！过段时间，你重新审视自己的作品，再添上几笔，使它们看上去更加和谐、更加令人满意，而你自己也能拥有内心的平和喜悦。

看守长那张肖像画我画完了。跟我的自画像比起来，这个看守长的眼睛虽小，但却透露出精明和一种军人的威严，而我的眼神是迷离涣散的。

我把画赠给了看守长。我还想为他的妻子画一张肖像画。她是个憔悴的、充满了愁苦和不幸的、只知道一味顺从的、可有可无的可怜的女人。

我在这里看到的那些面孔给我留下的印象无法用言语来表达，我能看到自己将来取得一些成就后的形象。但此时此刻，我透过窗户的铁栅栏看到收麦子的农民，我能体会到一种凄凉和苦楚。但愿这种厄运是我成功的前兆。

你要想取得成功，性格就不能像我一样。我对自己想干、想去追求的目标是绝不迟疑的。但鉴于我身体经常出现眩晕的状况，我只是个不入流的艺术家。在我了解了德拉克洛瓦和米勒的价值，他们的独到之处和优越性时，我竟然还敢贸然说出这样的话：我自己也是个人才，我也可以取得成功！我必须在艺术界占有一席之地。

我还是认为我和高更可以再度携手。我知道高更只要心情好，他完全可以画出比他现有的作品出色得多的作品来。我还希望能给他画一张画像。你看到我在画《向日葵》时，他给我画的那张肖像画了吗·那时的我虽然已经筋疲力尽，但精神仍处于亢奋状态。此后，我精神面貌好多了。

要想真正地理解乡村，就必须扎根于乡村，与贫苦人生活在一起，亲身体验他们的生活。博克向我抱怨说他找不到能吸引他或者能给他留下深刻印象的东西，于是我就用了两天的时间陪他去领略了一下乡村景致，向他说了上面的话。

德拉克洛瓦的画之所以有如此大的吸引力，是因为他在作画前，先去现场观察实物是什么样子的。比如在画《盖西曼》时，他去观察了橄榄树丛；在画海景时，他去海边看了风扑打浪花的情景。他的《摇摆的女人》一画虽然不是很成功，但从中可以看出他认为人物性格具有历史传承性，比如古代威尼斯共和国总统、十字军跟他们现代的后裔具有同样的性格和生活方式。如果我的精力允许，我早应该能画出跟我们不同时代的圣男圣女的画了。我会把他们画成有点像当代的中产阶级，又具有早期基督教徒的特点的人物。

你说我必须画些东西让自己安静下来的话是对的。只有心平气和，才能画出自己想画的一切。如果有机会，我肯定会临摹一些作品，尤其是《红色的卡巴莱》，这幅画的色调很具代表性。但我觉得其中那个白色的人物必须重画。

米勒的十幅《在田野里耕耘》，我已经临摹了其中的七幅，色调令人惊讶。我还将准备临摹德拉克洛瓦的《善良的撒玛利亚人》。我对临摹产生了极大的兴趣，虽然没有模特儿，通过临摹我也可以画人物。下面就让我告诉你为什么我认为临摹是有益处的。

画家要对画面进行构思。我把德拉克洛瓦和米勒的黑白画看作一种需要着色的题材，即兴为它们涂上色彩。通过这种作画方式，我能够追忆他们的作品，希望能跟原作在感觉上保持大概的一致。

我是偶然画了一次临摹，发现它对我有启示意义，并能给我慰藉。我拿起画笔作画就感觉十分开心。今天我试着画了色彩跨度很大的《剪羊毛的女人》。

明天我准备给你寄一些油画过去。我很喜欢《采石场的入口》这幅画。这幅画是我感觉自己的病又要发作时画的，当时我脑子里还能清晰地认清楚色调。《山》的情况跟它类似，也许看到这幅画的人会认为这些大山画得并不像。

我画的《橄榄树》、《月出》和夜空的景色都用了夸张的手法，那种不规则的线条好像是在原始森林里。相比较而言，《橄榄树》更独特一些。我试图用绿色的大甲虫和热得乱飞的蝉来表达一种时代。

我认为我画的《麦田》、《山》、《果园》，还有《采石场的入口》、《橄榄树》和《自画像》等作品还可以称得上是佳作外，其他的画都没有多大价值。

画面的构成是要求有严谨准确的线条的，高更和贝尔纳也是这么认为。他们不需要了解树的准确形状，但却要求人们说出这树是圆是方；他们不求山的正确色调，却只画蓝色的山。他们对要求将绘画作品画得跟照片一样准确的人不屑一顾。

高更非常低调，不愿意表露出自己的天赋，但他在解释这些时的确有天才范儿。他喜欢说某个东西会对年轻人有用的话。他是一个多么有趣而古怪的人啊！

我时常在想即使我不能取得成功，我的绘画事业也会继续下去，像我这样有着真实信念的人总会找到知己的。纵然没有知己也没关系，因为我感觉跟人待在一起就跟麦垛待在一起没什么两样。幸福和不幸只有一字之差，两者都是不可或缺的，有意义的。令我恐惧的疾病也不能动摇我的信念。

我马上把我送给母亲和妹妹们的几幅画寄过去。这些画的名字是：《麦田》、《丝柏》、《橄榄树》、《收割者》和《卧室》的复制品，还有一张我的自画像。以此为开端，我想让妹妹开始收藏我的作品。你应该也为此感到高兴的吧？

原来我认为《收割者》这幅画糟糕透顶。但现在天气变冷、心情感伤时，这幅画能让我想起热浪滚滚的麦田和炽热的太阳。所以它并没有我想的那么不堪。我还想复制一些更好的油画作品寄给母亲和妹妹，供她们收藏。

从我寄给母亲的自画像上，她老人家也许能看出虽然这几年我在巴黎等大城市见了不少世面，但看上去我多多少少还是像个乡下人。我感觉自己的思维与情感跟他们一样。但真正的农民比我能干得多。我们的共性就是各自耕耘的场地不同，但都是出于对大自然的热爱。

病痛的折磨最终将会磨炼出我坚忍不拔的毅力。

我试着尽力把秋天的景色和橄榄树画下来。这些橄榄树的颜色变化多端，不同的时间、不同的光线下出现不同的五彩斑斓的颜色，很难捕捉。金银色将我吸引住了，我希望有一天我能像画向日葵一样，能够把自己对这种景致和色彩的感悟绘制出来。

我趁着这几天秋高气爽的好天气画了一幅桑树图，蔚蓝的天空映衬着耸立在碎石地上的黄色的桑树。我的这幅画具有蒙蒂塞利的特点。

伊萨克森先生想就我的作品写一篇评论，但我认为没什么值得写的。等我回去，我准备做成一个作品集，名字就叫《普罗旺斯绘描集》。现在我还在努力去感悟并描绘橄榄树和诸如阿尔卑斯山脉的特征的大自然景观，除此之外还能让他写些什么呢？

所以我想劝他再等上一年，我绝对会让他大有写头的。再过一年，我会将一些更能体现我的风格以及富有个性的普罗旺斯南方题材的作品呈现在他的面前。

我画了一幅两棵变黄的白杨树，还有一幅这里公园秋天的风景画。因为你还没有对整个乡村有所了解，也还没有用实际行动表明你对它的喜爱，所以这时候要你离开这里，你会很舍不得。但塞尚正是在这种情况下别出心裁地使自己的画独树一帜的。

北方也跟其他陌生的国家一样，会有很多吸引我的东西。

一旦回到北方，我要尝试一些新的绘画风格。也许你会认为变换艺术风格会丧失其他的一些特点，但我还是想尝试一下。我想画一些更加独特、更具有男性气概、富有个性的画来。

我在乡下画了一幅田野的油画带了回来，这幅画我倾注了不少的心血。画面中间是一位拖着一捆干草的农民，画面用泥土、干涸的土地和阿尔卑斯山脉的悬崖做背景。这幅画我摒弃了以前的黄色调，改用紫色调。这幅画将《收割者》想要表达的意境更加明了，更加精细地表达出来了。

我还画了两幅风景画，一幅是公园，一幅画的是精神病院。画中的精神病院是我照着原样画下来的，看起来似乎是个令人放松的地方。画中我还试图突出松柏那傲然不屈的风骨。我还有其他几幅风景画中也有松树出现。我现在画的这些松树比以前画的个性鲜明多了。

然而真正让我情有独钟的画是一个名叫墨尼耶的人画的博里纳日的《斯克洛诺伊斯》和下矿井的矿工，还有那些工厂的建筑群。这些都是我非常喜欢的题材，我还以为这些题材还没人画呢。其实在工厂矿山仍有取之不尽的题材，比如我们可以到井下去画那些井底的灯光。

高更在给我的信中大谈特谈他和德哈恩在海边的放荡不羁的生活。我很清楚他的艺术成就还没有达到极致的原因，那就是他们想在请模特儿上尽可能少花钱，就像他们想尽可能降低生活开销一样。印象派画家们之所以原地踏步，主要是因为他们一直无法逾越前辈们已经成功跨越的障碍。

最近我见过采摘橄榄的妇女，但没有找到合适的模特儿，因此我还没开始作画。

我不喜欢高更寄给我的《橄榄园里的耶稣》的草图。从贝尔纳的画中我可以看出他也许压根儿就没见过橄榄树，或者他根本没有体会到事物的本质和潜质。要换作我，我不会去画耶稣，而是画橄榄树的红光。就像伦勃朗和德拉克洛瓦一样，描绘人体时比例得当才会引人思考，他们比那些原始派艺术家都了不起。

米勒画的《孩子学步》那幅画简直太了不起了！

从你寄来的那些登有米勒夫妇消息的荷兰报纸上，我看到了一些信件。我认为它们很可能是伊萨克森写的。我之所以不愿意让他给我写评论，就是因为他会用那种极其夸张的口气对我说三道四。

贝尔纳和高更的那幅没有丝毫观察力的《橄榄园里的耶稣》画很让我生气，所以这一个月我一直在画橄榄丛。我绝不会去画圣经里的题材。我感觉他们作画时是在做梦，而不是在思考。他们竟然放荡不羁到这种程度，给我的感觉是他们已经堕落了。

在这种虽然寒冷但不阴沉的天气里，我早上和傍晚都待在果园里画画，画出了五幅油画。我画这些画的目的就是想证明橄榄树跟北方的柳树一样，形形色色，婀娜多姿，富有灵性。

贝尔纳和高更的作品算是抽象的艺术品，相比较而言，我的画作则算是粗糙的现实作品。但我的画中会体现出乡村的风格，散发出泥土的芬芳。很少有人画橄榄树和丝柏。我的画在英国应该会受到欢迎。

我曾对伊萨克森说过，如果一个人没有考虑清楚自己到底想干什么就去盲目地行动，或者干活时没有全身心地投入进去，那他就不可能干好一份工作。但成功往往是在无意中实现的。

我想选几幅画去参加布鲁塞尔的画展。这几幅画虽然是在截然不同的地方画的，但它们还是具有曾德特的风格。我觉得它们应该能受到那些自称不懂绘画艺术的人的关注。

我希望自己的身体允许我在寒冷的清晨去画霜雾的景致。我非常想画一幅大山的作品，就跟刚画完的橄榄树一样出色。我完成了一幅全部用紫色的作品，画的是在荒野的峡谷里，有一条小溪沿着岩石的底部缓缓流淌。因为我长期以来一直在观察，所以我完全可以画出阿尔卑斯山脉的系列画。

你说有关出版蒙蒂塞利的彩色版画，并附上文字说明的事情我非常感兴趣。我希望将你手中那幅鲜花的画，能以鲜艳的色彩再现出来。

希望有一天我的油画中也能以这种风格制出几幅图版来。现在我在画采摘橄榄的妇女的画，这幅画对实现我的梦想也会有帮助。这幅画是凭着记忆画的，色调丰富多彩。我想把随着时间流逝而逐渐变模糊的记忆用画笔记录下来。

我心中在构思一幅黄昏时分的书店图，我想正面用黄色和玫瑰色，把行人画成黑色。我把书店看作是橄榄丛和麦田之间的媒介，能让人看到巴黎繁华的一种途径。

严寒对我自己和我的工作都是有好处的，因此我一直在户外画画。在户外，刮了一天的强劲的西北风在日落时分风力减弱，然后天空就呈现出淡柠檬色，显得十分壮丽，青松的轮廓也显得非常醒目。

昨天我寄了三个包裹给你。还有些油画等晾干之后再寄给你。这十几幅油画大部分画的都是秋景。看到它们就给我增添很多的烦恼。有时我觉得它们特别难看，有时又觉得它们十分赏心悦目。我最后的一幅习作画的是乡村的景色，画的主题是人们在一棵梧桐树下修补人行道。

病情危机再现

在我生病期间，下了一场雨夹雪。我半夜起来看乡村的雪景，这时的大自然是多么的迷人啊！

今天我寄了几幅油画给你。《山谷》是在一个西北风肆虐的天气画的，还没干透。我认为这幅画手法细腻，色调也丰富，能让人感受到一种受到压制的激情。还有《耕过的田地》、《采橄榄的妇女们》等其他几幅自己的画，还有临摹画：米勒的《矿工》和《初更》。收到这些画后，请你先给它们绷上画绷，将它们装在白色的画框以后再仔细欣赏一下这些作品。

佩隆医生说在我生病的时候你给他写了封信，问我是否想参加1月3号的画展。我想还是不参加了吧。

昨天我给马赛的朋友罗林寄了两幅油画，一幅画的是掩映在橄榄树中的白屋，还有一幅是麦田。我还送给勒萨大夫一幅小型的天蓝葵油画。

刚刚我给这里的一个佣人画了一幅肖像画，他打算把它寄给她的母亲。

　　高更虽然没有明说，但他曾旁敲侧击地建议以他的名义建一间工作室，我和德哈恩也可以用。但现在他似乎对绘画没有多大兴趣，而是一心扑在他自己的计划上，我不知道这是什么原因。他有种不断发展壮大自己的欲望，还发现了艺术家们应该秉持的中庸之道。他写给我的信件比去年严肃慎重多了，他的信会让你认为他的想法很有道理。可惜的是这样一个才华横溢的人竟然落到走投无路的境地。毕沙罗和吉约曼等人都是同样的下场。这究竟是为什么？这是什么世道啊！

　　我给拉塞尔写了封信，告诉他高更的事情。拉塞尔是一个很有魄力的、很有号召力的人。在我眼里，他和高更都未脱离农民的本质，形象不粗俗，却带有一种固有的乡野气息。

　　我希望高更能体谅我们俩作为他朋友的苦处，他不能依靠我们。

　　我很高兴读到你对我那幅临摹米勒的《初更》所做的评论。你的一番话让我觉得很有必要对米勒的一些画进行再创造，他自己没有时间将这些画再画成油画了。当然对他的画进行再创作，光靠简单的临摹是不够的。还要用色调把黑白画的明暗表现出来。印象派画家有关色调的技法原本是可以继续发展的，但有很多被人忽视的环节限制了这种发展的可能性。我想要证明一点，那就是印象派和其他画派之间并没有那么严格的界限。

　　这又是我新总结的经验，作画应该简单明了、通俗易懂，而不是用一些迷惑人的伎俩去干扰人们的认知。不管是一幅画，还是一本书，都不应该受到轻视。既然画画或者写书都是一个艺术家该做的事情，那他就遵循那些准则就够了，不应该去理会那些逾越准则的东西。一个人该是什么样子就是什么样子，不能一味地去追求那些虚无缥缈的虚假的事物。

　　我刚开始着手为你画一幅可以挂在卧室里的装饰画，画里有白色的杏花和蓝色的天空。

　　我看到阿尔贝·奥里埃在《法兰西水星报》发表的评论我的作品的

文章了，我感到很高兴。从他的文章中我知道了我下一步绘画的方式，他指出我现有画作的不足。这篇评论不仅对我，而且对整个印象派画家都具有指导意义。他说我的画中有出彩的地方，但并不完美。他这种带有安慰意味的批评让人容易接受，我为此特别感激他。我认为他们应该去评论像高更那样杰出的画家，我的水平还配不上他的褒奖，受之有愧。

但我还是非常感激他能针对我的作品发表这样的评论，这对我来说就像一枚奖章一样有价值。这样的艺术评论文章本身就是很有价值的。或许我们应该将这个评论复印一份给赖德或者泰斯提格。这篇评论能助我们早获成功。你见到奥里埃先生的话，好好谢谢他。我写了一封感谢信，还有一幅习作，请你一并转交给他。

我很期盼劳泽先生的到来，我很希望能认识这位将蒙蒂塞利的画制作成版画的人。他谈到了棘手的丝柏风景画，要画好丝柏并不是很容易的事。奥里埃也有同感，他还认为黑色也是一种可以尝试的色调。我曾经也想过用黑色来表现丝柏的挺拔，但我认为我还没达到那种水平，所以就没敢动手去实践。画完向日葵后，丝柏是我找到的下一个比较感兴趣的题材。

高更回到巴黎了。他写信告诉我说他在丹麦开的画展很成功。要是他能在这儿多待些时间，我们的合作肯定能有丰硕的成果，比我一个人单干要强很多。我想如果高更想尽办法没有找到合适的落脚之处，我们俩可以再度合作。

最近这几天这里的天气一直不好，但今天是个难得的大晴天，春光明媚，田野里的麦苗发出了嫩绿的新芽，鲜花盛开的杏树，还有远处紫色的山峦，简直美极了！一看到这种美景我就开始兴奋。

今天你的信里说你在布鲁塞尔将我的一幅画以四百法郎卖了出去。虽然这与其他荷兰的画家作品的价格比起来显得很低，但我以多产制胜。你寄给我的那份报纸有很多像柯罗、卢梭、杜佩雷等这样多产画家的报道。你还记得我曾经说过我要画够两百幅油画才肯打住的话吗？

　　我很想借着卖画带来的好兆头去巴黎看看你。多亏了这里的医生，我现在感觉好多了。

　　我在阿尔的绘画进展情况良好，我最后画的那幅鲜花盛开的花枝也许算得上是我画过的最精致的作品。画这幅画的时候我胸有成竹，下笔果断。谁知道我第二天就倒下了，而且被人用担架抬回了圣·雷米，真实叫人费解。

　　生病的时候，我凭着自己对北方的记忆画了一些小型油画。我刚画完一幅阳光照耀下的草坪画，这幅画看起来充满生机。我想那幅《吃晚餐的农民》的油画肯定被弄脏了，我打算全凭记忆把它重画一遍。

　　如果我没生病，那我画杏花的同时，一定还能画出其他鲜花盛开的树来。但现在树上的花基本都凋谢了，我没赶上好时机。

　　请你转告奥里埃先生不要再为我的作品写评论文章了。一开始他就不应该选择我，因为名誉对我来说是一种负担。我画画只是为了放松心情。一旦听到别人对我作品的议论，我内心就有种难以言表的痛苦。

　　在这儿的最后这段时间，我好像对色调有了一种全新的认识，这真是奇怪，就像修拉的油画一样令人惊讶。

　　我画完了两幅公园里的绿草画，其中一幅的画面仅用白花和蒲公英进行点缀。我还有几幅油画。其中一幅以黄绿色为背景，画着一只绿色花瓶，里面插着粉红色的玫瑰花；另外一幅画的是直接用淡绿色做背景的玫瑰花；两幅鸢尾花，一幅当中用粉红色的背景，还有绿色和紫色，整个画面看起来色彩柔和而和谐。另一幅画中用紫色的花束和鲜艳的柠檬黄色，还有其他黄色调相互映衬，表现了互补和对比的突出效果。

　　今天早上我又一次领略了这个雨后的乡村扑面而来的清新感。还有美丽的花朵。唉！要是我没得这个可恶的病，还能继续画画该多好啊！如今我在这里过着与世隔绝、身不由己的日子，怎么能画出好的作品来呢？现在唯一能得到少许安慰的是：我在这里跟其他人一样，虽然不被理解，但我们都为实现自己的理想而努力过。我永远不会忘记你和你的妻子，还有那些自己也身处不幸，但依然不忘给我安慰的人们。

提奥一家来访奥弗

这封信之所以用法语写，是因为我在南方待了两年后，我觉得用法语可以把想说的话说得更清楚。

奥弗很美，跟巴黎不太一样，旧茅屋的存在使得它更具乡村气息。但自从杜比尼为它画了那幅画之后，奥弗变化很大，许多别墅和豪华住宅拔地而起，并用鲜花装饰。在我看来，那些衰败的旧草房跟这些现代化豪宅一样美。

此时的奥弗给人的感觉是一个脱胎换骨的、充满繁荣景象的新农村，让人感到幸福。我在奥弗所看到的跟皮维·德沙瓦纳画中的情景一样，到处一片宁静，没有工厂，只有茂密繁盛的绿色。这里可画的题材很多，色彩丰富。我感觉在南方待着让我受益颇多，现在到北方来好处更多。我看到的北方跟想象中一样，到处都是鲜艳的紫色。逐渐地了解一个乡村和人们的生活方式，是大有好处的。杜比尼夫人和杜米埃夫人还住在这里就是很好的例子。

加歇大夫说我可以放心去绘画，不要老想着自己的病。希望我能画些奥弗的油画来填补在此停留时的花费。这里太美了，是个真正意义上的乡村，极具特色，风景美如画。虽然画画会带给我厄运，但我认为把它的美景画出来的话，利大于弊。

我能预料到的结果就是：不干或者少干都要付出沉重的代价。如果我们不通过工作而是期待通过其他的方式取得成功的话，那付出的代价是双倍的。我的意思并不是说我自己干得很好，而是我可以提高自己画作的质量，少画次品。将来总有一天我的画会有人喜欢并买下的。像人际关系什么的都是次要因素。我自己天生不善交际。在这里，人们会主动到我家里来看我的作品，根本不需要我特意去拜访或者主动结识他们。对我而言，通过工作去认识别人是最好的人际交往方式。

请你告诉我博克小姐买走的是幅什么画。我想他们肯定出了大价钱买走了我的那幅画，他们真够朋友！我准备给他哥哥写封信表示感谢，我想用我的两幅习作来交换他们各自收藏的一幅画。

我已经画完一幅旧茅草房的习作。这幅画以山为背景，前景是花儿盛开的蚕豆地和麦田。你应该会喜欢这幅习作的吧。

这两天下了雷雨，地面湿滑。不过这次看到这样的雨景，我心里并不感到愉快。

非常巧合的是，加歇大夫也早就认识蒙彼利埃的布里亚斯了，而且加歇大夫也认为布里亚斯是现代艺术史上一个重要的人物。我要为加歇大夫和他 19 岁的女儿画肖像画。

加歇大夫有一幅毕沙罗的作品和两幅塞尚的花束和村舍的作品。现在我要开始画画了，有些画的构思还不够明确，要花点时间慢慢将其理清。我准备将一幅老葡萄藤的素描，还有其他两幅栗树的习作绘制成油画。如果可能的话，我希望能画些人体素描。

我在你家床底下找到了很多可以稍加修改的油画。我在加歇大夫家里画了两幅油画送给了他，一幅是芦荟和万寿菊，另一幅画的是丝柏。上个星期天又画了些白玫瑰、葡萄藤和一张人体素描，每次去他家我都能画出好的作品来。

我给加歇大夫画了一张肖像画，背景用蓝色，他戴着白帽子，身穿一件蓝色大礼服，斜靠着一张红色的桌子，桌子上放着一本书和一盆紫色的花。画面的这个意境跟我随身携带的那幅自画像一样。加歇大夫非常喜欢这幅肖像画，他希望我能为他再做一张一模一样的副本。我爽快地答应了。现在他已经懂得欣赏那张阿尔妇女的肖像了。每次来他都要仔细端详这两张肖像画，他说自己被它们给迷住了。他还殷切地希望我能为他临摹德拉克洛瓦的那幅《圣母玛利亚哀痛地抱着基督的尸体》的画。

加歇大夫的家堆满了一些不引人注目的、黑乎乎的古董，他的家看起来像个古玩店，除了一些印象派的画颜色不同外，其余的东西都是清一色的黑。所以他家里随便可以找到一件可以插花的物件，或者可供静物写生的东西。他有一张发黑的、已经很陈旧的吉约曼的自画像，还有一张也是出自吉约曼之手的裸体女像，我觉得是一幅上乘的画作。

我很想再次临摹巴格的裸体人体木炭速写，我可以在一个月的时间里临摹完六十张。学习比例和画裸体对我而言是非常有意义的，可以让我跟得上绘画的发展步伐。

这次来到这里，让我认识了你的妻子若和那个跟我同名的小家伙，这让我感到十分高兴。你的妻子聪明过人、亲切纯朴。我再次来到画家中间，又开始在意起竞争和争论，这个小圈子里的画家们所做的工作尤其让我感兴趣。尽管我心里很清楚我的病情前景不容乐观，但在病症几乎消失的这些日子里我感觉自己真的已经好了。

星期天你们一家的到来，给我留下了非常愉快的记忆。希望有机会我们能经常见面。你们走后，我又画了两幅树林中小房子的习作。

现在我正在画的一幅习作，其风格跟你挂在钢琴房的那幅《收割》的风格类似。我还在画一幅卢塞恩田野上盛开的罂粟花的习作。

我住的房子旁边，驻扎了一些美国移民。他们也画画，但我看不清楚画的是什么。手头保存了一些战地写生画的那个德穆兰又回到这儿来了。我希望能跟他谈谈，总有一天我要想办法在咖啡馆里办个个人画展。谢雷是一个很有想法的人，所以我愿意跟他一起合作办画展。画展完了之后，我想去巴黎转一圈，再去看看科斯特和让男等几位朋友。

我很高兴听到高更和德哈恩已经去了布列塔尼的消息，他们去那里去比待在巴黎能有更好的发展。

我认为绘画艺术的前途就在热带地区，像爪哇岛、马提尼克岛、巴西或者澳大利亚等地方都比这里适合绘画，但你、我和高更一样，都不属于去那里发展绘画艺术的人。我敢肯定在将来的某一天，那些坚持米勒和毕沙罗风格的印象派画家们会去热带创作。

高更对我根据他的素描画成的阿尔妇女肖像画很满意，这是对我极大的肯定和宽慰。在通过色彩去表现人物素描的风格时，我尽可能忠实于原作。

那幅阿尔妇女肖像画上有很多妇女形象，这是难能可贵的合集，我希望你能把我和高更都画过的作品当成我俩合作的成果吧。为了画好这幅画，我生了整整一个月的病。我知道只有少数画家才能真正理解我们俩创作的意图。加歇大夫看到这幅画时，开始是犹豫、沉思，不一会儿就完全爱上了它，他说画得如此简洁真是不容易啊。听完他的评价，我就想把它制成蚀刻画，以便能更突出它的重要性。

两次巴黎之行

我准备给高更写信告诉他我在巴黎待了三天，受不了那里喧嚣的噪声对我神经的刺激，所以我认为乡下还是更适合我一些。要不然我会专程去拜访他的。他应该能理解我吧。一到巴黎我就感觉自己有点神志不清，因此没法去欣赏他的画作。如果他同意，我可能能布列塔尼跟他待上一段时间，画几幅海景画，不过我主要的目的还是去看望他，顺便认识一下德哈恩。然后我们可以合作干一些重要的事情。

我希望他能多画些南方题材的蚀刻画，这样我可以在加歇大夫家很快地把它们复刻出来。这件事很重要，我们可以将它作为劳泽和蒙蒂塞利合作出版的那本画册的续集。劳泽喜欢阿尔妇女肖像画中那些妇女的头部。我和高更可能会一起镌刻他的一些油画。加歇大夫准备去巴黎看我的油画，到时可以挑选一些出来镌刻。

现在我准备画两幅习作，一幅画蓟、麦穗和小树枝，另一幅画夜晚树林中的白色小屋，屋子的窗户透出橘红色的灯光，还有漆黑的草木。我想把杜比尼画的屋子和花园改画成一幅油画，为此我已经画了一幅习作了。

我已经收到从圣·雷米寄来的油画了，有鸢尾花、玫瑰花、麦田和山峦，还有一幅星空下的丝柏画。鸢尾花的那幅油画已经干透了，希望你能从中体会到什么。那幅丝柏画的画面是这样的：漆黑的夜空有一轮刚从阴影中钻出来的、并不明亮的新月，一颗星星眨着明亮的眼睛，在深蓝色的天空中有一种柔和的光亮；地面上，黄色的甘蔗地旁边有一条大马路，后景是蓝色的阿尔卑斯山脉，一间窗户透着黄光的旧客栈，一棵高大挺拔、长得郁郁葱葱的丝柏树；马路上一匹白马拉着一辆黄色的马车，还有两个赶路的人。这幅画充满浪漫色彩，但又有普罗旺斯的特点。我很有可能会把它以及其他能让人记忆深刻的风景画镌刻成蚀刻画，然后送一幅给高更。我还画了一张加歇大夫的肖像画，他的表情流露出一种伤感。这幅画有点像高更对自己画的《橄榄园中的耶稣》所做的评论，即不管人们是否能理解，我只在乎其自身的存在。

前两天我给加歇大夫的女儿画了幅肖像，希望你以后能看到这幅画。画面中主人公穿了红色的衣服，背景呈绿色，地毯呈红色，还有深紫色的钢琴。这是我用欣赏的眼光画成的一幅画，但确实很难画。

我发现这幅画跟另一幅平坦的麦田油画很相配，但在我们这个时代，想要人们能理解大自然中每一种事物之间都保持着相辅相成的神秘关系这一点是不现实的。有人已经暗自体会到了这一点，这算是一种进步，一种安慰。我们眼睛能看到的变化就是人们的衣着色彩斑斓。如果你能将自己看到的过往行人画下来，那会留住一种美好的记忆。我认为在自然界中存在着一种像皮维的画中表现的那种既艺术，又不做作的那种美感。

加歇大夫答应让他女儿摆一次拉手风琴的姿势让我画。有可能我还需要找一个乡下姑娘来充当我的模特儿。

我正在试着画麦田的习作，我只画那些长着麦穗的麦子，麦子根部有一种玫瑰色的旋花植物。这种植物与麦子一起形成整体的绿色，风吹过时，它们轻轻摇曳着发出沙沙的声音。我想在麦田上空非常明亮而宁静的背景里画些肖像画。

我有一幅麦田油画和它的姊妹篇矮树丛画。我已经画好了四幅油画习作和两幅素描，并准备将其中一幅葡萄园和农妇的素描画绘制成大型油画。我还画了一幅油画，画的前景是一位脸色绯红的农妇，她的身后是麦穗。我觉得这幅画还有点不够精致。我还画了一幅田野风光，这幅画是我将米歇尔的题材改变了色调画成的。

高更刚给我的来信中充满了忧虑。信中他说想去马达加斯加去，但他自己还没有完全定下来，可能是因为他自己不知道除了这个地方外，他还能去哪里。

我在你那里画画的时候手都拿不稳画笔，但一回来我又能开始画画了。我连续画好了三幅大油画，它们想表达的是恶劣的天气以及成片的麦田，想给人一种忧伤和孤独感。希望你能尽快看到这些画，它们当中包含着我无法用语言来诉说的情感。我感觉自己在乡下的花园里画些画，看看花，对我的身体很有好处。这三幅画中最后完成的那幅是杜比尼的花园，这也是我构思时间最长的一幅。

我对这里的乡村景致十分迷恋，那一望无际的麦田，那色调柔和的已经耕种过的土地，那整齐地间隔种着而且已经长出新芽的土豆苗，苍穹笼罩的四野呈现出一派柔和的景致。一看到这些，我就心情大好，想要把这一切都用画笔记录下来。

我挚爱我的艺术。但我也不知道自己是否能娶妻生子，我觉得自己年纪已经太大了，青春不再的我不敢有什么非分之想。虽然爱情曾经留给我痛苦的回忆依然还残存着，但我已经无欲无望了。我最关心的就是全身心地投入到油画事业中去。我正在学习我喜爱的那些画家们的工作方式。

可是画家们几乎要陷入绝境了。不过我认为这是劝说他们联合起来的最好的时机。也许有商人会联合起来支持印象派，但那不是长久之计。我认为现在是时候让我们重新开始，努力发挥我们的能动性了。

我又画了一幅旧茅屋的习作，还有两幅雨后麦田的油画。既然最重要的事情进展顺利，我们就无须谈论不相关的事情了。过段时间我们再好好说说生意上的事情吧。很多画家都出于本能地避免谈及与做生意相关的事情。

　　亲爱的提奥，我想以一个兄长的身份再次郑重地对你说一遍我曾经反复跟你说过的那句话，那就是在我眼里，你不是一个真正意义上的画商，其实你参与了一些油画的创作，这些油画是经得起考验和推敲的。这也是我们所取得的成就。

　　这就是在充满危机的时刻，我想告诉你的最主要的东西。现在那些经营已经去世画家作品的画商们和那些经营在世的画家们创作的作品的画商之间的关系非常紧张。

　　我冒着生命危险来搞创作，因为绘画是我一生的挚爱。可能我所说的理由不够充分，但这都不影响你的身份，你跟其他的画商不一样。无论什么原则都改变不了你善良的本性。

挚爱你的兄长

梵·高